OÙ SONT LES HOMMES

Catalogage avant publication de la Bibliothèque nationale du Canada

Clare, Anthony W.

    Où sont les hommes? : la masculinité en crise

    Traduction de : On men.

    1. Hommes. 2. Rôle selon le sexe. 3. Masculinité. 4. Hommes - Conditions sociales. I. Titre.

HQ1090.C5314   2004   305.31   C2004-940945-X

DISTRIBUTEURS EXCLUSIFS :

· Pour le Canada
  et les États-Unis :
  MESSAGERIES ADP*
  955, rue Amherst
  Montréal, Québec
  H2L 3K4
  Tél. : (514) 523-1182
  Télécopieur : (514) 939-0406
  * Filiale de Sogides ltée

· Pour la France et les autres pays :
  INTERFORUM
  Immeuble Paryseine, 3, Allée de la Seine
  94854 Ivry Cedex
  Tél. : 01 49 59 11 89/91
  Télécopieur : 01 49 59 11 96
  Commandes : Tél. : 02 38 32 71 00
               Télécopieur : 02 38 32 71 28

· Pour la Suisse :
  INTERFORUM SUISSE
  Case postale 69 - 1701 Fribourg - Suisse
  Tél. : (41-26) 460-80-60
  Télécopieur : (41-26) 460-80-68
  Internet : www.havas.ch
  Email : office@havas.ch
  DISTRIBUTION : OLF SA
  Z.I. 3, Corminbœuf
  Case postale 1061
  CH-1701 FRIBOURG
  Commandes : Tél. : (41-26) 467-53-33
               Télécopieur : (41-26) 467-54-66
               Email : commande@ofl.ch

· Pour la Belgique et le Luxembourg :
  INTERFORUM BENELUX
  Boulevard de l'Europe 117
  B-1301 Wavre
  Tél. : (010) 42-03-20
  Télécopieur : (010) 41-20-24
  http://www.vups.be
  Email : info@vups.be

Pour en savoir davantage sur nos publications,
visitez notre site : **www.edhomme.com**
Autres sites à visiter : www.edjour.com · www.edtypo.com
www.edvlb.com · www.edhexagone.com · www.edutilis.com

Gouvernement du Québec — Programme de crédit
d'impôt pour l'édition de livres — Gestion SODEC —
www.sodec.gouv.qc.ca

L'Éditeur bénéficie du soutien de la Société de
développement des entreprises culturelles du Québec
pour son programme d'édition.

Nous reconnaissons l'aide financière du gouvernement du Canada par l'entremise du Programme
d'aide au développement de l'industrie de l'édition
(PADIÉ) pour nos activités d'édition.

Anthony Clare

OÙ SONT LES HOMMES

la masculinité en crise

Traduit de l'anglais par Paule Noyart

LES ÉDITIONS DE
L'HOMME

À la mémoire de mon père

Chapitre 1

UN PHALLUS AGONISANT

Avec les années – et la sagesse qu'elles m'ont apportée –, je suis de plus en plus souvent frappé par l'étendue de mon igno-rance. Je ne sais toujours pas ce qui rend les gens heureux – mais je connais passablement bien ce qui les rend tristes. Aujourd'hui, je ne sais plus s'il y a un Dieu, alors que j'y croyais, avant, avec une conviction passionnée. Je ne sais pas si les bonnes mères sont nées bonnes mères ou si elles le sont devenues; j'ignore ce qui amène certains êtres à devenir des meneurs, d'autres à les suivre. Je ne sais pas si je verrai un jour la science guérir le cancer, la schizophrénie et la maladie d'Alzheimer.

Par contre, je sais ce que c'est que d'être un homme. Mais quand je pense à la manière avec laquelle j'ai appris ce qu'était la masculinité et la virilité, je me rends compte que cet enseignement a été, dans sa presque totalité, implicite, que l'apprentissage s'est fait par osmose. Je ne me souviens pas d'avoir entendu mon père, ma mère, mes pro-fesseurs, mes collègues dire: « Voici ce que cela veut dire que d'être un homme, un fils, un frère, un amant, un père. » Pourtant, j'ai appris très tôt ce qu'un homme est censé faire. J'ai compris que sa profession est aussi importante, et même plus importante, que ce qu'il est. Dans la société moderne capitaliste, l'homme ne se définit pas par ce qu'il est, mais par ce qu'il fait.

Ma carrière, en particulier ma carrière médicale, a toujours été décrite et considérée, autant par les autres que par moi-même, comme étant plus importante que ma famille, ma compagne de vie, mes amis. Je suis loin d'être seul dans cette situation. Pendant mes années d'études et d'apprentissage, d'abord en médecine, puis en psychiatrie, je n'ai jamais entendu un camarade ou un collègue déclarer qu'il faisait passer sa famille avant sa vocation ou son métier. Mes confrères assistaient à des réunions tardives de l'un ou l'autre comité, et ils s'étonnaient ou se formalisaient lorsque des collègues féminines leur déclaraient que leurs devoirs familiaux les empêchaient d'y participer. Faite par un homme, cette déclaration aurait immanquablement catalogué ce dernier parmi les individus qui négligent leur travail. La plupart de mes collègues s'efforçaient donc de démontrer qu'ils travaillaient toutes les heures que Dieu fait, ou presque. Ils me faisaient penser à des chimpanzés qui se frappent le poitrail. Souvent, leur attitude n'était pas plus productive.

Dans une interview publiée en 1912 dans le *New York Times*, Jung explique comment fonctionne la libido de l'Américain :

> [Elle] se focalise presque entièrement sur son travail, et cet homme est très satisfait de n'avoir aucune responsabilité d'époux. Il laisse la direction entière de sa famille aux mains de sa femme. C'est ce qu'on appelle donner l'indépendance à la femme américaine. C'est ce que j'appelle, moi, la paresse de l'homme américain. C'est la raison pour laquelle ce dernier se montre si poli et si gentil dans son foyer, et si combatif au bureau. Sa vraie vie est là où se trouve son travail. La portion paresseuse de sa vie est là où se trouve sa famille[1].

Carl Gustav Jung parlait de l'Américain moyen du début du xxe siècle, mais ses réflexions collent tout aussi bien à l'homme d'aujourd'hui, à sa carrière et à sa vie familiale. Elles collent parfaitement à ce que je suis. Cependant, étant donné la nature et l'envergure du projet et de l'engagement féministe et la révolution sexuelle de la seconde moitié du siècle, un grand nombre d'éléments ont changé... pour les femmes. Mais qu'en est-il des hommes ?

Jeune psychiatre exerçant à la fin des années 1960 et pendant la décennie suivante, j'ai été amené régulièrement à analyser le phénomène connu à l'époque sous le nom de « syndrome du nid vide ». Ce syndrome affligeait les femmes mariées qui, après avoir consacré leur vie à l'éducation de leurs enfants, se retrouvaient, dans la cinquantaine, seules à la maison. Les « petits » s'étaient envolés, les époux travaillaient et jouaient au golf, et le nid était souvent déserté. Mais un changement s'est produit dans les années 1990, et l'on a vu beaucoup moins de femmes dans les nids vides. Ce qu'on y découvrait, c'était des hommes d'âge moyen – des hommes qui avaient donné leur vie à leur compagnie ou à leur industrie, qui avaient tout sacrifié pour elle. Ces hommes se retrouvaient dans le nid vide parce qu'on les avait mis à l'écart, ou forcés de prendre une retraite anticipée, ou licenciés et mis au chômage. Ils se sentaient un peu perdus, et ils auraient aimé se retrouver en famille, mais la famille n'était plus là : les enfants étaient partis et l'épouse avait maintenant ses propres activités. Elle s'était mise au golf, elle aussi, avait une occupation rentable, des amis de bureau ou d'atelier. Il ne restait aux hommes que le nid vide, où ils devaient faire face à ce qu'un homme d'affaires irlandais de mes amis a appelé « l'avenir perdu ».

Dès mes débuts dans la vie publique – école, université, école de médecine, sociétés de conférences, centre de recherches du troisième cycle et hôpital –, j'ai appris à me mesurer à mes pairs, m'efforçant de donner l'image de la confiance en soi – sentiment que je ne ressentais pas souvent (si je l'ai jamais ressenti). C'est ce que l'on attend des hommes. En conséquence, l'une des peurs les plus fréquentes chez l'homme d'âge moyen est d'être « découvert », mis à nu, d'une manière ou d'une autre. Il m'arrivait, jeune père, de crier contre mes enfants afin de sentir ma puissance. Clairement ou à mots couverts, je disais à mes fils qu'« un garçon ne se plaint pas ». Un garçon doit se montrer fort et responsable ; il doit s'efforcer de paraître invulnérable, afin de ne pas être malmené par ses camarades. J'aimais ma femme, et j'étais – du moins j'en avais l'impression – un homme « nouveau », un homme libéré et compréhensif. Aujourd'hui, je ne suis plus sûr de rien.

Ma femme a sacrifié beaucoup et a été une mère dévouée à plein temps. J'ai sacrifié très peu et j'ai été un père lointain à temps très partiel. Mais j'étais le pourvoyeur et cela avait une grande importance – pour moi, tout au moins –, et j'étais aussi un père, même s'il m'eut été difficile de définir avec précision en quoi cela consistait.

De nos jours, la question masculine dans son ensemble – la raison d'être de l'homme, ses objectifs, ses valeurs, ses justifications – est devenue matière à débat public. Des observateurs respectables déclarent que l'homme est superflu, que la femme n'a plus besoin de lui et que les enfants se porteraient mieux sans lui. En ce début du XXIe siècle, il est difficile de ne pas en arriver à la conclusion que l'homme a un sérieux problème. Dans tous les pays du monde, qu'ils soient industrialisés ou en voie de développement, les comportements antisociaux sont presque exclusivement le fait des hommes. Violence, maltraitance d'enfants, abus de substances illicites, d'alcool, jeu compulsif sont des comportements largement masculins. Les tribunaux et les prisons regorgent d'hommes. Dans les domaines de l'agressivité, de la délinquance, de la prise de risques inconsidérés et des comportements sociaux destructeurs, l'homme remporte la palme.

Ces comportements répréhensibles ne semblent pas le rendre heureux. En Amérique du Nord, en Europe et en Australie, le taux des suicides masculins est de trois à quatre fois plus élevé que celui des femmes[2]. Dans les pays industrialisés, le nombre de jeunes hommes qui s'enlèvent la vie a augmenté dans une telle mesure que l'on en parle comme d'une épidémie. La situation n'est pas meilleure chez les hommes âgés. Six femmes âgées sur 100 000 se suicident chaque année. Chez les hommes, le chiffre se monte à 40 sur 100 000. Ce taux ne représente que la pointe de l'iceberg de la dépression masculine, les mâles étant trop fiers ou trop inhibés pour admettre que leurs émotions échappent à leur contrôle. Des hommes qui se soûlent et se droguent sans vergogne, ou s'adonnent à une sexualité débridée semblent terrifiés à l'idée de révéler qu'ils pourraient être – ou sont – déprimés, dépendants, vulnérables. Et qu'ils ont besoin d'aide.

Certains diront qu'il en a toujours été ainsi. Ce qui a changé, selon eux, c'est le fait que les hommes commencent à sortir de leur placard émotionnel. Ces hommes qui ont toujours critiqué, ridiculisé et caricaturé le caractère émotif des femmes reconnaissent aujourd'hui l'importance des émotions. Et ils estiment que c'est faire preuve de maturité que de les exprimer d'une manière ouverte et civilisée.

D'autres prétendent que l'insatisfaction masculine augmente de façon évidente, et qu'elle est due à un tas de facteurs. En tête de liste se trouve bien sûr l'affirmation croissante de la personnalité féminine. Une des conséquences de la révolution féministe est que les femmes n'acceptent plus d'être la propriété de l'homme patriarcal. Le pouvoir mâle a été renversé. Comme des colonisateurs qui voient leur empire s'effondrer, les hommes n'apprécient pas du tout ce changement. Les femmes, quant à elles, ont peu de temps à consacrer au débat : elles se battent – mais les gains remportés par le féminisme restent malheureusement assez limités. Tout autour de la planète, les hommes continuent à occuper, à une majorité écrasante, les positions de pouvoir. Ils continuent à lancer des regards noirs aux femmes qui ont l'audace de vouloir briguer un poste autre que subalterne, ils continuent à se pavaner dans les salles de conseil. Bref, ils restent maîtres de leur destin et du destin de ceux qui les servent. Dans le monde en voie de développement, les inégalités sont encore plus flagrantes. L'écart entre les sexes dans le partage des tâches non rémunérées est effarant. En dépit de toutes les discussions sur l'égalité des sexes, les femmes continuent, à l'échelle mondiale, à accumuler des heures de travail plus nombreuses que celles des hommes – heures qui sont, bien entendu, moins bien payées. Les colonisateurs sont encore aux commandes.

Étant donné les circonstances, l'impatience des femmes à l'égard des sensibilités masculines naissantes est compréhensible. Mais cette impatience masque l'essentiel. Le patriarcat n'a pas encore été détrôné, certes, mais sa justification est en déroute. Les colonisateurs sont toujours là, mais les colonisées s'interrogent, discutent, organisent et, lors de soulèvements modestes mais bien préparés, font la preuve de leurs capacités. On a l'impression, dans les régions périphériques de l'empire patriarcal, que l'ère de l'autorité, de la domination et du contrôle masculins est sur sa fin. Sous la surface, le pouvoir mâle est renversé. Dans toute l'Europe – de l'école primaire à l'université, en passant par l'école secondaire –, les filles ont de meilleurs résultats que les garçons. Dans les pays de l'Union européenne, le nombre de diplômes obtenus par les femmes est de 20 % supérieur au nombre de diplômes obtenus par les hommes. Les perspectives d'avenir, après l'école et l'université, sont plus prometteuses pour les femmes que pour les hommes. En Allemagne, entre 1991 et 1995, deux fois plus d'hommes que de femmes ont perdu leur travail. Les femmes ont obtenu 210 000 emplois ; les hommes en ont perdu 400 000. Certains adolescents essaient de se rassurer en se disant que plus tard, lorsqu'ils seront dans la vingtaine ou dans la trentaine, le vieil ordre reprendra le dessus, et que les hommes récupéreront la place qui leur revient – au sommet. Mais ce discours, pour un tas de raisons, sonne de plus en plus creux. Les femmes sont en marche. Le chemin à parcourir est encore long, mais l'avancée est irréversible. Un grand nombre d'hommes, menacés, réagissent bien entendu avec agressivité – une agressivité qu'ils dirigent non seulement contre les femmes, mais contre eux-mêmes.

Et même si les changements dans les domaines de l'éducation, de l'apprentissage et du travail sont parfois insuffisants pour démoraliser l'homme moyen, il reste, encore et toujours, le feuilleton mélodramatique de sa relation avec son pénis. Les hommes, qui dans la plupart des domaines de leur vie accordent une importance quasi fétichiste au fait d'exercer un contrôle sur leurs semblables, semblent incapables de se rendre maîtres de leurs appétits sexuels. Les facettes les plus sombres de cette réalité – loin d'être en voie d'éradication –, ce sont les risques, pour les femmes et les enfants, d'être exposés aux méfaits les plus barbares de la sexualité masculine : viol, maltraitance d'enfants, violence sexuelle. La crise est si aiguë qu'il arrive que des hommes innocents, souvent parents de tortionnaires et de meurtriers, se sentent poussés à demander pardon pour des crimes qu'ils n'ont pas commis.

Les hommes se méfient-ils de leurs émotions ? Si c'est le cas, ont-ils de bonnes raisons de le faire ? Ressentent-ils du mépris pour les femmes ? Si c'est le cas, quels facteurs nourrissent ce mépris ? On a prétendu que la misogynie, ou la haine des femmes, est un élément inéluctable du développement masculin. On a affirmé qu'il n'y a tout simplement pas d'homme « bien[3] ». Cette peur et ce mépris seraient-ils liés à une peur et à une anxiété plus profondes à l'égard de la sexualité masculine ? Là, nous sommes sur un terrain glissant. Un pas dans la mauvaise direction et l'on risque d'être accusé de reprocher *aux femmes* l'incapacité des hommes de contrôler leurs pulsions sexuelles et de maîtriser leur agressivité. C'est ce que pensent beaucoup d'hommes. C'est ce qui les pousse parfois à réagir à l'avenant. Des femmes sont craintes, vilipendées et parfois même tuées à cause de l'idée que des hommes se font du danger qu'elles représentent. Si de tels hommes considèrent la sexualité comme excitante, c'est parce qu'ils la trouvent imprévisible, fantasque, voire dangereuse. Ils n'en finissent pas moins par accuser les femmes de susciter leurs débordements. Pour de tels hommes, la simple présence d'une femme pose un défi déstabilisant au contrôle qu'ils entendent exercer sur leurs pulsions. Dans la mesure où ce contrôle est, pour beaucoup d'hommes, le signe probant de leur masculinité, tout risque de le perdre est une menace à l'essence même de leur virilité. Le comportement sexuel de Bill Clinton a révélé que le mythe du jardin d'Éden est toujours vivace au cœur de l'Empire américain. Les hommes chutent parce que les femmes les ont tentés. C'est l'explication du comportement sexuel masculin la plus prisée par les hommes. Plutôt que de soumettre à une analyse rigoureuse la nature de la sexualité masculine et sa relation au pouvoir, au statut social, à l'agressivité et au besoin d'exercer un contrôle, la plupart des analystes se réfugient dans une attitude geignarde et préfèrent s'appesantir sur la difficulté d'être un homme doté d'une robuste sexualité dans une relation dynamique avec une femme dans l'univers postféministe de l'égalité des sexes.

Lors d'une interview que m'a accordée Germaine Greer en 1989, je lui ai demandé si elle croyait que, en dépit de leurs poses et de leurs fanfaronnades, les hommes étaient aussi sûrs d'eux qu'ils en avaient l'air. « Je ne m'intéresse pas tellement à l'insécurité phallique », m'a-t-elle répondu froidement. Puis elle a ajouté :

> [Ce sont] les hommes [qui] ont créé le rêve du phallus. Ce sont les hommes qui s'inquiètent de savoir si leur service phallique est adéquat. Les femmes sont parfaitement heureuses avec tout le reste – statut social, pouvoir, intelligence[4].

Elle a parfaitement raison. Les hommes se demandent si « leur service phallique est adéquat ». Ils se tracassent à propos de la taille, de la forme et du potentiel érectile de leur pénis. Jeunes ou vieux, ils sont blessés par toute référence moqueuse au membre que Sylvia Plath a décrit dédaigneusement comme « un vieux cou de dinde avec gésiers ». *Le Grand Jeu,* film anglais à succès, établit une analogie frappante entre le sentiment d'inadéquation masculine résultant de la perte d'un emploi et l'anxiété liée à la virilité. Le message du film est clair : pour être totalement humain, les hommes doivent être capables de se lier d'amitié, de partager, d'avoir des relations affectives et de mettre leurs émotions entièrement à nu, non seulement avec d'autres hommes, mais avec des femmes. On n'en assiste pas moins, à la fin du film, à un retournement complet du message, soit : sauvez les « vieux cous de dinde » !

Il ne fait aucun doute que la préoccupation masculine à l'égard du pénis repose sur la peur : non pas la peur freudienne de la castration, mais la peur adlérienne du ridicule. Suis-je à la hauteur ? se demande l'homme avec un coup d'œil anxieux à son pénis ratatiné. L'homme analyse ses compétences sociales. Il s'inquiète et se dit : suis-je en mesure de rivaliser, de réussir, d'accomplir, de conquérir, de contrôler, d'affirmer, de pontifier – de bander ? Et il y a aussi, bien entendu, l'inexorable inégalité sexuelle : contrairement à l'orgasme féminin, l'érection ne peut être simulée. La visibilité du membre viril – sa forme et sa taille, qu'il soit dressé ou flasque – est mesurable et comparable. Comment s'étonner que l'entrée en scène du Viagra ait non seulement été accompagnée de blagues douteuses et à double sens, mais d'un discours politique alarmiste sur la banqueroute possible du budget de la santé due à une ruée d'hommes décidés à mettre la main sur le dernier stimulant en vogue du « vieux cou de dinde » ?

La seule différence biologique entre les sexes sur laquelle tout le monde est d'accord est que la 23e paire de chromosomes de la femme est constituée de deux chromosomes en forme de X, et que la 23e paire de chromosomes de l'homme est faite d'un chromosome en forme de X et d'un petit en forme de Y. Le chromosome Y est responsable de la force physique, de la stature, de la masse musculaire, de l'habileté manuelle et de la rapidité à la course du mâle. Ces attributs avaient

une importance considérable dans des sociétés dominées par la nécessité de posséder puissance et énergie physiques, ainsi qu'une force
primitive, brutale et belliqueuse. L'homme « véritable » travaillait dans
l'industrie du fer, de l'acier et du charbon ; il était bûcheron, cons-
truisait des bateaux, labourait avec le soc et la charrue. Nos héros
martiaux étaient presque exclusivement mâles, que ce soit dans les
fantasmes, le combat au corps à corps, la lutte pour la survie, la bravoure athlétique et le courage physique brut. Mais quelle est la valeur
de cette force brute, de cette puissance et de cette énergie maintenant que
l'homme est davantage appelé à accomplir des tâches ne demandant
aucun effort physique ? Quels sont les avantages de cette force brute
quand ce sont des robots qui suent dans les salles de montage ? Quels
sont les bienfaits de cette puissance quand la tendance masculine à la
violence, loin de renforcer la fierté des nations, menace la survie de la
planète ?

Il reste bien peu de tâches, dans la société moderne, qui ne puissent être accomplies par des femmes. « Il était temps ! » disent ces dernières avec une certaine arrogance. Et elles ont raison, si l'on considère les siècles qu'il leur a fallu pour en arriver là. Cette situation ne
pose problème qu'aux hommes, en particulier ceux – ils ont toujours
été la majorité – qui définissent leur vie, leur identité et l'essence même
de leur masculinité en termes de statut et d'accomplissement professionnel et se targuent de posséder des postes qu'ils sont les seuls à
pouvoir occuper. Les hommes de la génération de mon père étaient
fiers d'être des pourvoyeurs pour leur épouse, leurs enfants et eux-
mêmes. De nos jours, cette fonction de pourvoyeur est devenue quasi
inutile. De plus en plus de femmes mariées récoltent les fruits de leurs
années d'études, exploitent leur intelligence et produisent leurs propres revenus. Les mères monoparentales se battent pour obtenir des
crèches sur leur lieu de travail, exigent de meilleures garderies, et
demandent des allocations de sécurité sociale pour remplacer les revenus que leur apporterait un conjoint. Le rôle de pourvoyeur est en
état de siège ; celui du père est menacé. La fin du deuxième millénaire
a vu se creuser une sérieuse brèche dans le rôle de l'homme dans la
procréation et dans l'éducation des enfants. Le nombre de plus en plus
élevé de mères célibataires ne laisse pas seulement entendre que

l'homme devient inadéquat en tant que père et conjoint, mais qu'il devient tout simplement inutile. Les femmes affirment qu'elles peuvent élever leurs enfants seules, et qu'elles n'ont pas besoin d'homme pour procréer. Le développement de la reproduction assistée – incluant des techniques comme la fécondation *in vitro*, l'insémination artificielle par donneur anonyme et la mère porteuse –, associé à l'assertion controversée et hautement politisée voulant que le statut monoparental soit aussi valable que la double parenté, soulève une question cruciale: où va la paternité? Si la conception, la grossesse, l'accouchement, les soins aux enfants et leur éducation peuvent être assumés parfaitement par la femme sans la participation active du père, pourquoi la femme s'encombrerait-elle d'un homme qui, dans le monde d'aujourd'hui, traîne partout ses contradictions, ses problèmes et son malaise existentiel? Autrefois si fier de son pénis (Freud, après tout, affirmait que les femmes le lui enviaient), l'homme contemporain a l'impression d'être réduit au rôle de fournisseur de semence, tandis que la femme occupe le devant de la scène, non seulement dans la création de la vie (son rôle primordial depuis le début des temps), mais dans sa préservation. Il n'est pas surprenant que des hommes déclarent avec le plus grand sérieux que le seul moyen, pour eux, de retrouver un rôle reproducteur et parental authentique serait de faire appel à la science afin d'être capables de faire des enfants eux-mêmes!

Il y a un siècle, un Sigmund Freud grincheux et déconcerté par une épidémie apparente d'hystérie, de dépression, de léthargie et d'insatisfaction chez les femmes s'exclamait: «Mais que veulent les femmes?» Il posait cette question à une époque où être une femme signifiait que l'on était affligée de l'une ou l'autre pathologie, et où être un homme sous-entendait que l'on était la santé incarnée. Un siècle plus tard, ce ne sont plus les femmes qui souffrent de pathologies, mais les hommes. Ce ne sont plus les attentes de la femme, mais celles de l'homme qui nous intriguent. Avant de nous demander ce que veut l'homme, ce dont il a besoin et ce qu'il mérite, il est indispensable de réexaminer ce que nous savons de lui. Quel est le rôle exact du chromosome Y, cause apparente de tous les problèmes masculins? Les hommes sont-ils naturellement et incorrigiblement violents? Dans les rapports entre les sexes, le problème se résume-t-il, pour l'homme, à deux possibilités : dominer ou être dominé ; et pour la femme, à deux choix : résister ou se soumettre ? Dans un monde où les possibilités offertes aux hommes et aux femmes seraient égales, les hommes arriveraient-ils à renégocier la relation qu'ils ont avec eux-mêmes et avec les femmes ? Reste-t-il quelque espoir pour les rôles masculins de pourvoyeur et de protecteur ? Le monde a-t-il besoin des hommes ? des pères ? Et si c'est le cas, de quelle sorte d'homme, de quelle sorte de père ?

Le monde contemporain est, en grande partie, divisé entre deux sphères : la sphère privée, occupée en majorité par les femmes, et la sphère publique, dans laquelle l'homme trouve et cultive son identité et affirme sa dominance. La puissance du patriarcat, cet ensemble de relations de pouvoir qui permettent aux hommes d'exercer un contrôle entier sur les femmes, est fondée sur la conviction que la sphère publique a préséance sur la sphère privée. Les femmes qui luttent pour briser les chaînes du patriarcat doivent affronter l'acceptation tacite de la valeur supérieure de la sphère publique, de l'emploi, de la profession et du lieu de travail, et la dévaluation de la sphère privée. Les hommes ne ressentent qu'un besoin modéré de réévaluer la priorité qu'ils accordent à la sphère publique. Il est évident qu'ils interprètent le désir des femmes d'établir leur propre légitimité comme une preuve supplémentaire de la supériorité de la sphère publique sur la sphère privée. Cette dernière peut donc être, d'une façon tout à fait légitime, considérée comme inférieure.

En explorant le statut contesté de la virilité, j'ai opté délibérément pour l'utilisation du mot « phallus ». *Pénis* est un terme d'anatomie qui nomme l'organe reproducteur masculin. *Phallus* est un terme anthropologique et théologique qui a trait à l'image que l'on se fait du pénis. Le pénis est un organe qui a des fonctions biologiques ; le phallus est un concept, vénéré dans plusieurs religions en tant que *symbole* du pouvoir mâle. Le mot « phallique » ne fait pas que référer au pénis, il associe les notions de puissance, de virilité, de force et de pouvoir. Lacan a qualifié le phallus de « signifiant fondamental », soit le signe qui situe l'individu en tant que mâle et le décrit en termes d'autorité, de contrôle et de dominance[5]. « [Phallus] signifie ce que les hommes croient posséder et ce en quoi les femmes voient quelque chose qui leur manque[6]. » Le pénis ne constitue pas un problème, sauf pour ce qui a trait à son inutilité potentielle en tant qu'instrument de procréation. Mais l'homme phallique, autoritaire, dominant et plein d'assurance – l'homme qui exerce non seulement un contrôle sur la femme, mais sur lui-même – agonise. La question est de savoir si un homme nouveau émergera, tel un phénix, ou si l'homme est condamné à devenir superflu.

Chapitre 2

LE CHROMOSOME Y EST-IL RESPONSABLE ?

Quel est le mystérieux élément qui augmente les risques, chez un garçon, de se retrouver dans une classe de rattrapage ? d'avoir, adolescent, des démêlés avec la justice ? d'être envoyé dans un pénitencier ? de croupir en prison à l'âge adulte ? Qu'est-ce qui pousse un individu à s'injecter de l'héroïne, à s'imbiber d'alcool, à trahir sa conjointe et à abandonner ses enfants ? Pourquoi cet individu court-il trois fois plus de risques d'attenter à ses jours, et deux fois plus de risques de tuer un de ses semblables ?

Parce qu'il est un homme.

Mais quel est l'élément, le principe, l'agent, la substance qui fait de l'homme un être humain à part ?

Un chromosome microscopique en forme d'Y, invisible à l'œil nu. Le chromosome Y est le plus petit des chromosomes qui portent les gènes. Les gènes portés par le chromosome Y déclenchent le développement des caractères héréditaires masculins, incluant la formation des organes génitaux externes, pénis et testicules ; la production de sperme ; et le développement des caractères sexuels corporels secondaires : pilosité faciale, voix grave, forme et taille du pelvis.

Chaque cellule humaine contient 46 chromosomes. Quarante-quatre chromosomes forment des paires identiques. Chez l'homme, la dernière paire est différente : un chromosome X, un chromosome Y. Ces deux chromosomes président au développement sexuel du petit garçon. Il y a plusieurs centaines de millions d'années, le sexe d'un être humain n'était pas déterminé par les chromosomes, mais par certains facteurs environnementaux, comme la température à laquelle l'œuf était soumis lors de son incubation. C'est ce qui se passe encore aujourd'hui chez certains animaux, comme les tortues de mer et les crocodiles. Le sexe de l'embryon humain dépend des chromosomes sexuels. Les femmes ont deux chromosomes sexuels en forme de X, les hommes ont un X et un Y. Si l'on observe le chromosome Y au microscope, on constate qu'il est trois fois plus petit que le chromosome X. C'est pourtant lui qui détient la clé de la virilité. Sans Y, l'embryon est de sexe féminin. Alors qu'il y a des milliers de gènes sur le chromosome X, il n'y en a que quelques dizaines sur le chromosome Y – un nombre néanmoins élevé par rapport à sa petitesse. À l'heure actuelle, les chercheurs n'ont identifié que 21 de ces gènes. Ils se divisent en trois groupes, selon le rôle qu'ils jouent dans le corps humain[1]. Un des groupes contient un gène unique qui façonne le destin mâle de l'embryon en présidant à la formation du testicule fœtal. Le deuxième groupe, composé de 10 gènes environ, ne devient actif qu'à la puberté du garçon. Il dose la production de sperme. Le troisième groupe, celui des 10 gènes restants, permet aux cellules de fonctionner efficacement dans l'organisme.

L'homme et la femme contribuent l'un et l'autre à la reproduction par l'apport d'un chromosome sexuel chacun. Cette paire de chromosomes décide du sexe de l'enfant. La femme ne peut donner qu'un de ses deux chromosomes X, tandis que l'homme donne soit un X (auquel cas, l'embryon sera femelle), soit un Y (auquel cas, l'embryon sera mâle). Ce mélange et cet assortiment de gènes parentaux augmentent les chances de survie de l'espèce. La progéniture est génétiquement différente de chaque parent. Les probabilités que la lignée puisse exploiter les nouvelles possibilités prodiguées par un environnement changeant et survive aux assauts de facteurs biologiques et environnementaux s'en trouvent dès lors augmentées.

On peut voir, très tôt dans le développement de l'embryon humain, une structure primitive, appelée « canaux de Muller ». Il s'agit du précurseur de l'utérus et de la portion interne du vagin – que les embryons *mâles aussi bien que femelles* possèdent. Il n'existe aucune différenciation sexuelle apparente dans l'embryon jusqu'à ce que le testicule fœtal influencé par le chromosome Y commence à sécréter des hormones. Si le testicule, pour l'une ou l'autre raison, ne sécrète pas d'hormones, un embryon femelle se développera. Au début, le développement de l'être humain est orienté vers la production de femelles. Jusqu'à ce que le testicule fœtal commence à jouer son rôle, l'homme est une femme embryonnaire. Un article magistral sur la biologie des différences sexuelles décrit clairement cette différenciation :

> [...] La différenciation masculine survient à la suite de l'intervention du testicule fœtal, qui produit des androgènes (testostérone), et d'une substance [...] qui inhibe le développement, chez le fœtus mâle, des ébauches de l'oviducte et impose la masculinité en dépit de l'*orientation féminine spontanée du corps*. La différenciation femelle, elle, se déroule en l'absence relative de ces influences [c'est moi qui souligne][2].

Ainsi, les auteurs de la version la plus ancienne de la création des sexes, ceux qui ont posé les premières pierres du patriarcat dans la judéo-chrétienté, autrement dit l'histoire biblique de la Genèse, se trompent de façon spectaculaire. Ève ne sort pas de la côte d'Adam. C'est Adam qui sort d'Ève. Il ne suffit pas d'un chromosome Y pour faire un homme, il faut, en plus, qu'un commutateur soit activé par un des gènes du chromosome Y. Si le commutateur ne répond pas, Y ou pas Y, l'embryon sera femelle.

Il semble que bon nombre de personnes oublient le chromosome Y dès qu'il est question d'expliquer comment fonctionne l'homme. Elles préfèrent se concentrer sur la testostérone – l'hormone sécrétée par le testicule mâle et produite par l'action des gènes sur le chromosome Y. Des scientifiques respectés et des analystes politiques, presque tous des hommes, prêtent à cette hormone les pouvoirs les plus extraordinaires. La testostérone, affirment-ils, fonde les sociétés patriarcales, explique la prédominance de l'homme dans les gouvernements et les conseils d'administration, pousse de jeunes meurtriers à abattre des élèves dans des écoles américaines, induit l'utilisation de la femme comme objet sexuel et provoque la maltraitance de femmes et d'enfants. C'est grâce à la testostérone que les hommes vont sur la Lune, escaladent l'Everest, peignent la chapelle Sixtine et propagent la pornographie. Un inconditionnel du patriarcat n'hésite pas à décrire cette hormone en ces termes :

> La biologie humaine exclut la possibilité d'un système social dont les structures d'autorité ne soient pas dominées par les hommes, et dans lesquelles l'agressivité mâle ne se manifeste pas par la dominance et la conquête de la fonction, du statut et du pouvoir[3].

Les sociobiologistes ne sont pas les seuls à raisonner de la sorte. Bien qu'elle ne soit pas du tout certaine que la testostérone explique tout, Germaine Greer ne doute pas un seul instant que le résultat final de toutes les interactions embryonnaires ne soit lamentable, sinon répugnant. « Être un homme », déclare-t-elle dans un ouvrage récent :

> [c'est] être une sorte d'idiot savant obsédé par des activités féti-chistes et des desseins fantasmatiques ; c'est s'entêter dans la poursuite d'objectifs arbitraires ; c'est être condamné à se battre pour être le plus fort. [Être un homme], c'est être injuste, non seulement envers les femmes, mais envers les enfants, les ani-maux et envers d'autres hommes[4].

Mais est-il prouvé que la testostérone détient la clé de l'agressivité et de la violence masculines ? Cette hormone et ses métabolites font des hommes des êtres plus grands, plus forts, plus rapides à la course et plus sveltes que les femmes ; ils leur fournissent leur pilosité, leur voix plus grave et leurs hanches plus étroites. Outre ses effets *mascu-linisants,* la testostérone et les hormones sexuelles propres à l'homme (androgènes) ont des propriétés anabolisantes (construction des tissus protéidiques). Les stéroïdes anabolisants utilisés par les athlètes pour augmenter leur masse musculaire, réduire leurs tissus adipeux et rehausser la qualité de leurs performances sont des dérivés synthétiques de la testostérone destinés à maximiser la protéosynthèse et à minimiser ses effets *masculinisants*.

Les différences dans le développement anatomique et physiologique, en ce qui concerne la sexualité masculine et féminine, apparaissent clairement lorsqu'on les compare. Ce qui permet de conclure que le chromosome Y constitue la pierre angulaire génétique de la virilité. Avec les hormones que les gènes de ce chromosome stimulent – la testostérone et ses métabolites –, Y produit le mâle anatomique. Mais est-ce là tout? Qu'en est-il de cette différence entre les sexes qui, selon les sociobiologistes, est une conséquence des différences dans les connexions cérébrales de la femme et de l'homme? Toutes les affirmations concernant les travers de l'homme – agressivité, combativité, comportement violent, dépendances diverses, caractère antisocial et promiscuité sexuelle – s'enracinent-elles vraiment dans un chromosome minuscule en forme d'Y et dans ses 21 gènes?

La testostérone et l'homme

Au premier abord, il semble que les biologistes aient raison lorsqu'ils affirment que la testostérone est à la base des différences de fonctionnement fondamentales dans le cerveau de l'homme. Les recherches des trente dernières années indiquent que ce n'est pas seulement dans les organes sexuels internes et externes que la différenciation sexuelle s'établit au cours du développement de l'embryon, mais dans le système nerveux central, incluant le cerveau. Torsten Wiesel, spécialiste reconnu des neurosciences, décrit cette différence sexuelle en ces termes:

> Les gènes qui président au développement de l'embryon façonnent la structure du cerveau du bébé. Les expériences vécues par ce dernier règlent minutieusement l'interaction des connexions nerveuses qui déterminent le fonctionnement de son cerveau. Ce réglage précis [...] se poursuit pendant toute l'adolescence[5].

On sait maintenant que les hormones sexuelles contrôlent le nombre de cellules cérébrales et la croissance des axones et des dendrites qui relient les cellules du cerveau – par l'intermédiaire des synapses, ou contacts – aux récepteurs du cerveau sur lesquels les hormones sexuelles agissent. Cette différenciation sexuelle du cerveau, orchestrée par les hormones sexuelles, se produit au cours d'une période de développement relativement courte, mais néanmoins à la base de changements permanents dans les régions cérébrales qui sont sensibles à ces hormones.

La plupart des études portant sur la différenciation sexuelle cérébrale, faites sur des animaux de laboratoire, ont mis l'accent sur de nombreuses différences entre les sexes en ce qui concerne les hormones agissant sur les récepteurs cérébraux, notamment lors de la copulation, du marquage, de la vocalisation et du choix du partenaire. Lorsque, par exemple, des fragments sont prélevés dans les centres nerveux d'un rat mâle nouveau-né et transplantés dans le cerveau d'un rat femelle, des comportements mâles surviennent chez cette femelle à l'âge adulte[6], alors qu'on trouve ces différences sexuelles, chez les oiseaux chanteurs, dans les régions du cerveau qui déterminent la vocalisation[7]. On a également remarqué que le fait d'exposer les cerveaux en voie de développement de souris et de singes rhésus femelles à un taux élevé d'hormones sexuelles mâles circulantes rend ces femelles plus agressives[8]. Ce qui semble évident, c'est que: a) le fait d'administrer des hormones sexuelles mâles à des femelles génétiques durant le développement fœtal provoque une déféminisation et/ou l'apparition d'attributs et de comportements masculins; b) priver un mâle génétique d'hormones sexuelles mâles durant la période prénatale provoque une démasculinisation et/ou le développement d'attributs et de comportements féminins au cours de l'adolescence et de l'âge adulte[9].

De telles conclusions ont amené des biologistes à attribuer abusivement les différences entre les sexes à l'influence d'hormones sexuelles sur le cerveau au cours de son développement. Ce faisant, ils courent le risque de pousser certains à extrapoler – de l'animal à l'être humain. Les manipulations faites sur les rats, les hamsters et les cochons d'Inde ne peuvent, pour des raisons éthiques, morales et juridiques évidentes, être pratiquées sur des êtres humains. En conséquence – et ceci est un avertissement majeur –, toute interprétation des relations entre les hormones agissant au cours de la période prénatale et du développement comportemental doit se limiter à l'établissement de corrélations plutôt qu'à des liens causals.

Des chercheurs ont néanmoins adopté très sérieusement la théorie biologique en vogue sur la différence entre les sexes dans les comportements agressifs. Basée sur les études animales mentionnées plus haut, cette théorie laisse entendre que des différences en matière d'exposition précoce aux hormones sexuelles mâles (androgènes) sensibilisent différemment le cerveau de l'homme et de la femme aux effets activateurs des androgènes, et rendent les hommes plus susceptibles d'être agressifs[10]. Le cliché populaire veut que les garçons jouent avec des soldats de plomb, les filles avec des poupées ; que les garçons se bagarrent de façon désordonnée, et que les filles se livrent à des jeux plus organisés, basés sur des activités domestiques, et voient en leur poupée un bébé en chair et en os.

Mais que se passe-t-il si, pour l'une ou l'autre raison, un embryon femelle est exposé à la testostérone durant son développement ? Cette hormone va-t-elle rendre le bébé fille agressif ? Va-t-elle transformer la petite fille en gamin turbulent ? Ou bien son statut chromosomique et son éducation (en tant que fille) vont-ils contrebalancer les effets de la testostérone ?

Un accident curieux survenu lors d'un traitement médical a permis d'évaluer l'impact de la testostérone sur le développement du fœtus femelle. Des années 1940 aux années 1970, plus d'un demi-million de femmes enceintes ont été traitées avec un œstrogène synthétique non stéroïdien, le diéthylstilboestrol (DES). Le but de cette médication était de prévenir un avortement spontané chez des femmes dont la grossesse était à risque. Le DES avait eu, sur les animaux sur lesquels il avait été testé, un effet similaire à celui des hormones sexuelles mâles. Le comportement des femelles ayant pris du DES comportait davantage de caractéristiques masculines. Les conclusions des études sur le sujet, souvent citées par ceux qui y voyaient des arguments convaincants en faveur du fondement biologique de l'agressivité, font souvent état de constatations contradictoires et peu convaincantes. Aucun changement notoire n'a été remarqué dans le comportement des femmes ayant absorbé du DES pendant leur grossesse. Parmi les nombreuses études, celle citée le plus souvent est celle d'Ehrhardt et de ses collègues de l'université Columbia[11]. Trente femmes ayant absorbé du DES pendant leur grossesse ont été examinées en même temps que trente autres femmes non exposées qui avaient été envoyées à la même clinique pour un examen à la suite d'un test de PAP anormal. Le comportement de ces femmes, au cours de l'enfance, de l'adolescence et de l'âge adulte avait été préalablement évalué lors d'une interview destinée à identifier les comportements masculin et féminin stéréotypés. Les résultats, exposés dans un ensemble d'articles publiés dans des journaux et revues médicales, ont été décevants. Les auteurs se bornaient à *suggérer* que les femmes ayant absorbé du DES pendant la grossesse témoignaient moins de tendresse envers leurs enfants adultes que les femmes des groupes de contrôle. (Il faut noter que c'est au comportement masculin *typique* qu'est associée l'inadéquation parentale.)

La nature elle-même offre une possibilité d'étudier les effets biologiques et comportementaux des hormones mâles. Il existe une condition, l'hyperplasie surrénale congénitale (HSC), dans laquelle la production d'une quantité anormalement importante d'hormones mâles (androgènes) se déclenche chez des femmes souffrant de cette anomalie génétique. Cette condition ressemble à celle vécue *in utero* par un fœtus exposé au DES. Les femmes atteintes par cette anomalie, pourtant femelles d'un point de vue chromosomique (elles sont pourvues des chromosomes XX), souffrent dès la naissance, en raison de la large production d'androgènes due à leur anomalie congénitale, d'un syndrome de virilisation de leurs organes génitaux. À défaut d'un traitement, elles ont, à la puberté, un aspect masculin et une voix plus grave. Leur clitoris est hypertrophié, leurs seins presque inexistants. Plus tard dans leur existence, leurs menstruations disparaissent et elles souffrent d'hirsutisme. La fréquence de la forme développée de cette condition, en Europe et aux États-Unis, est estimée à un cas sur 6 000 naissances.

Selon d'autres études, les filles atteintes d'HSC font preuve, durant leur enfance, d'un comportement de garçon manqué. Elles sont physiquement plus actives que les autres filles, ne dédaignent pas la bagarre, aiment les jeux de poursuite et ont tendance, lorsqu'elles pensent à leur avenir, à rêver d'une carrière plutôt que d'enfantement. Les chercheurs considèrent bien évidemment ces activités et ces tendances comme révélatrices d'une orientation masculine[12]. Dans une étude souvent citée[13], Sheri Berenbaum et Melissa Hines font état de leurs observations sur le comportement ludique de filles affectées par l'HSC, comportement qu'elles comparent aux activités de leurs frères et sœurs. Lorsqu'on lui donne à choisir entre camions, petites autos, blocs à assembler, poupées, ustensiles de cuisine, livres et jeux de société, la fille atteinte d'HSC opte pour les jouets les plus typiquement masculins et y joue pendant des périodes de temps aussi longues que les garçons. Les filles atteintes d'HSC et les garçons normaux diffèrent des filles normales dans leurs choix types.

On a tiré pas mal d'informations de cette étude, mais elle n'en est pas moins contestable. Tout d'abord, l'échantillon représentatif des filles atteintes d'HSC était limité. En second lieu, les chercheuses font trop rarement référence au fait que les filles souffrant d'hyperplasie surrénale congénitale sont très souvent, d'un point de vue anatomique et psychologique, gravement atteintes. Pendant les premières années de leur vie, et jusqu'à ce qu'elles subissent une chirurgie esthétique, elles sont affligées d'un scrotum et d'un clitoris ressemblant à un pénis. Viennent ensuite les conséquences de l'opération. Les auteurs auraient dû parler davantage de l'attitude des parents et des attentes de leur fille atteinte d'HSC. Il est tout à fait plausible, ainsi que l'explique clairement Bleier[14], que les filles ayant un comportement dit « masculin » soient les plus sérieusement atteintes d'un point de vue anatomique et, partant de là, soient plus enclines à se considérer comme des garçons et à susciter chez les autres, incluant leurs parents, l'impression qu'elles ne peuvent se conduire que comme des garçons.

Une autre expérimentation a trait aux mâles chromosomiques (XY) qui souffrent d'un syndrome d'insensibilité aux androgènes (SIA) dû à un dysfonctionnement du récepteur des androgènes – qui entraîne un déficit d'action des androgènes au niveau des tissus du fœtus, ce qui les empêche de réagir aux taux normaux de testostérone. Le dysfonctionnement se produisant alors que l'embryon se trouve en plein processus de différenciation sexuelle, la testostérone ne peut provoquer le développement anatomique masculin adéquat. Il en résulte que les bébés viennent au monde avec des organes génitaux incomplètement différenciés. Comme ils ressemblent davantage à des filles qu'à des garçons, ils sont habituellement élevés comme des filles[15]. Dans ces cas, le génotype, qui constitue le patrimoine génétique de tout individu - qui, ici, inclut le chromosome Y -, entre en conflit avec le phénotype, qui a trait aux effets observables que l'activité de ces gènes produit sur l'individu. Le traitement, à base de doses massives d'hormones sexuelles mâles administrées durant l'adolescence, provoque une virilisation et augmente les performances sexuelles masculines. Hélas, un grand nombre de ces hommes chromosomiques, qui veulent une reconnaissance officielle de leur statut masculin, ont besoin d'une correction chirurgicale afin que leur pénis et leurs testicules cachés, mais néanmoins existants, descendent dans leur scrotum.

Les groupes de patients les plus connus (et les plus étudiés) souffrant de SIA vivent dans trois villages du sud-ouest de la République dominicaine. Une équipe de recherche du collège médical de l'université Cornell et du service de pédiatrie de l'université nationale de la République dominicaine a étudié ces hommes pseudohermaphrodites afin d'évaluer l'importance de la testostérone dans le développement de l'identité masculine[16]. Les sujets avaient un taux normal/élevé de testostérone dans leur plasma sanguin et réagissaient de façon spectaculaire à la testostérone. En bref, ils étaient des modèles tout à fait remarquables dans l'évaluation des effets de la testostérone dans la détermination de l'identité masculine. Sur la base des entretiens détaillés qui s'étaient déroulés quelques années plus tôt (au moment où les chercheurs les ont retrouvés, les 38 sujets avaient atteint l'âge adulte), il est apparu que 18 pseudohermaphrodites avaient été élevés comme des filles. D'un point de vue anatomique, ils se présentaient comme des sujets femelles. À la naissance, leur scrotum ressemblait à un vagin, avec un clitoris large. Ils n'avaient pas de testicules (les testicules, dans ce cas, restent dans la cavité abdominale). Au cours de la puberté, lorsque la testostérone avait enfin été capable d'agir, la « masculinisation » s'était produite. La voix des sujets était devenue plus grave, leur clitoris s'était transformé en pénis, et leurs testicules étaient descendus dans le scrotum. C'est à cette époque que les parents et les « filles » s'étaient rendu compte qu'il y avait quelque chose d'anormal. Ce qui était anormal, c'était que les filles étaient en fait des garçons.

Sur les 18 sujets élevés comme des filles, 17 ont rapidement opté pour l'identité masculine. Les chercheurs en ont conclu (comme ils l'ont formulé dans leur jargon technique) « que, lorsque le sexe dans lequel le sujet a été élevé est contraire au sexe biologique déterminé par la testostérone, le sexe biologique l'emporte si l'activation normale de la puberté induite par la testostérone est en mesure de se produire[17] ». En bon français, l'effet produit par la testostérone lors de la puberté annule l'effet résultant de l'éducation d'un garçon en tant que fille pendant les premières années et l'enfance. Ces conclusions illustrent la primauté de la testostérone sur l'éducation. Les parents, en particulier les pères, qui craignent que leurs fils soient élevés comme des fillettes, dont les aspirations, les jouets et le comportement seront féminins, peuvent être rassurés.

Dans les villages de la République dominicaine dont nous avons parlé plus haut, filles et garçons jouent ensemble jusqu'à six ans, mais ils sont ensuite encouragés à ne jouer qu'avec les sujets de leur sexe. Les filles aident leur mère dans les travaux de la maison, les garçons donnent un coup de main à leur père à l'époque des semailles et des moissons. Les garçons jouent à l'extérieur, les filles dans la maison. À onze ans, les garçons fréquentent les bars et assistent à des combats de coqs. Les pseudohermaphrodites, qui ont été élevés comme des filles – aidant leur mère, s'amusant dans la maison, évitant toute activité turbulente — et privés de la camaraderie de garçons de leur âge, redeviennent des hommes à la puberté sans souffrir aucunement, semble-t-il, des effets secondaires de leur première éducation! Lorsque la testostérone agit normalement, les défaillances de cette hormone au cours des premières années de leur développement ne provoquent chez eux aucun dommage physique et psychologique sérieux pendant leur adolescence et leur âge adulte. Cette constatation est aussi intéressante qu'une constatation beaucoup plus évidente, à savoir que la testostérone provoque l'apparition des traits sexuels secondaires qui accompagnent la puberté chez les garçons.

Mais qu'arrive-t-il lorsqu'on prélève de la testostérone circulante? Les expériences qui ont été faites étaient basées uniquement sur les effets des comportements sexuels agressifs. Des délinquants sexuels ayant subi une castration chirurgicale[18] ou absorbé des substances chimiques destinées à neutraliser la testostérone[19] ont fait l'objet d'études. Un certain nombre de ces travaux indiquent que les injections d'agents chimiques qui freinent la sécrétion de testostérone peuvent réduire la fréquence et l'intensité des fantasmes sexuels et les épisodes de comportements déviants[20]. Une absence de récidive et la diminution des actes violents ont été relevées, mais le nombre de cas signalés n'a pas été comparé au nombre d'hommes n'ayant pas été traités. Les récidives sont moins nombreuses chez les pédophiles après castration, mais le succès d'une telle approche est limité en raison du refus d'un grand nombre de sujets de se soumettre à l'opération. L'on pourrait cependant s'attendre à ce que la privation totale de testostérone atténue fortement les pulsions sexuelles. Nous aborderons bientôt ce sujet. Ce que nous savons, c'est que la grande majorité des hommes qui attentent à la pudeur de femmes et d'enfants et leur font subir des sévices sexuels ne présentent aucune anomalie significative et probante dans leur taux de testostérone et dans la sécrétion de cette hormone. Il est évident qu'un autre facteur intervient dans leur comportement.

Testostérone, agressivité et dominance

Quel est le lien entre la testostérone et l'agressivité? On sait que les hommes ont plus de testostérone dans leur flux sanguin que les femmes et qu'ils sont plus agressifs[21]. Les femmes produisent de la testostérone et les hommes produisent des œstrogènes. La testostérone, chez les femmes, est produite par le cortex surrénal et les ovaires. Une femme normale produit environ 200 microgrammes d'œstrogènes chaque jour – dans une proportion de 1,6 microgramme de testostérone pour 1 microgramme d'œstrogènes. Un homme normal produit à peu près la même quantité d'œstrogènes chaque jour (100 microgrammes), mais, comparativement à la femme, il produit une quantité énorme de testostérone – 5100 microgrammes par jour –, soit 51 microgrammes de testostérone pour 1 microgramme d'œstrogènes. Les hommes ont donc un taux beaucoup plus élevé de testostérone que les femmes, et ce taux est à son maximum juste après la puberté et au milieu de la vingtaine – lorsque leur comportement antisocial et leur agressivité sont à leur apogée[22]. Le taux de testostérone chez l'homme diminue lentement avec l'âge[23]. Ce déclin commence parfois au milieu de la vingtaine[24]. La libido masculine devient alors moins forte, et l'agressivité et le comportement antisocial s'atténuent. Toutefois, avant de décider que ces trois facteurs sont liés, il est important de noter que la baisse du taux de testostérone est relativement limitée. Un homme qui approche les 70 ans en sécrète une quantité substantielle, proportionnelle à sa masse corporelle[25].

En bref, la testostérone est nécessaire mais insuffisante pour provoquer les simples pulsions sexuelles masculines. Mais, privés de testostérone, les hommes perdent ces pulsions. La relation entre la testostérone et le pénis est très complexe. Les érections spontanées, comme celles qui se produisent la nuit (tumescence nocturne du pénis), sont subordonnées en grande partie au niveau de testostérone circulante. Elles surviennent moins souvent – ou pas du tout – lorsque le taux de testostérone est bas. D'autre part, elles sont moins fréquentes lorsque la testostérone a été injectée[26]. Par contraste, les érections qui apparaissent en réaction à des stimuli visuels érotiques sont indépendantes de la testostérone circulante[27]. La relation entre la testostérone et l'agressivité est encore plus complexe[28].

Grâce au développement de méthodes de plus en plus fiables pour l'évaluation du niveau de testostérone, on a vu apparaître, dans certains rapports de recherche, des hypothèses qui témoignent d'une audace et d'une imagination débordantes. Ces études font état de hauts niveaux de testostérone chez les criminels violents, les joueurs de hockey agressifs, les vétérans de l'armée ayant de graves problèmes conjugaux, les alcooliques, les drogués, les antisociaux et les individus qui ont des démêlés avec la justice[29]. Dans l'une de ces études, on apprend que le taux de testostérone de 4 médecins âgés de 28 à 38 ans se trouvant à bord d'un paquebot pour une croisière de 2 semaines correspondait à leur comportement dominant et séducteur – comportement confirmé par quelques dames participant à la croisière[30].

Le recours controversé d'un nombre croissant d'athlètes aux stéroïdes anabolisants offre également une possibilité de clarifier les liens existant entre hormones et agressivité. Ces stéroïdes sont similaires à la testostérone dans leur composition pharmacologique et leurs effets généraux. Leur utilisation illégale, autant par des athlètes masculins que féminins voulant améliorer leurs performances, est largement répandue. Ces athlètes ont recours à plusieurs sortes de stéroïdes, de même qu'à diverses combinaisons de cette substance. On a constaté que les athlètes abusant des stéroïdes anabolisants sont sujets à des troubles de l'humeur, incluant de graves dépressions ou une euphorie anormale, le tout jalonné d'épisodes d'agressivité ou d'irritabilité. Harrison Pope et David Katz, deux chercheurs de l'hôpital McLean de Boston, ont décrit, dans une étude portant sur un échantillon de 88 athlètes[31], divers épisodes d'agressivité induite par les stéroïdes. L'un de ces athlètes, furieux d'être pris dans un embouteillage, est sorti de sa voiture et, avec ses poings et une barre de fer, a sérieusement endommagé trois véhicules, terrifiant les conducteurs et les passagers se trouvant à l'intérieur. Un autre sportif a été arrêté pour avoir, dans une crise de colère, causé des dommages matériels lors d'une réunion sportive ; un homme a battu et presque tué son chien. Des athlètes ont été mis à la porte de leur domicile par leurs parents, leur épouse ou leur partenaire pour cause d'agressivité caractérisée. Presque tous ces hommes avaient un comportement calme et civil avant d'abuser des stéroïdes. Un problème relevé dans l'étude de Pope et Katz et dans des travaux similaires est que les athlètes qui consomment trop de stéroïdes abusent également de l'alcool, de la cocaïne, des opiacés, des amphétamines et des hallucinogènes – ce qui modifie les données de base. Et l'on ignore dans quelle mesure les stéroïdes anabolisants causent ou exacerbent les tendances à l'agressivité et à l'irritabilité déjà présentes à un degré élevé chez ces individus très compétitifs et doués d'une force peu commune. Il existe une masse d'articles expliquant que les stéroïdes anabolisants, pris à fortes doses, peuvent provoquer de sérieux troubles de l'humeur – et une agressivité notoire.

L'affaire est-elle réglée ? En tout cas, ce que les médias ont retenu après avoir pris connaissance des études sur le sujet, c'est que la testostérone provoque l'agressivité. S'il en est ainsi, la conclusion est évidente : les tentatives d'apprivoiser et de civiliser les hommes sont condamnées d'avance par l'impérialisme ravageur de la testostérone. C'est l'agressivité suscitée par cette hormone qui produit les différences sociales entre les sexes et renforce le patriarcat qui règne partout dans le monde. Une décision s'impose donc : soit on accepte ce fait, soit on élimine l'agressivité masculine par la pharmacologie.

La réalité est beaucoup plus complexe. Ce que ces études démontrent, en fait, c'est une *corrélation* entre le niveau d'agressivité et le taux de testostérone. Il existe plus d'une explication à cette corrélation. Il est vrai qu'un taux élevé de testostérone peut provoquer l'agressivité. Mais on peut également dire qu'un haut niveau d'agressivité peut *augmenter* le taux de testostérone. Or ni l'un ni l'autre *n'augmentent nécessairement*. Les conclusions tirées des études ne sont donc pas probantes. Pour chaque étude faisant état d'un lien certain entre l'un ou l'autre comportement agressif ou antisocial et la testostérone, il en existe une autre qui ne peut démontrer qu'un tel lien existe. Dans des études ayant pour sujets des garçons normaux[32], des garçons délinquants[33] et des garçons très agressifs en période de prépuberté[34], on n'a relevé aucun lien entre la testostérone et la présence ou l'absence de comportements agressifs. Plus important encore, rien ne prouve qu'administrer de fortes doses de testostérone à des hommes chez qui le niveau de cette substance est normal va les rendre plus agressifs ou plus violents[35].

Est-il prouvé qu'un comportement agressif, l'existence d'un conflit ou l'approche d'une compétition suscite une augmentation du niveau de testostérone chez l'homme ? Une étude de deux chercheurs de l'université de Syracuse documente un ensemble de recherches sur l'existence d'une telle relation[36]. Les chercheurs démontrent que le taux de testostérone augmente chez les athlètes peu avant le match[37]. Cette augmentation permet à ces sportifs de prendre des risques et d'améliorer leur coordination, leur performance cognitive et leur concentration. Une ou deux heures après le match, le niveau de testostérone des gagnants est, comparé à celui des perdants, beaucoup plus élevé[38]. D'autres études portant sur d'autres activités (non physiques) émettent les mêmes conclusions. Par exemple, le niveau de testostérone augmente, avant le jeu, chez les joueurs d'échecs, et il est plus élevé après le jeu chez les gagnants que chez les perdants[39]. Même le fait de regarder les joueurs peut produire des variations dans le taux de testostérone. En 1994, à l'issue de la Coupe du monde de football (match au cours duquel le Brésil a battu l'Italie après un tir au but manqué), le niveau de testostérone a augmenté de façon significative chez les supporters brésiliens qui ont vu le match sur le petit écran, alors qu'il a diminué chez les supporters italiens[40] !

Des recherches encore plus marquantes illustrent la complexité du rôle de la testostérone dans le comportement agressif. Ces recherches concernent des hommes confrontés à une insulte ou à un défi symbolique. On sait que les habitants des États du sud des États-Unis sont davantage portés à penser que l'on peut tuer pour protéger son foyer. Les gens du Sud considèrent la violence comme une réaction adéquate aux insultes, et ils préfèrent conseiller à leurs enfants de se battre avec un petit dur qui les harcèle plutôt que de raisonner avec lui[41]. Lors d'une série d'expérimentations très audacieuses, l'expérimentateur a insulté et bousculé des étudiants dans un couloir étroit. (Les étudiants avaient accepté de participer à l'étude sans avoir été informés en détail de sa teneur.) Les étudiants venant du nord du pays ont paru ignorer l'incident ; ceux du sud se sont montrés beaucoup moins accommodants. Le taux de testostérone des étudiants du sud a augmenté après l'insulte, alors que celui des gars du nord est resté stable[42].

Les chercheurs ont ajouté une variation à la manœuvre de base. Les étudiants marchant dans le couloir ont alors vu arriver, droit sur eux, un individu aux larges épaules et à l'allure menaçante. Les étudiants du sud qui n'avaient pas été insultés au préalable s'écartaient pour céder le passage à l'homme lorsque celui-ci se trouvait à deux ou trois mètres, alors que ceux qui l'avaient été ne le faisaient que lorsque le personnage se trouvait à un mètre. Les gars du sud préalablement offensés restaient donc dans un état d'esprit agressif, même face à un individu ayant sur eux un avantage physique considérable. Quant au comportement des étudiants du nord, il ne changeait pas du tout, qu'ils aient été insultés ou non.

D'autres recherches révèlent dans quelle mesure les facteurs sociaux et culturels modifient et affectent toute relation potentielle entre la testostérone et l'agressivité. Chez les vétérans de l'armée américaine au statut socioéconomique élevé, les hommes pourvus d'un haut taux de testostérone ne sont pas plus susceptibles de recourir à des drogues dures ou d'avoir des problèmes de comportement anti-social que ceux dont le statut économique est médiocre[43]. Parmi ceux qui ont un statut socioéconomique médiocre, cependant, ceux qui ont un taux de testostérone élevé sont deux fois plus susceptibles que leurs pairs dotés d'un taux normal d'avoir de tels problèmes. Une explication plausible, suggère Dov Cohen, un des chercheurs de pointe dans le domaine, est qu'un statut environnemental socioéconomique médiocre « est plus lourd de dangers et de risques, et que les hommes qui sont soumis à ce statut et ont un taux élevé de testostérone risquent davantage de souffrir de ces problèmes[44] ».

De telles études renforcent l'argument voulant qu'un comportement violent et agressif ne puisse être expliqué uniquement par l'action de la testostérone. Un taux « normal » de testostérone est bien sûr nécessaire pour un niveau « normal » d'agressivité, mais cela ne veut pas dire pour autant que changer la quantité de testostérone dans le sang a un effet notoire sur cette agressivité. Si l'on administre à un homme de fortes doses de testostérone (ces doses doivent être massives), son comportement agressif augmente, certes, mais cela ne constitue pas une preuve. Le problème est beaucoup plus compliqué. Dans un essai brillant, Robert Sapolsky décrit une expérimentation sur un groupe de singes. Après avoir laissé un peu de temps aux singes afin qu'ils puissent établir parmi eux la hiérarchie habituelle de dominance et de soumission, on a administré à un mâle une dose massive de testostérone. Comme on pouvait s'y attendre, le comportement du singe imbibé de testostérone est devenu plus agressif. Mais l'animal a manifesté son agressivité de façon sélective. Il est resté soumis aux mâles qui le dominaient avant l'apport supplémentaire de testostérone, et s'est montré terriblement agressif envers les individus qui se trouvaient plus bas que lui dans la hiérarchie. Et Sapolsky de résumer ainsi la situation: « La testostérone *ne provoque pas* l'agressivité, elle *exacerbe* une agressivité qui est déjà présente[45]. » Et il ajoute:

[Toutes les études] ont démontré que, lorsqu'on évalue le taux de testostérone au début de la cohabitation sociale des mâles, ce taux n'indique absolument pas quel est l'animal susceptible de se montrer agressif. Ce sont les différences de comportement subséquentes qui déclenchent le changement hormonal, et non le changement hormonal qui déclenche les différences de comportement[46].

Il y a quelque chose de rassurant dans l'argumentation qui consiste à attribuer l'ensemble de comportements complexes que l'on appelle *l'agressivité* à l'augmentation ou à la diminution d'une simple hormone. L'argumentation est séduisante, car elle permet, au lieu de s'attaquer sérieusement – avec une réelle volonté de réduire le niveau de violence dans une société donnée – à des problèmes aussi graves que la réglementation du port d'armes, la délinquance, les ruptures familiales, les problèmes sociaux et la pauvreté, de se concentrer sur la possibilité de manipuler, par l'intermédiaire de la pharmacologie ou de la chirurgie, une simple hormone ou un groupe d'hormones. L'agressivité et la violence peuvent ainsi être dissociées des problèmes sociaux et politiques qu'elles posent pour se transformer en défis biomédicaux. Il devient alors beaucoup plus facile, politiquement parlant, d'aborder les problèmes ! Il suffit de comparer le simplisme de cette affirmation erronée : la testostérone est *la cause* de l'agressivité, avec la complexité d'une affirmation plus juste : la testostérone et le comportement agressif sont associés dans une relation circulaire, dans laquelle le comportement agressif peut résulter d'un niveau élevé de testostérone et d'une augmentation substantielle de cette hormone, qui peuvent déboucher à leur tour sur une conduite agressive plus marquée. Concocter un grand titre de journal pour étayer la première affirmation demande peu d'imagination. Faire de même avec la seconde exige plus de subtilité.

Mais qu'entendons-nous par agressivité ? Pour Mazur et Booth, un individu est censé agir de façon *agressive* lorsque son intention manifeste est d'infliger une blessure physique à un membre de son espèce. Les chercheurs font la distinction entre agressivité et dominance. Un individu agit de façon *dominante* lorsque son intention manifeste est d'obtenir un statut important ou de le maintenir – pouvoir, influence et prérogatives – au détriment d'un membre de son espèce[47]. La corrélation avec la testostérone s'est faite en 1849, lorsque Berthold, après avoir transplanté des testicules de coq à des chapons, a découvert que «les cocoricos de ces derniers étaient devenus plus vigoureux et plus sonores, qu'ils se battaient entre eux et avec les jeunes coqs et se conduisaient comme il se doit avec les poules[48]». Mazur et Booth démontrent comment un lien aussi direct entre agressivité et testostérone, normal pour les espèces animales, est par trop simpliste lorsqu'il s'agit des humains. Le comportement agressif est un ensemble complexe de comportements, et les changements dans le taux de testostérone n'affectent vraisemblablement que certains de ces comportements.

Mais qu'en est-il de la dominance? Mazur et Booth la définissent comme une action destinée à rehausser un statut. Les mots et expressions qu'ils utilisent pour définir les éléments essentiels de la dominance sont: «puissance», «position de force», «autorité», «maîtrise», «autorité naturelle» et «ascendant». L'action sur laquelle ils mettent l'accent est la compétition, grâce à laquelle un individu peut remporter une victoire sur une ou d'autres personnes. Au cœur de la dominance se trouvent le désir de changer les opinions ou les actions des autres et la volonté d'adopter le comportement nécessaire pour réaliser ce changement. Valerie Grant, chercheuse néo-zélandaise en sciences sociales, explique que l'individu dominant ne change jamais (c'est-à-dire sans explication) ses attitudes ou son comportement sur la simple instigation des autres[49]. Parfois, la dominance d'un individu profite aux autres, comme lorsqu'un chef énergique vient en aide à ses partisans. Les héros et les héroïnes altruistes aident leurs semblables. Toute action qui suscite de la déférence et du respect de la part des autres peut faire de celui qui a posé cette action un individu dominant. Les hommes qui veulent dominer ne doivent pas nécessairement adopter une attitude agressive pour arriver à leurs fins, ils peuvent y arriver grâce à leurs dons oratoires, ou par la manipulation, ou par une simple menace. Alors que la testostérone circulante ne provoque pas l'agressivité[50] – le fait d'infliger intentionnellement une blessure physique –, il semble qu'elle encourage le comportement dominant utilisé par certains pour acquérir ou maintenir un statut élevé. Habituellement, les êtres humains exercent leur dominance sans se montrer agressifs. La raison pour laquelle les hommes dominent sans infliger de souffrances est due à d'autres facteurs que leur taux de testostérone. Ehrenkranz et ses collègues ont indiqué dans l'une de leurs premières études que les prisonniers dominants mais non agressifs ont un taux relativement élevé de testostérone, mais que ce taux n'est pas vraiment différent de celui des prisonniers agressifs, qui pourraient donc être dominants eux aussi[51].

Certains disent que c'est dans la dominance et non dans l'agressivité que les hommes recueillent les bienfaits de l'évolution. La dominance les aide à utiliser leurs ressources naturelles lors de compétitions avec d'autres hommes. Il est important de noter que les femmes ne trouvent pas les hommes *agressifs* séduisants. Elles sont beaucoup plus attirées par les hommes qui les dominent de manière *non agressive*[52].

Étant donné que les femmes ont un peu de testostérone dans leur flux sanguin, peut-on en apprendre davantage sur les effets de cette hormone en étudiant les comportements féminins ? Selon les sociobiologistes les plus acharnés, plus les femmes occuperont les positions de pouvoir auparavant réservées aux hommes, plus elles deviendront semblables à ces derniers (dominantes et agressives). Une étude faite en 1973, dont le but était de démontrer que le niveau de testostérone augmente chez les femmes à mesure que leur statut professionnel devient plus important, corrobore cette théorie[53] ; tandis qu'une recherche subséquente, entreprise en 1995 et ayant pour sujets 32 femmes universitaires, indique que le statut de ces femmes (selon les déclarations de leurs collègues) n'a rien à voir avec leur taux de testostérone[54]. Cependant, dans cette étude encore, l'évaluation faite par les femmes de leur propre statut est en corrélation avec leur niveau de testostérone. Des tentatives ayant pour but de relier la testostérone avec l'agressivité chez les femmes ont donné des résultats sans consistance. Une étude faite sur 84 prisonnières et 15 femmes universitaires n'a fait état d'aucune différence dans leur taux de testostérone, mais les femmes condamnées pour violence non provoquée en avaient plus que les autres[55]. Dans une autre étude portant sur des prisonnières, aucune relation significative n'est signalée entre la testostérone et l'ampleur de la violence grave à laquelle elles se sont livrées, mais leur niveau de testostérone est en corrélation certaine avec ce que les auteurs de l'étude qualifient de «comportement dominant agressif[56]».

Des scientifiques ont également tenté d'associer le comportement sexuel de certaines femmes avec leur taux de testostérone. Les femmes qui en ont beaucoup semblent avoir plus de partenaires sexuels que les autres. D'autre part, elles affirment ne pas souhaiter d'engagement affectif de la part de leur partenaire avant de faire l'amour[57]. En matière de dominance féminine, une série d'études faites par Valerie Grant à Auckland, en Nouvelle-Zélande, indique que les femmes qui ont une personnalité dominante ont une interaction différente avec leur bébé nouveau-né lorsque ce dernier est un garçon[58] ! Autrement dit, les femmes dominantes sont plus susceptibles d'élever leurs fils de manière à s'assurer qu'ils deviendront eux aussi des personnalités dominantes ! Valerie Grant explique que les femmes, et en particulier les mères, jouent un rôle dans la chaîne qui lie la testostérone à la dominance masculine :

Ces différences de comportement de la mère, motivées par le sexe du nouveau-né, semblent assurer la transmission aux fils (et non aux filles) d'une dominance plus forte, ce qui ratifie et perpétue, chez ces garçons, les différences psychologiques en matière de sexualité[59].

Mais qu'en est-il des autres influences de la testostérone sur les hommes et sur le comportement masculin ? Une grande agitation s'est emparée des médias lorsque deux scientifiques américains, Alan Booth et James M. Dabbs, ont exposé les résultats de leurs recherches. Ces résultats indiquaient que les hommes ayant un niveau élevé de testostérone sont moins susceptibles de se marier et plus susceptibles de divorcer quand ils le sont[60]. Selon la même étude, les hommes qui avaient divorcé avaient un taux plus élevé de testostérone avant et après le divorce. Le niveau de testostérone des hommes qui s'étaient mariés au cours de la décennie où l'étude a été faite a baissé lors de la transition entre leur célibat et leur mariage, et le niveau de testostérone est resté bas chez les hommes mariés stables. L'étude a suscité diverses spéculations. Les spécialistes de la sociobiologie, partisans enthousiastes de la théorie voulant que «les hommes [soient] des gredins qui changent sans arrêt de partenaire à cause de leur testostérone», se sont emparés de l'affaire et ont affirmé qu'un taux élevé de testostérone rendait les hommes infidèles et plus portés à la polygamie. Mais il existe des explications moins simplistes. Le stress peut hausser le niveau de testostérone. Il semble que le statut d'homme marié soit moins stressant que celui de célibataire. Les célibataires sont plus susceptibles que les hommes mariés de devoir faire face à certains conflits et à certaines frustrations ; ils sont moins stables et sont privés du soutien que peut apporter une épouse. Il leur est donc nécessaire de se placer dans une position plus vigilante, plus prudente et plus autoprotectrice dans tous les domaines de leur vie. C'est dans ce genre de situation que le niveau de testostérone est censé s'élever. Le divorce, souvent précédé et suivi par plusieurs mois, voire des années d'acrimonie et de querelles, est donc associé à un niveau élevé de testostérone. Mazur et Booth disent que les hommes qui se débattent dans les affres d'un conflit conjugal et d'une rupture voient monter leur taux de testostérone, «ce qui provoque d'autres confrontations avec leur épouse[61]». Une autre explication possible est que l'activité sexuelle modifie le niveau de testostérone chez l'homme – il le fait bien chez les souris[62] ! –, ce qui explique le taux plus élevé de testostérone chez les célibataires et les divorcés. On a relevé chez des souris (mâles) de laboratoire exposées à de nouvelles femelles – avec ou sans contact physique – une montée de testostérone. Après l'éjaculation, le niveau de testostérone baisse. Il est possible, en conséquence, que le niveau bas de testostérone relevé chez des hommes mariés soit une conséquence d'une vie sexuelle régulière, et que le taux élevé relevé chez des célibataires soit le résultat de leurs frustrations.

On peut opposer quelques objections d'ordre technique aux affirmations simplistes relevées plus haut. L'évaluation de la quantité de testostérone, bien que plus précise de nos jours grâce au développement récent du radioimmunoessai* hormonal et de l'analyse de la

---

* Les radioimmunoessais sont utilisés pour doser de nombreuses substances circulantes, en particulier les hormones et les médicaments. N.d.T.

salive, est loin d'être parfaite. La testostérone n'est pas sécrétée de façon constante, mais pulsative. Elle est sensible à des facteurs comme l'activité sexuelle, la température corporelle, l'état général de l'organisme, l'alcool et les drogues. Et elle n'est pas toujours évaluée selon les mêmes critères dans les études citées. La conviction et la véhémence avec lesquelles certains chercheurs affirment que la testostérone peut déclencher tel ou tel comportement s'avèrent souvent injustifiées quand on examine de près l'étude sur laquelle s'appuient leurs affirmations.

Le rôle de la testostérone a-t-il été élucidé dans l'homosexualité et la transsexualité? Non. Il pourrait y avoir un fondement biologique à l'homosexualité[63], mais le questionnement perdure et il n'existe aucune indication permettant d'établir dans quelle mesure le cerveau de l'homme et celui de la femme sont différents. Les homosexuels masculins ont un génotype masculin et ils ont le chromosome Y. Aucune anomalie sérieuse dans la sécrétion et les effets de la testostérone n'a été démontrée lors d'études sur les homosexuels masculins. Des recherches basées sur un questionnaire ont indiqué que les homosexuels sont moins agressifs que les hétérosexuels et que leurs stratégies de séduction ressemblent à celles des femmes[64]. Dans une étude américaine plus récente, des hommes homosexuels et hétérosexuels ont déclaré être plus agressifs que leurs homologues féminines[65]. Les hétérosexuels se montrent plus agressifs sur le plan physique que les homosexuels, mais c'est la seule conclusion significative qui ait été tirée de l'étude. Déclarer que l'orientation hétérosexuelle masculine est associée à une agressivité physique laisse entendre que, parmi les hommes, ces deux traits ont les mêmes déterminants – soit que la sexualité et l'agressivité sont biologiquement reliées et que l'action appropriée des androgènes masculinise à la fois l'orientation sexuelle et l'agressivité physique. (Ce qui voudrait dire que la production des androgènes dans le cerveau de l'enfant mâle ne survient pas chez le petit garçon qui va devenir homosexuel, mais cela reste à vérifier.) D'autre part, cette conclusion va de pair avec d'autres explications socioculturelles: par exemple, les garçons qui ont été élevés de telle sorte qu'ils ne deviennent pas agressifs sur le plan physique peuvent également devenir homosexuels. Ce que l'étude révèle, c'est que ni l'agressivité verbale ni la compétitivité interpersonnelle ne distinguent les gais des hétérosexuels, ce qui indique que l'orientation sexuelle se développe indépendamment de cette agressivité et de cette compétitivité. Il est probable que ce sont des facteurs biologiques qui agissent dans le cas de l'agressivité physique, et des facteurs sociaux dans le cas de l'agressivité verbale et de la compétitivité.

Il n'y a pas de tension intrinsèque chez les homosexuels en ce qui concerne leur statut masculin. Dans la mesure où beaucoup d'hétérosexuels, et également des femmes, considèrent l'homosexualité comme une forme de masculinité affaiblie et bancale, la masculinité des homosexuels est davantage en état de siège qu'en état de crise. C'est pour cette raison que les gais n'entrent pas dans mon analyse de l'état précaire de la masculinité et de l'inutilité potentielle du pouvoir phallique.

Mais qu'en est-il du transsexualisme, cette condition dans laquelle une personne anatomiquement normale croit avec une certitude absolue qu'il est, ou qu'elle est, un membre du sexe opposé ? Cette conviction est habituellement accompagnée d'un profond sentiment de dégoût – dégoût ressenti par l'individu en raison de ses caractéristiques sexuelles primaires et secondaires. On aurait pu s'attendre à trouver, pour expliquer cet état, des altérations biologiques dans les hormones sexuelles ou dans le cerveau, mais aucune donnée probante n'a été relevée jusqu'ici[66]. Un champ d'investigations très large a été exploré concernant le statut des transsexuels, sans grand succès[67]. Des facteurs biologiques, psychologiques et sociaux semblent jouer un rôle important dans la volonté du transsexuel de changer de sexe. Le cas de Joanna/John illustre cette complexité. Joanna est une fille unique qui manifeste des tendances masculines marquées dès l'enfance. Elle réagit avec mauvaise humeur aux tentatives de son entourage de lui faire porter des vêtements de fille. Elle est furieuse quand on l'exhorte à se conduire « comme l'exige son sexe ». Une fois adolescente, Joanna est fermement décidée à « devenir » un homme.

John commence son existence sous le nom de Joanna – la plus jeune et la seule fille d'une famille de quatre enfants. Dès le début, elle se comporte, au dire de sa mère, « comme un garçon ». Elle préfère jouer avec les revolvers, les camions et les trains électriques de ses frères qu'avec des poupées, et elle déteste les vêtements que ses parents lui achètent, à elle, leur unique petite fille. Elle court, saute, nage et se mesure à ses trois frères et aux garçons de son entourage. Elle méprise les filles et «les histoires de petite fille» et fait preuve d'un amour immodéré pour les T-shirts et les jeans, ce qui provoque les réprimandes des religieuses de son école. Puis arrive l'adolescence. Joanna commence à avoir de sérieux problèmes. Elle est très perturbée, se livre de façon répétée à des gestes d'automutilation; elle attaque les autres filles et se montre violente à la maison. Plusieurs psychiatres lui prescrivent différentes médications, mais celles-ci n'améliorent en rien son état. À 20 ans, elle se rend d'elle-même dans une clinique chirurgicale de changement de sexe. Elle explique aux médecins que, dès le moment où elle a eu conscience de son identité, elle a su qu'elle était un homme. Le diagnostic provisoire rendu par la clinique est que Joanna est une transsexuelle. Dès lors, elle abandonne ses habits féminins et s'habille comme un homme. Son comportement perturbé disparaît lorsqu'elle trouve un emploi dans une compagnie d'ordinateurs. À 22 ans, elle change de nom. Elle s'appellera désormais John. Elle prend de la testostérone afin de supprimer ses œstrogènes et de voir se développer en elle les caractéristiques sexuelles secondaires de la virilité. Deux ans plus tard, elle subit une mastectomie bilatérale et une hystérectomie. Puis les chirurgiens ferment son vagin. Ils fabriquent alors à John un pénis artificiel à l'aide de greffes de peau. Lorsqu'on lui demande en quoi consiste, outre l'anatomie, la différence entre un homme et une femme, John a cette réponse révélatrice : « L'homme est actif, il agit, il est fort ; la femme est passive, elle réagit, elle est faible. Un homme construit sa vie. Une femme donne la vie. Je ne suis pas de l'étoffe dont on fait les femmes. » Les réponses de John résument de façon éloquente les stéréotypes courants sur les comportements masculin et féminin.

À aucun stade de son développement, l'organisme de John n'a montré des anomalies hormonales ou chromosomiques.

Le rôle des facteurs environnementaux dans la genèse de sa condition ne peut être ignoré. John, qui a commencé son existence comme une fille unique au milieu de trois garçons énergiques et actifs, s'est rapidement identifié(e) à leurs modèles de comportements dans différents domaines, comme le jeu. Alors que la mère de John se montrait très douce, mais était quelque peu inhibée, son père était un homme dominant, sûr de lui et extrêmement fort. La relation que John avait avec lui était plutôt timide. Et c'est le père plutôt que la mère qui a vu dans la volonté de sa fille d'avoir recours à la chirurgie pour changer de sexe une décision presque impossible à accepter.

Quels sont les autres comportements et aptitudes attribuables à la présence ou à l'absence du chromosome Y? Les deux sexes ont été étudiés de façon exhaustive: enfance, adolescence et âge adulte ont été passés en revue. Les aptitudes sociales et psychologiques, incluant la sociabilité, l'esprit d'analyse, la motivation, la tendance à se laisser influencer, l'estime de soi, les aptitudes verbales, visuelles et spatiales, l'apprentissage de mémoire et les tâches simples répétitives, le don pour les mathématiques et l'agressivité ont été analysés[68]. Quelques découvertes intéressantes ont été faites, mais aucune n'a été associée à des fonctions spécifiques du cerveau ou à des réactions hormonales sexuelles précises.

Les femmes, en général, semblent avoir une plus grande fluidité verbale et une perception plus rapide; elles sont plus précises et se souviennent plus facilement. Leurs cotes sont plus élevées que celles des hommes dans les tests où l'on demande au sujet de trouver des mots ou des synonymes. Elles assemblent plus vite des articles ou des objets qui vont ensemble et accomplissent avec une plus grande dextérité certaines tâches manuelles exigeant de la précision, comme enfoncer, sur un tableau de test, des chevilles de formes différentes dans les trous qui leur sont destinés. Les hommes excellent dans les activités visuelles et spatiales. Ils sont plus rapides aux jeux de simulation électroniques mettant en scène un labyrinthe, et ils utilisent aisément des images en trois dimensions. Ils sont plus précis que les femmes dans certaines activités motrices, comme guider ou intercepter des projectiles, et dans les tests exigeant un raisonnement mathématique. Dans le passé, on croyait que les différences entre les sexes dans la résolution de problèmes ne se présentaient qu'à la puberté, mais certaines études ont démontré qu'elles se manifestent déjà durant l'enfance. Kimura fait état de recherches qui démontrent que des garçons de trois et quatre ans sont plus habiles à localiser et à faire tourner mentalement des aiguilles sur le cadran d'une montre que les filles, tandis que les filles prépubères se souviennent plus aisément d'une liste de mots[69]. Cependant, il ne s'agit là que de résultats généraux. Beaucoup de femmes se débrouillent aussi bien, voire mieux, dans les tests où excelle l'homme moyen, et vice versa. C'est aussi une question de statistiques.

Des différences dans les résultats de certains tests indiquent les raisons pour lesquelles hommes et femmes se comprennent si difficilement. Il est tentant de croire, par exemple, que l'une des raisons pour lesquelles les hommes ont recours à la violence physique est que leurs aptitudes verbales ne sont pas assez étendues pour leur permettre de négocier de vive voix avec le stress et les frustrations. Mais il y a un énorme fossé entre la découverte de différences subtiles dans la résolution de tests psychologiques et le désir d'expliquer des comportements psychosociaux complexes comme l'agressivité et la violence. Il existe néanmoins deux vastes domaines où les différences reliées au sexe s'affirment de façon très dogmatique. Le premier concerne les aptitudes mathématiques; le second, les différences dans la structure du cerveau de l'homme et de la femme.

L'homme et les mathématiques

Un grand nombre d'études sur les aptitudes mathématiques mettent régulièrement l'accent sur des différences en faveur des hommes[70]. Au milieu des années 1970, aux États-Unis, le National Institute of Education a mis sur pied un programme destiné à financer des recherches sur les différences entre les sexes. Les chercheurs reprenaient des études précédentes portant sur les aptitudes mathématiques. Leurs travaux ont débouché sur les mêmes résultats: en mathématiques, les hommes devancent toujours les femmes. Aux États-Unis, une vaste enquête sur des données de tests de connaissances, réalisée à la fin des années 1980 sur des élèves d'école secondaire et des étudiants d'université, révèle l'ampleur des différences entre les sexes. Dans les tests sur les sciences informatiques, les résultats des garçons sont considérablement plus élevés que ceux des filles. Il en est de même des 6 tests sur la physique, des 4 sur la chimie, des tests sur les sciences générales et de 12 tests sur 16 concernant les aptitudes en arithmétique. Selon Camilla Benbow, de la State University de l'Iowa – convaincue depuis longtemps de l'existence des différences en matière d'aptitudes mathématiques –, les différences deviennent vraiment flagrantes durant les dernières années primaires et au secondaire[71]. Les filles excellent dans le calcul informatisé, les garçons dans des travaux qui demandent un raisonnement mathématique ; mais aucune différence n'existe dans l'aptitude à appliquer des concepts acquis et des algorithmes. Les différences entre les sexes apparaissent lorsque la matière des cours devient plus abstraite. Au cours d'une longue étude sur la question, Camilla Benbow a envisagé un certain nombre d'explications sociales et environnementales. Les femmes ont peut-être une attirance moins forte que les hommes (voire une attitude négative) envers les mathématiques. Il est possible aussi qu'elles n'aient pas confiance en leurs aptitudes. Et on peut se demander pourquoi les hommes et les femmes collent aux mathématiques le stéréotype de «discipline masculine». Il faut noter également que des personnages marquants dans la vie des enfants et des adolescents – parents, professeurs, certains camarades – ont des attentes différentes en ce qui concerne les prouesses mathématiques des garçons et des filles, et qu'ils encouragent davantage les premiers. Il semble aussi que les garçons optent pour un plus grand nombre de cours dans cette discipline que les filles, et que ces dernières sont intrinsèquement moins motivées que les garçons.

Benbow dédaigne les explications sociales environnementales en faveur de l'apparente supériorité de l'homme en mathématiques. Parmi la population estudiantine très douée qu'elle et ses collègues ont étudiée, aucune différence dans l'attitude manifestée envers les mathématiques n'a été décelée. Et l'attitude n'a rien à voir avec le niveau de réussite dans ce domaine[72]. Pourtant, un certain nombre d'études indiquent que les filles ont une attitude négative envers les mathématiques et que cette attitude explique leurs moins bons résultats lors des tests. Selon Ruth Bleier, qui nie catégoriquement l'affirmation voulant que les filles soient moins fortes que les garçons en mathématiques :

> [les garçons doués] peuvent compter d'office sur leurs dons en mathématiques, en sciences et en ingénierie, et ils peuvent s'attendre à en recueillir les fruits. En conséquence, ils sont très motivés dès qu'il s'agit d'y exceller. Par contre, il a été démontré que, dans l'ensemble, les parents, les conseillers scolaires et les professeurs ont toujours découragé les filles, même les plus douées, de poursuivre des études en sciences et en mathématiques, ou, ce qui est tout aussi dommageable, qu'ils les ont poussées à faire fi de leurs aptitudes[73].

Peut-être est-ce, après tout, une question de confiance en soi. On sait que la confiance en soi a une influence positive sur l'anxiété provoquée par la crainte de ne pas réussir en mathématiques. Elle permet aussi de se réjouir des succès obtenus et d'apprécier la valeur accordée à cette discipline. En outre, elle incite les étudiantes à suivre des cours facultatifs dans le même domaine. Les filles, plus que les garçons, sont enclines à mettre leurs médiocres résultats sur le compte d'un manque de dispositions. Elles sont plus susceptibles de recourir à cette excuse pour expliquer leurs mauvaises notes que de se targuer de leurs aptitudes pour expliquer les bonnes. Il y a pourtant une similitude notoire entre les résultats des filles et des garçons. Chez les plus doués des deux sexes, les notes lors de tests de mathématiques sont plus souvent semblables que différentes. Ainsi que Bleier le rappelle – alors que Benbow vient d'affirmer dans une étude que la supériorité masculine ne fait aucun doute –, la jeune Ruth Lawrence, 11 ans, a obtenu les notes les plus élevées à l'examen d'entrée de mathématiques à St. Hugh's College, à Oxford, tandis que Nina Morishge, qui a obtenu sa licence et sa maîtrise en mathématiques à 18 ans à l'issue de 2 ans d'études à l'université Johns Hopkins de Baltimore, est devenue l'une des plus jeunes bénéficiaires d'une bourse de la fondation Cecil Rhodes, offerte chaque année, depuis 78 ans, à des étudiants doués.

Cerveau masculin, cerveau féminin

Supposons que de telles différences existent réellement. Si c'est le cas, dans quelle partie du cerveau se logent-elles? Le fait que chaque hémisphère cérébral représente un système cognitif relativement complet et indépendant possédant ses propres caractéristiques en matière de traitement de l'information constitue une découverte assez récente. Les résultats de recherches les plus importants ont été communiqués au cours des années 1950 et 1960, bien que la première indication sur la spécialisation des hémisphères ait été donnée par des médecins du xixe siècle, dont Wernicke et Broca. Ces derniers ont attiré l'attention sur le fait que des lésions dans l'hémisphère gauche provoquent une interférence avec l'élocution et le langage, alors que des lésions dans l'hémisphère droit n'en provoquent aucune, ou quasiment aucune. Chaque hémisphère semble concrétiser une représentation différente de la réalité et du moi. Le comportement humain résulte de l'interaction complémentaire entre les hémisphères droit et gauche. L'hémisphère gauche, chez les droitiers et chez la plupart des gauchers, où se trouvent les sièges de l'élocution et du langage, porte le nom d'hémisphère *dominant*, alors que l'hémisphère droit est l'hémisphère *non dominant*.

Des scientifiques ont établi une différence importante entre les sexes dans la perte de l'élocution, ou aphasie, due à une ou des lésions dans l'hémisphère gauche. Après une attaque provoquant des lésions cérébrales, ou tout autre traumatisme crânien, les femmes accusent une moins forte déficience de langage que les hommes[74]. D'autres conclusions de recherches indiquent que les aptitudes verbales, visuelles et spatiales des hommes sont plus localisées dans leurs hémisphères, ce qui permet de supposer que les hémisphères, chez les femmes, soit fonctionnent avec une plus grande fluidité dans leurs échanges, soit que les échanges et les liens entre les deux hémisphères sont plus efficaces chez les femmes que chez les hommes[75].

Des articles passionnants suggèrent que les quelques structures cérébrales qui sont apparemment responsables de l'échange d'informations entre les deux hémisphères sont différentes selon le sexe. En particulier le corps calleux, cette épaisse lame de substance blanche formée par des fibres transversales d'association qui réunit les deux hémisphères cérébraux. Le corps calleux est, dans le cerveau de la femme, plus large relativement au poids du cerveau qu'il ne l'est dans le cerveau de l'homme[76], et la forme du splénium, qui constitue l'extrémité postérieure épaisse du corps calleux, est plus rond et plus bulbeux chez la femme. Ces deux différences entre les sexes ont été observées chez le fœtus et les bébés, aussi bien que chez les adultes, ce qui signifie qu'elles peuvent résulter d'influences génétiques ou hormonales[77].

Quelles conclusions pouvons-nous tirer de ces découvertes ? En dépit de tous les propos trompeurs ou sensationnalistes concernant les différences entre les sexes en matière de latéralisation cérébrale et de taille du cerveau, l'étendue des différences relevées est extrêmement modeste. Stephen Jay Gould a fait remarquer que, dans l'étude des différences entre les sexes, les différences prouvées ne sont solennellement rapportées que lorsqu'elles sont marquantes – et qu'elles le sont sans aucune référence à leur valeur d'un point de vue statistique. Il est rare que l'on reçoive des informations concernant la fréquence des découvertes sur ces différences, pour la bonne raison que les découvertes négatives (autrement dit celles qui ne corroborent pas une différence) ne sont pas publiées[78]. Lorsque des différences sont établies, elles sont habituellement exposées sans référence à leur importance, alors que ce facteur est déterminant. C'est là un des problèmes majeurs de l'état actuel des recherches sur les aptitudes mathématiques masculines et féminines, de même que sur les habiletés cognitives et les différents styles adaptatifs chez l'homme et la femme. Lorsque des différences ne sont pas décelées, les recherches ne reçoivent que peu ou pas d'écho, et disparaissent très vite de la circulation.

Conclusion

Étant donné les idées reçues, si largement répandues, sur l'importance de la testostérone, il est assez surprenant de voir à quel point sont rares, peu solides et peu convaincantes les conclusions de recherches sur la théorie voulant que la testostérone circulante augmente l'agressivité et la dominance masculines. Quant aux recherches sur les autres hormones censées influencer le comportement, l'humeur, l'agressivité et la dominance, comme la sérotonine et l'adrénaline, elles sont tout aussi insuffisantes. Si la testostérone reste le sujet de prédilection des chercheurs et du public, c'est parce qu'elle est directement reliée au sexe, ce qui n'est pas le cas de la sérotonine et de la noradrénaline. La testostérone est synonyme de masculinité, et analyser ses effets fait miroiter la promesse d'une justification hormonale qui pourrait expliquer les différences entre les sexes, l'inévitabilité du patriarcat et l'inéluctabilité de l'agressivité humaine. Ceux qui focalisent leur attention sur la testostérone, l'hormone *mâle* par excellence, et affirment bruyamment son rôle causal dans l'agressivité et dans la dominance défendent une position idéologique.

Si l'on adopte une telle perspective, il faut en conclure que les hommes sont les pantins de leurs hormones. Ce sont elles qui les poussent à s'imposer, à rivaliser, à se battre, à dominer et, si nécessaire, à tuer. Le prix à payer, dans ce cas, c'est que l'homme continuera à occuper des positions de dominance, tandis que la femme, à l'exception de quelques personnalités « masculines » atypiques, restera à la traîne. Si l'on en croit E. O. Wilson, le père de la sociobiologie, tout cela est, d'un point de vue évolutionniste, absolument normal :

> Les hommes ont intérêt à être agressifs, vigoureux, inconstants et impatients. En théorie, il est plus profitable pour les femmes d'être timides et de se tenir sur leurs gardes jusqu'à ce qu'elles aient identifié le mâle qui possède les meilleurs gènes [...] Les êtres humains obéissent fidèlement à ce principe biologique[79].

Pour le sociobiologiste, les explications des motivations du comportement humain se situent à la fois dans la neurobiologie (ou plus précisément dans le réseau de connexions nerveuses et les récepteurs cérébraux) et dans la théorie darwinienne de l'évolution. Dans un tel schéma, les différences entre les sexes peuvent aisément être expliquées et scellées dans le roc. L'homme sûr de lui, agressif, vigoureux et autoritaire sert très bien le dessein évolutionniste en imprégnant autant de femmes qu'il lui est possible – à l'aide de stratégies allant de la manipulation à la domination pure et simple. La femme, biologiquement programmée pour un investissement plus prolongé et plus exigeant dans la reproduction de l'espèce, et ne recevant aucun bénéfice d'un comportement frivole et inconscient, est prédéterminée à être prudente, critique, perspicace et passive.

Cette conviction voulant que les hommes soient incorrigiblement et congénitalement violents est quasi générale. Pour Lionel Tiger, la discussion est close. Il déclare : « La virilité typique comprend le courage physique, la rapidité d'action et l'utilisation violente de la force. » Quant à Anthony Storr, psychothérapeute, il explicite le lien entre la dominance masculine et la propension de l'homme à la violence en ces termes : « Il est hautement probable que la supériorité incontestable du sexe masculin dans tout accomplissement intellectuel et créatif est liée à la plus grande propension de l'homme à l'agressivité[80]. » Les conséquences apocalyptiques d'une violence mâle incorrigible, conditionnée par la biologie et nourrie par la testostérone ont été clairement exposées par l'éthologue Konrad Lorenz, sur la base du comportement combatif des poissons et des oies. Le chercheur prophétise en ces termes : « L'agressivité intraspécifique engendre chez l'homme une dose d'agressivité pour laquelle il est incapable de trouver, dans l'ordre social du monde d'aujourd'hui, un exutoire adéquat[81]. » Mis à part la tentation de nous laisser séduire par de telles distinctions, ne devons-nous pas nous demander si elles sont justes ? La réponse est non. L'agressivité et la violence masculines dépendent surtout de facteurs qui ne sont pas biologiques (mais culturels, sociaux et psychologiques). Une masse d'arguments convaincants prouvent l'existence d'une relation entre la testostérone et le comportement, en particulier dans le comportement dominant, relation dans laquelle comportement et testostérone ont un impact l'un sur l'autre, mais la testostérone n'est pas nécessairement la première coupable. Les conclusions de recherches de Valerie Grant, qui indiquent que la testostérone est associée à la dominance plutôt qu'à l'agressivité et à la violence, sont d'une importance capitale, tandis que les études exposant le fait que les femmes dominantes sont plus susceptibles que d'autres de concevoir des fils et de leur léguer leur personnalité dominante illustrent la complexité des interactions entre biologie, sexe et environnement.

En conclusion, les hommes peuvent apprivoiser leur agressivité. Ils peuvent exploiter à bon escient leur tendance à la domination tout en restant des hommes à part entière. Ils ne sont ni des pantins ni des produits de leurs hormones. Beaucoup d'hommes, il est vrai, croient, et sont encouragés à croire, que leur masculinité est liée à leur agressivité. De tels hommes placent très haut leur compétitivité, leur orgueil, leur force, leur indépendance, leur refus d'agir contre leur volonté. Ils voient dans leur tendance à avoir recours à la violence l'essence même de la virilité. Dans tout défi, quel qu'il soit, leur honneur d'homme est en jeu ; toute manifestation d'irrespect blesse leur orgueil. Ces hommes ne se sentent vraiment hommes que s'ils se savent aptes à combattre d'autres hommes. S'ils ont raison d'être ainsi, alors le débat sur la masculinité et sur la survie de l'homme restera dominé par la nécessité de prouver l'inutilité de ce dernier. Mais s'ils ont tort, si masculinité et violence ne sont pas synonymes, alors l'homme pourra se débarrasser de sa prédilection pour l'agressivité sans mettre en péril son identité masculine.

Bien que je sois convaincu que la testostérone n'est pas la cause de l'agressivité masculine, je sais qu'elle peut l'intensifier lorsqu'elle est déjà présente. Mais d'où vient cette agressivité ? Lorsqu'on dit que l'agressivité – si courante chez l'homme – ne peut qu'être biologiquement enracinée en lui, qu'elle fait partie de son essence, on ne fait qu'éluder la vérité sur la violence masculine. L'origine de la colère, de la rage et de la violence masculines repose dans la manière avec laquelle nous conceptualisons les individus en tant que femme ou homme, et dans notre attitude devant l'amour et la haine. Si nous attribuons l'origine de la violence à la biologie, il ne nous reste plus qu'à nous tourner vers la pharmacologie pour y trouver la pilule qui neutralisera la virilité, ou vers le chirurgien qui l'extirpera. Mais si nous admettons que l'origine de la violence se trouve dans l'interaction entre l'homme et la société et que nous analysons cet homme et cette société, nous trouverons la solution à nos problèmes et une réponse à la question : où va l'homme ?

Chapitre 3

LES HOMMES ET LA VIOLENCE

Ainsi, les hommes seraient les produits et les prisonniers du chromosome Y et de la torride testostérone ? Il est évident que non. Mais si la tendance masculine à la violence n'est pas due à ce chromosome et à cette hormone, quelle en est donc la source ? On ne peut nier que la violence soit un fait masculin. Les hommes sont beaucoup plus portés au combat que les femmes, et ils tuent davantage. Cette réalité est si bien assimilée et si bien acceptée dans notre société qu'elle n'y suscite qu'un étonnement modéré et peu de commentaires. Pendant ce temps, les cellules de réflexion gouvernementales, les commissions nationales et internationales, les services de police spéciaux et les membres de divers ateliers d'étude délibèrent avec solennité sur les origines de la violence humaine. La caractéristique la plus évidente de ce phénomène – à savoir que la violence est un comportement presque exclusivement masculin – ne soulève dans ces assemblées qu'une attention très limitée. J'ai souvent assisté à des réunions de ce genre. À ma grande honte, j'ai même participé, en 1993, à l'organisation d'une conférence donnée conjointement par le Royal College of Psychiatrists et le Royal College of Physicians de Londres, intitulée « La violence dans la société ». Des experts distingués se sont rassemblés pour analyser le problème de la violence humaine selon différentes approches : ses origines, sa biologie, sa complexité sociale, ses racines éventuelles dans l'enfance, ainsi que l'état des recherches, le rôle de la maladie mentale, des drogues et de l'alcool, et le calvaire des victimes. L'un des intervenants a commencé son allocution par ces mots : « Les femmes commettent moins de délits que les hommes. Il s'agit là d'un facteur si courant que quelques auteurs l'ont décrit comme étant le trait le plus significatif des crimes répertoriés[1]. » Cela n'a pas empêché les conférenciers de consacrer une session spéciale aux criminelles – et d'oublier d'en faire autant pour les criminels.

Jusqu'où va la violence masculine

Dans beaucoup de cultures, l'homme est vingt fois plus susceptible de tuer un autre homme qu'une femme de tuer une autre femme, et un homme est plus susceptible de tuer une femme qu'une femme de tuer un homme. La femme qui commet un homicide s'en prend, « la plupart du temps, à un homme qui l'a agressée de façon répétitive[2] ».

Le tribut payé à la violence masculine est effarant. L'inclination de l'homme à la violence est permanente, et la fabrication d'armes de plus en plus efficaces augmente sa capacité de tuer un nombre de plus en plus élevé de personnes. Les stratèges de la guerre civile américaine – généralement considérée comme la première guerre moderne – ont utilisé des armes fabriquées en usine ; ils ont eu recours au chemin de fer, au télégraphe, et fait creuser des tranchées. Si, à Crécy et à Azincourt, l'arc a considérablement allongé la distance entre le guerrier et la victime, passant de la longueur du bras à plus de 100 mètres, il n'a pas augmenté le nombre de combattants qu'un tireur pouvait tuer. On ne peut tuer qu'un seul homme avec une flèche. Par contre, l'apparition du fusil, et plus tard de la mitrailleuse, a fait passer le nombre de cibles de une à plusieurs dizaines. Lorsque 12 000 confédérés se sont lancés dans leur dernière grande charge à Gettysburg, 300 combattants seulement en sont sortis vivants ; le reste de l'armée a été fauché, rang après rang, par les salves des Yankees. Depuis cette guerre, la technologie de l'armement s'est développée et les moyens de donner la mort se sont diversifiés. Tanks, bombardiers, sous-marins, fusils sans recul, hélicoptères de combat, torpilles, mines magnétiques, lance-flammes, napalm, défoliants et gaz se sont ajoutés aux armes existantes. Il fut un temps où l'instrument de mort le plus sophistiqué était le sabre japonais. Sa lame était le produit d'une métallurgie hautement raffinée, alliant l'acier dur et l'acier mou, de telle sorte que l'arme ne pouvait se briser. Le sabre était une arme de duel[3]. Un millénaire plus tard, le 6 août 1945, la machine à tuer est la bombe à hydrogène qu'on lâche d'un avion. Une poignée d'hommes suffit à l'opération. La bombe tue 80 000 hommes, femmes et enfants, et inflige d'horribles blessures à quelque 40 000 personnes.

L'impact de la technologie est tel que le spectre de l'annihilation de l'espèce humaine n'est plus un effet de l'imagination. Les humains peuvent aujourd'hui se détruire. Mais ce n'est pas seulement la capacité de l'être humain de tuer qui lui permet de satisfaire sa prédisposition biologique innée au meurtre, c'est son besoin d'infliger de terribles souffrances à ses semblables avec une apparente indifférence, voire du plaisir.

En Bosnie, au mois de juillet 1995, durant le siège de l'enclave de Srebrenica, une villageoise d'âge moyen qui a perdu ses cinq fils est interrogée par le Dr Harvey Weinstein, psychiatre américain et consultant dans un organisme de volontaires, Physicians for Human Rights. Nura raconte cette horrible histoire.

Peu après avoir quitté le complexe hollandais, à Potocari, le bus dans lequel elle se trouvait s'est arrêté à un poste de contrôle. Un milicien serbe est monté à bord, un homme jeune aux traits durs. Nura se rappelle avoir senti une odeur familière, très forte, mélange de tabac et de sueur, à quoi s'ajoutait l'odeur douceâtre de l'alcool et celle, suffocante, de la poussière de la route. Tout à coup, l'homme a sorti un couteau de sa ceinture et l'a levé. Il souriait. Ses grandes mains étaient gonflées par la chaleur. Il s'est penché, a mis la lame sur la gorge d'un bébé qui dormait dans les bras de sa mère et l'a égorgé. Le sang a éclaboussé les fenêtres et les sièges. Les gens hurlaient. De sa main gauche, l'homme a poussé la tête de la femme sur le petit corps sans vie et a hurlé : « Bois, putain de musulmane, bois[4] ! »

Cette anecdote horrifiante et par trop familière illustre la monstrueuse cruauté humaine. Elle fait partie des millions d'actes terrifiants qui laissent à penser que les êtres humains sont intrinsèquement mauvais. L'un des pères de la sociobiologie, cette école de pensée qui affirme que le comportement humain ne peut s'expliquer, d'abord et avant tout, que par l'intervention de facteurs biologiques, résume sa conviction en ces termes:

> Les formes particulières de violence organisée ne sont pas héréditaires. Aucun gène ne différencie le bourreau qui torture ses victimes au poteau de torture de celui qui les torture sur une table, du cannibale chasseur de têtes, du duelliste et de l'homme qui participe à un génocide. Il existe par contre une prédisposition innée à fabriquer l'appareil culturel de l'agressivité de manière à séparer l'esprit conscient des processus biologiques primaires encodés dans les gènes. C'est la culture qui donne à l'agressivité sa forme particulière[5].

La violence humaine n'est pourtant pas distribuée d'une manière qui suggère qu'elle est d'abord et avant tout innée. Les différences culturelles sont considérables. Certaines sociétés sont extrêmement violentes, d'autres le sont peu. Des hommes violent parfois, d'autres le font d'une façon répétitive. Mais la plupart des hommes ne violent pas. Si l'on examine les pourcentages de meurtre sur la planète, on constate qu'il est quinze fois plus élevé en Colombie qu'au Costa Rica. En Irlande, où il était de sept par million en 1994, il représente environ 7 % de celui de la Finlande. Le taux de crimes aux États-Unis, l'un des plus hauts au monde, est vingt fois plus élevé qu'au Japon.

Ainsi que le démontrent Wilson et d'autres chercheurs, les concepts d'agressivité et de violence sont quelque peu élastiques et peuvent être utilisés de façon interchangeable – une variation qui peut affecter la manière avec laquelle ils sont mesurés et évalués d'une culture à une autre. Pour moi, la violence se définit dans les termes établis par le Panel on the Understanding and Control of Violent Behavior (Commission sur la compréhension et le contrôle du comportement violent), mis sur pied par la National Academy of Sciences des États-Unis, soit:

[des] comportements adoptés par des individus qui, intentionnellement, menacent d'infliger, tentent de le faire, ou infligent des blessures physiques à d'autres individus[6].

Lorsqu'on parle de violence, il ne s'agit pas seulement de meurtre. En 1991, 25 000 meurtres ont été commis aux États-Unis, mais 6,5 millions d'Américains ont été victimes de violence caractérisée, plus précisément de blessures – dont certaines, infligées avec des armes, ont causé des lésions graves mais pas fatales. Ces blessures se montent à près de 300 pour 1 000 agressions. Les dommages physiques moins graves s'élèvent à 500 pour 1 000 agressions, le vol occupant la presque totalité de l'autre moitié. Le viol par contrainte se chiffre à 20 pour 1 000 agressions. Le caractère contagieux de cette violence peut s'expliquer par le fait que les enfants sont souvent les témoins de violence domestique, dans leur foyer ou leur communauté, et qu'ils souffrent ensuite de troubles post-traumatiques dus à ces actes brutaux. Ils deviennent ainsi susceptibles d'avoir eux aussi recours à la violence au sortir de l'adolescence.

La violence masculine est endémique. Rappelons-nous la ville de Limerick, en Irlande, dont les bas quartiers surpeuplés, insalubres et infestés de criminels ont été illustrés avec une superbe puissance évocatrice dans *Les cendres d'Angela,* roman autobiographique de Frank McCourt. Les quartiers misérables de Limerick se sont transformés en secteurs d'habitations modernes, mais les lieux sont toujours caractérisés par un haut taux de chômage, des salaires misérables, des familles disloquées et un environnement sordide. Les médias irlandais qualifiaient Limerick de «Stab City» en raison du pourcentage élevé d'agressions au couteau qui y survenaient. Au cours de l'année 1996-1997, 100 individus ont été jugés devant le Circuit Court de Limerick, tribunal exerçant sa compétence pour les délits graves, à l'exception des meurtres et des homicides. Plus de 50 % des cas avaient trait à des délits contre la personne, incluant les attaques au couteau et à l'arme à feu, et les agressions physiques ou sexuelles graves. Les sévices sexuels, dont la majorité étaient dirigés contre des enfants, comptaient pour 20 % dans l'ensemble des agressions. Les délits contre la propriété se chiffraient à 32 %, ceux liés à la drogue à 11 %. Quatre-vingt-dix pour cent des agresseurs étaient sans emploi ou travaillaient pour un salaire de fortune ; et 84 % d'entre eux avaient un casier judiciaire. Plus de 70 % vivaient dans les secteurs d'habitations à petit loyer qui avaient remplacé les quartiers misérables de Frank McCourt. Mais la statistique la plus impressionnante ne variait pas : 96 % des agresseurs étaient des hommes. Lorsque l'inspecteur Dermot Walsh présente ces données lors d'une rencontre-conférence anglo-irlandaise sur le crime, il les illustre par ce commentaire :

> À Limerick, les agressions graves contre la personne et la propriété sont commises par de jeunes éléments célibataires sans emploi, vivant dans des secteurs publics d'habitations délabrées. Il ne fait aucun doute que cette description peut également s'appliquer aux statistiques criminelles de toutes les villes irlandaises[7].

Jeunes éléments célibataires sans emploi, vivant dans des secteurs publics d'habitations délabrées... Cette description colle très bien à la situation qui sévit dans la plupart des villes européennes et nord-américaines. Partout, les hommes commettent plus de délits et d'agressions que les femmes. En 1989, en Angleterre et au pays de Galles, 396 000 condamnations ont été infligées à des hommes – ou un cautionnement a dû être versé – pour délits graves et infractions majeures, comparées à 76 200 pour les femmes, soit une proportion de 5 à 1. Le pourcentage d'agressions violentes est encore plus élevé, soit dans une proportion de 8 à 1. Pour chaque femme purgeant une peine pour homicide ou tentative d'homicide, on compte 27 hommes ; chez les individus condamnés pour une autre agression violente, la proportion est de 53 à 1. En Angleterre et au pays de Galles, près de la moitié des accusés présents au tribunal sont jeunes – 20 % ont entre 11 et 16 ans. Arrivé à l'âge de 21 ans, 1 jeune Anglais sur 4 a versé un cautionnement pour une libération conditionnelle ou a été emprisonné pour l'un ou l'autre délit ou agression. L'âge moyen du cambrioleur anglais est de 18 ans et moins.

Et il faut bien sûr parler de la violence des hommes contre les femmes. Dans le monde en voie de développement, cette violence compte pour 5 % dans l'ensemble des maladies et traumatismes physiques chez les femmes âgées de 15 à 44 ans. Si cette proportion semble basse, c'est parce que les maladies infectieuses et celles consécutives à la maternité l'emportent encore dans l'ensemble des problèmes qui accablent les femmes. Par contre, dans le monde industrialisé, où les maladies constituent un fardeau moins lourd, la proportion, en ce qui concerne la violence contre les femmes, est de 19 %, et elle continue à augmenter. Qu'elle vive dans un pays en voie de développement ou dans une nation industrialisée, la femme court le risque constant et, dans certaines régions, le risque croissant, d'être victime de la violence masculine. Cette violence se produit souvent dans le cadre du foyer. En Angleterre, une femme sur quatre se plaint de violence domestique[8]. Le Rapport mondial sur le développement humain 1993, qui réunit des données sur un grand nombre de pays industrialisés et en voie de développement, révèle qu'entre 20 et 50 % des femmes qui ont fait partie de l'enquête ont été battues par leur conjoint et l'ont été de façon systématique[9]. Aux États-Unis, la violence domestique est la cause majeure de blessures chez les femmes en âge de procréer. Entre 22 et 35 % des femmes qui se rendent dans les urgences des hôpitaux y vont pour faire soigner des blessures consécutives à des coups. Des études américaines indiquent que les femmes maltraitées ont de quatre à cinq fois plus souvent besoin d'un traitement psychiatrique que d'autres femmes, et qu'elles sont cinq fois plus susceptibles de se suicider. Elles risquent également davantage de sombrer dans la consommation excessive d'alcool, de drogues, et sont plus sujettes aux douleurs chroniques et à la dépression.

Pour ces femmes, le risque d'être battues ou maltraitées est particulièrement élevé pendant la grossesse[10]. Entre 11 et 41 % de femmes ont des récits de violence domestique à raconter, violence survenue lors de premières grossesses ; et entre 4 et 17 % lors d'une actuelle grossesse[11]. Quelques études ont révélé que les femmes qui se présentent dans un service d'urgence pour des blessures dues à des violences physiques survenues au foyer sont souvent des femmes enceintes[12]. Ces femmes ont parfois été victimes d'agressions sexuelles[13], ce qui laisse supposer que leur grossesse résulte d'un viol. À cet égard, il est important de noter que les victimes de violence domestique sont, dans une large mesure, moins susceptibles de décrire leur grossesse comme étant souhaitée et planifiée que les femmes qui n'ont pas connu de telles expériences[14].

Viols et sévices sexuels sont les manifestations les plus courantes et les plus graves des agressions physiques commises par des hommes sur des femmes. Dans une étude américaine, il est démontré qu'un passé fait de viols et d'agressions sexuelles est plus souvent la cause des nombreux soins médicaux auxquels ont recours certaines femmes que le tabac ou d'autres dépendances[15]. Selon une enquête réalisée par Marese Cheasty, une de mes collègues médecin, irlandaise, une patiente sur trois rapporte avoir été agressée sexuellement à l'une ou l'autre période de sa vie[16]. Dans cette étude, l'agression sexuelle est définie de façon inclusive et couvre toute forme d'agressivité, de l'exhibitionnisme à tout rapport sexuel non désiré avec pénétration. Une femme sur trente déclare avoir été violée. Ces femmes n'ont pas été recrutées pour l'enquête en fonction des risques qu'elles couraient, et elles ne consultaient pas leur médecin pour un traumatisme dû à un viol ni pour une thérapie post-traumatique. La plupart n'avaient jamais parlé à leur médecin de leur passé de sévices sexuels ; elles le consultaient pour les raisons qui poussent habituellement une femme à aller voir un médecin. Marese Cheasty a découvert que les femmes qui ont subi de graves sévices sexuels à l'une ou l'autre époque de leur vie sont beaucoup plus susceptibles de souffrir de dépression chronique que celles qui en ont été préservées.

Ses constatations font écho à celles rapportées partout dans le monde. Une étude sur des adolescentes genevoises révèle qu'une fille sur trois, contre un garçon sur dix, dit avoir subi au moins une agression sexuelle[17]. Sur les 568 filles qui ont pris part à l'enquête, 32 disent avoir subi une agression avec l'une ou l'autre forme de pénétration, alors que 6 garçons seulement, sur les 548 questionnés, se plaignent de la même violence. Quatre-vingt-dix pour cent des agresseurs sont des garçons, et 35 % sont des camarades des jeunes filles violentées. Lors d'une causerie devant des psychologues irlandais, Lalor a décrit ce qu'on pourrait qualifier de culture de l'agression sexuelle sur des jeunes filles par de jeunes hommes[18]. Une fille sur trois parmi les étudiantes de troisième cycle d'un institut de haute technologie rapporte avoir subi une agression sexuelle avant l'âge de 16 ans

(5,6 % des 71 garçons questionnés disent avoir été agressés). Dans 80 % des cas, la jeune fille connaissait très bien l'agresseur. Sur le nombre total de jeunes filles rapportant des sévices sexuels, 35 % ont subi des agressions au cours desquelles leur petit ami les a forcées à faire l'amour alors qu'elles ne le voulaient pas. Trois pour cent seulement des garçons rapportent de telles expériences. Une enquête faite par *19*, un magazine étudiant, révèle que 22 % des jeunes Anglaises questionnées ont été forcées à faire l'amour contre leur volonté. Les jeunes Anglais qu'elles accusaient de ce méfait ont répondu, quand on leur a demandé s'ils avaient jamais obligé une fille à avoir des rapports sexuels contre leur gré, par la négative. Seuls 3 % d'entre eux ont admis avoir forcé une jeune fille[19].

Les violences physiques, y compris sexuelles, sur des enfants sont aujourd'hui monnaie courante dans les pays industrialisés, et elles sont de plus en plus fréquentes dans les pays en voie de développement. Aux États-Unis, le pourcentage des agressions a doublé en 7 ans : 42 enfants sur 100 000 sont agressés chaque année.

Malgré ces chiffres, beaucoup d'hommes, et également des femmes, refusent de mettre la masculinité en accusation et s'efforcent de démontrer, aussi bien à eux-mêmes qu'aux autres, que, dans l'ensemble, la plus grande partie de la violence masculine est dirigée contre des hommes (ce qui est vrai), et que les femmes sont tout aussi violentes que les hommes (ce qui est faux).

En janvier 1999, au Royaume-Uni, le ministère de l'Intérieur publie les résultats d'une étude intitulée *Domestic Violence*[20]. Le dossier suscite un intérêt considérable chez les médias. L'élément qui fait le plus de bruit est l'une des conclusions de l'étude voulant que les *hommes* soient de plus en plus souvent victimes de violence domestique. Les individus les plus susceptibles d'être agressés sont des célibataires au début de la trentaine vivant avec une femme. L'étude rapporte quelque 6,6 millions d'incidents agressifs chaque année, partagés de manière égale entre les sexes. Dans la couverture faite par les médias après la parution de l'étude, plusieurs colonnes sont consacrées aux témoignages d'hommes affirmant que les femmes sont de plus en plus sûres d'elles ; que le fossé séparant la violence masculine de la violence féminine se comble petit à petit ; et que les dangers encourus par les hommes devant leur compagne augmentent. L'élément qui, dans l'étude, suscite le moins d'intérêt est le fait que la *gravité* et les *conséquences* de la violence sont tout à fait différentes selon qu'une femme ou un homme en est la victime. Les femmes sont deux fois plus exposées et beaucoup plus susceptibles d'être soumises à des agressions répétées. Et il est rare qu'elles soient dans une position financière qui leur permette de fuir lorsqu'elles vivent une relation violente.

Il semble que l'augmentation des agressions féminines sur des hommes soit un phénomène apparu durant les années 1990. En 1995, 4 % seulement d'hommes et de femmes affirmaient avoir été agressés au cours de l'année par leur partenaire actuel ou précédent. Mais 23 % des femmes, pour 15 % des hommes, disaient avoir été agressées par un partenaire *à un certain moment* dans le passé. Ou bien les femmes sont devenues plus agressives, comme certains hommes voudraient le croire, ou bien elles se défendent beaucoup mieux. Ce sont les jeunes femmes âgées de 20 à 24 ans qui sont le plus souvent victimes de violence ; 28 % d'entre elles disent avoir été agressées par un compagnon à un certain moment, et 34 % avoir été soit menacées, soit agressées. Une étude épidémiologique très sérieuse portant sur un groupe de jeunes filles néo-zélandaises de 21 ans suggère que ce sont les femmes les plus jeunes qui tendent à devenir de plus en plus agressives à la maison : 37 % de femmes et 22 % d'hommes révèlent qu'ils ont pris l'initiative d'actes agressifs[21]. Chez les femmes, 18,6 % prennent l'initiative d'actes agressifs graves, contre 5,7 % seulement chez les hommes. Les hommes très agressifs sont souvent anormaux sur le plan psychiatrique ou social, tandis que les femmes très agressives sont normales d'un côté comme de l'autre. Ces données contredisent les affirmations classiques sur la violence domestique. Les résultats, selon le psychologue Charles Snowden, peuvent être expliqués en termes de normes et de conventions sociales :

> Les hommes sont moins prompts à se montrer agressifs envers les femmes, car ils savent que, s'ils le sont, ils seront vraisemblablement condamnés par le tribunal. Les femmes n'ont pas ce genre de contraintes, car elles n'ont pas à répondre de ces actes devant la société et devant la loi[22].

Mais il y a une autre explication. Cette tendance à la violence domestique, qui pousse de jeunes femmes à se montrer aussi violentes que des hommes, peut annoncer certains changements dans le mariage et le concubinage. Le mariage, quelles que soient les critiques portées contre cette institution, semble procurer un très puissant élément de sécurité aux femmes qui élèvent leurs enfants biologiques. Des enquêtes réalisées de 1970 à 1987 aux États-Unis révèlent que 12,6 femmes mariées sur 1 000 sont victimes de violence, contre 43,9 célibataires et 66,5 divorcées ou séparées[23]. Selon le ministère de la Santé et des Affaires sociales des États-Unis, pour chaque femme mariée enceinte qui rapporte avoir été agressée par son époux, près de quatre femmes non mariées enceintes disent l'avoir été par leur partenaire. La cohabitation est donc, selon ces données, l'indice le plus élevé de maltraitance – indice plus élevé que l'âge, le niveau d'éducation, l'environnement, l'accès aux services de santé et la race[24]. L'ironie, dans tout cela, c'est que le mariage, accusé d'être une institution dépassée et de faciliter la violence masculine, est en déclin, et que la violence domestique augmente et est de plus en plus couramment commise par les deux sexes. Le nombre grandissant de femmes et d'hommes se plaignant de violence domestique illustre l'affaiblissement des liens dans le cadre des relations familiales.

Exposer sans les nuancer ces pourcentages de violence domestique afin de démontrer que la violence masculine et féminine sont égales est quelque peu malhonnête et certainement trompeur. Certains déclarent que la violence, chez les couples mariés, est le fait du mari, et qu'elle est mutuelle dans la cohabitation. Un grand nombre de recherches font peu ou pas de distinction entre le comportement agressif masculin et féminin à l'intérieur d'une situation familiale. Mais étant donné les différences physiques bien réelles qui existent entre l'homme moyen et la femme moyenne, de telles distinctions sont essentielles. Une femme qui reçoit un coup de poing, une gifle ou une raclée d'un homme plus fort, plus lourd et plus agile qu'elle risque des blessures physiques et psychologiques quelque peu différentes de celles d'un homme giflé, tiré par les cheveux et griffé par une femme. J'ai travaillé dans un environnement psychiatrique, où les attaques violentes de patients sont choses courantes. L'attaquant peut aussi bien être un homme qu'une femme, mais il n'y a pas de comparaison entre le degré de menace que l'homme représente par rapport à la femme, et dans le risque d'être gravement blessé. Un article récent d'un auteur norvégien confirme que les hommes qui ont des troubles psychiatriques sont cinq fois plus dangereux que les femmes atteintes des mêmes troubles[25]. Ces femmes ont davantage tendance à se mutiler ou à absorber des doses trop élevées de médicaments.

En république d'Irlande, le journaliste John Waters fait partie de ceux qui se montrent les plus virulents en matière de violence féminine contre les hommes. Lors de la première conférence européenne sur les hommes victimes de violence domestique, organisée par l'organisme bénévole AMEN – *abused men* (hommes maltraités) –, tenue à Dublin en décembre 1998, Waters a prétendu que la plupart des femmes sont tout aussi violentes que les hommes. Erin Pizzey, fondatrice, en 1971, du premier refuge pour femmes et enfants victimes de violence domestique au Royaume-Uni, a déclaré que sur les 100 premières femmes accueillies au refuge, 62 étaient tout aussi violentes que l'homme qu'elles avaient quitté, et que toutes les enquêtes internationales sur le sujet indiquaient que le pourcentage des agressions domestiques entre femmes et hommes était quasiment semblable. Mme Pizzey, apparemment, avait l'impression que le mouvement qu'elle avait fondé avait été, selon ses propres mots, « pris en otage par des féministes habitées par une haine commune envers les hommes ». Dans un article subséquent, Waters exhorte les hommes à agir :

> Si je forme un espoir pour 1999, c'est que cette année sera celle où les hommes commenceront enfin à se redresser. J'espère que, individuellement et collectivement, ils examineront la société qu'ils sont censés dominer et se demanderont où sont passés les signes de cette domination dans cette culture qui les diabolise et les dénigre pour toutes sortes de raisons, qui conspire pour leur voler leurs enfants afin d'obéir aux caprices des mères et des institutions, et qui fait taire, censure et ridiculise toute tentative sérieuse de porter ces faits au grand jour[26].

L'inquiétude de Waters, devant ce raz-de-marée émotionnel, est que les hommes qui sont victimes de relations violentes sont convaincus qu'on ne leur fait plus confiance, qu'on les dénigre ou qu'on les destitue, tout bonnement. De concert avec beaucoup d'hommes, il exprime cette inquiétude en l'associant à ses doutes concernant le discours relatif à la maltraitance et au contrôle des femmes par les hommes. L'une des attitudes regrettables de l'approche adoptée par des groupes comme AMEN est qu'ils refusent de reconnaître qu'il existe un immense problème de violence masculine à côté duquel la violence féminine est insignifiante. Il est évident que certaines femmes peuvent se montrer extrêmement agressives et violentes envers des hommes, et il est important de reconnaître ce fait, mais il existe d'autre part des preuves substantielles démontrant que la différence entre les sexes, dans le degré de gravité et les conséquences des violences, est authentique et n'est nullement le fruit de l'imagination. Peu après l'intervention passionnée de John Waters, le réseau national irlandais de refuges pour femmes a révélé que le nombre de femmes qui fuient leur foyer pour échapper à un homme violent est passé, en 1998, de 35 à 5 000. Et, à moins que l'Irlande ne soit considérée comme une aberration dans ce domaine, les données internationales n'apportent que peu de démentis à cette situation. Lors d'une enquête canadienne sur la violence faite aux femmes, réalisée en 1995, 12 300 femmes ont été questionnées par téléphone. Soixante-trois pour cent d'entre elles ont répondu aux questions concernant leur propre expérience de la violence physique et sexuelle depuis l'âge de 16 ans. Vingt-neuf pour cent de celles qui avaient été mariées ou avaient eu un conjoint de fait ont dit avoir subi des violences de la part de leur partenaire actuel, ou d'un partenaire précédent[27]. Un an plus tard, l'enquête australienne Women's Safety révélait que 2,6 % des filles de 18 ans et plus, mariées ou vivant en concubinage, avaient subi des violences à l'un ou l'autre moment de la relation[28]. Aux Pays-Bas, la première enquête sur les sévices sexuels de maris sur leurs épouses, faite en 1996, rapportait une fréquence de 22,6 % d'agressions physiques. Cette étude tentait de faire la distinction entre la violence qualifiée d'unilatérale (commise contre une femme par son mari) et la violence bilatérale (dans laquelle la femme se comporte elle aussi de façon agressive). La violence unilatérale se chiffrait à 20,8 % et, dans ce groupe, une femme sur cinq déclarait avoir utilisé une violence défensive. Treize pour cent de femmes avaient été blessées à l'un ou l'autre moment par un partenaire actuel ou antérieur, et la moitié avaient eu besoin d'un traitement médical.

Une femme dans la quarantaine se présente à ma clinique. Elle a un œil poché et une lèvre gonflée et se plaint de ce que son mari l'a battue après qu'elle lui a reproché de rentrer tard et ivre à la maison. Lorsque je questionne le mari, il me dit que sa femme l'agresse souvent en le giflant, en lui donnant des coups de pied et en lui tirant les cheveux. Il arrive même qu'elle le morde. L'homme dit avoir ressenti, au début, de la confusion devant ce comportement, et il affirme qu'il l'a frappée ensuite non seulement pour se venger, mais pour la maîtriser et pour se défendre. Des entretiens prudents avec les deux enfants adolescents du couple mettent au jour un tableau encore plus sombre et plus complexe. Ils racontent que leur père rentre effectivement tard à la maison, et ivre, et qu'il intimide et maltraite verbalement leur mère. Ce qui semble particulièrement frustrant pour cette femme, c'est le fait, tout à fait évident lors de chaque entrevue avec le couple, que son mari est beaucoup plus doué qu'elle pour l'expression verbale. C'est pourquoi elle perd les pédales et l'attaque physiquement. Ensuite il réagit en la frappant à son tour. Il apparaît que cet homme ne se montre physiquement agressif avec sa femme que lorsque cette dernière l'attaque. Toute vérification subséquente confirme ce schéma.

La relation entre la difficulté à s'exprimer et l'agressivité est révélatrice. Beaucoup d'hommes expliquent leur recours rapide à la violence physique par leur sentiment de frustration devant leur incapacité d'exprimer leurs émotions d'une autre manière, soit en se disputant, soit en s'expliquant.

La violence masculine contre les femmes est un terrible problème, et tenter de la justifier en essayant désespérément de trouver une violence égale chez les femmes est un exemple affligeant de projection et de déni masculins. Prétendre que les femmes sont aussi susceptibles d'être violentes que les hommes est une assertion qui a été soigneusement examinée, notamment par Jukes[29]. Le chercheur souligne le fait que les recherches qui ont été effectuées sont jalonnées d'imprécisions. La distinction n'a jamais été faite entre l'autodéfense et l'attaque, et l'on ne tient jamais compte du degré de gravité de l'attaque. Selon les signataires d'une étude souvent citée par les tenants de l'école les femmes-sont-aussi-agressives-que-les-hommes, tous les coups se valent, et un homme de 90 kilos qui frappe sa femme et lui casse une dent est jugé *moins* sévèrement que sa femme de 48 kilos qui le frappe de façon répétitive à la poitrine sans que ses coups laissent aucune marque. Tout cela sous le simple prétexte qu'elle le frappe plus souvent qu'il ne la frappe.

Devant le catalogue des violences masculines, il est difficile de ne pas ressentir dégoût et impuissance. Don Edgar, un Australien qui examine la situation dans son pays, ne mâche pas ses mots. Il affirme que les hommes qui battent des femmes sont des « salauds », et il déclare qu'ils devraient être traités et jugés comme des criminels[30]. Adam Jukes acquiesce et déclare, dans *Men Who Batter Women*, que la violence constitue « l'aspect inacceptable du pouvoir masculin sur la femme ». La violence masculine démontre que le pouvoir masculin est en déclin et que la violence est devenue l'ultime recours des hommes qui veulent soumettre les femmes à leur contrôle et les dominer[31].

Il fut un temps où la violence masculine jouait un rôle important dans la protection de l'espèce. Elle permettait de contrer les attaques et de protéger territoire et nourriture. À une époque moins lointaine, cette violence était encore une source de fierté et d'identité. Mais dans la société d'aujourd'hui, elle n'est plus nécessaire et ne mérite aucune admiration. La violence devrait être considérée aujourd'hui comme l'ennemie de la culture et de la civilisation. Et pourtant elle perdure, déstabilisant et déshonorant nos rues et nos foyers, nos cours d'école et nos terrains de football. La question qui se pose est simple : qu'allons-nous faire pour y mettre fin ? Si la violence masculine fait partie intégrante de la masculinité, alors les hommes sont devenus inutiles, car, en dépit des desseins évolutionnistes que cette violence a un jour servi, elle n'est plus nécessaire aujourd'hui. Mais si cette violence ne constitue pas une partie essentielle de la masculinité, il est urgent de remonter jusqu'à ses racines afin de pouvoir les arracher.

Les origines
de la violence masculine

« L'homme est la seule espèce qui se livre à des meurtres de masse »,
affirme Nikolaï Tinbergen, l'éthologue réputé, et il ajoute : « [et il est]
le seul inadapté dans sa propre société. Pourquoi en est-il ainsi [32] ? »
L'une des explications qui a été donnée est que l'agressivité a servi jadis
des desseins évolutionnistes, et que cette agressivité et le comportement violent qui l'accompagne sont instinctifs. En 1955, Konrad
Lorenz écrit un article qu'il intitule « Sur le meurtre entre membres
de mêmes espèces », dans lequel il déclare :

> Je crois – et les psychologues, en particulier les psychanalystes,
> devraient examiner la question – que l'homme civilisé d'aujour-
> d'hui souffre de ne pas avoir suffisamment de possibilités de
> se soulager de ses pulsions agressives. Il est plus que probable
> que les effets néfastes de l'agressivité humaine, que Sigmund
> Freud explique par la pulsion de mort, dérivent tout simplement
> du fait que, comme lors des temps préhistoriques, la sélection
> intraspécifique suscite chez l'homme une bonne mesure
> d'agressivité, pour laquelle il ne peut trouver aujourd'hui, en
> raison de l'ordre social qui règne, un exutoire adéquat[33].

Cet article contient les hypothèses de base des assises biologiques de
l'agressivité masculine. Tout d'abord, Lorenz prétend que l'agressivité, chez l'homme, n'a pas besoin de stimuli extérieurs pour se développer, et qu'elle s'accumule comme de la vapeur. Il explique ensuite
que, si cette agressivité n'a pas d'exutoire, elle explose. Enfin, il déclare
qu'il s'agit là d'un instinct et que cet instinct a évolué – ici, Lorenz fait
appel à la théorie de la pulsion de mort de Freud pour étayer son affirmation. Il est important de bien comprendre ce que veut dire Lorenz.
Ce qu'il veut dire, c'est que même dans une société organisée sur des
principes solides et justes, dans laquelle les besoins des hommes et des
femmes seraient assurés, dans laquelle les problèmes de propriété, de
sécurité, de survie et d'épanouissement formeraient les assises d'une
analyse et d'un développement sensés et raisonnables, l'agressivité et

la violence non seulement se produiraient, mais qu'elles seraient inévitables. Autrement dit, le besoin automatique d'extériorisation de l'agressivité humaine est inné ; l'homme est poussé à détruire par une force instinctive. « C'est la spontanéité de l'instinct qui rend ce dernier si dangereux[34]. » Les idées de Lorenz sur l'agressivité – qui dérivent, il faut s'en souvenir, de son observation de poissons brésiliens nacrés, de cichlidés jaunes, de loups tachetés et d'oies cendrées – ont été adoptées avec enthousiasme par des darwinistes sociaux et des sociobiologistes, qui semblent presque chérir la notion voulant que l'homme soit incorrigiblement agressif. Les caractéristiques qui permettaient aux humains de survivre dans les premiers temps de l'humanité, lorsqu'ils étaient chasseurs nomades, étaient, disent-ils[35] : la vitesse, le courage et la force physique. Cependant, le chasseur – qui s'est transformé en fermier, et plus tard en commerçant – utilisait certainement ses capacités mentales autant que sa force brute pour survivre et prospérer. Dans son livre, *From Pain to Violence*, Felicity de Zulueta conteste la vision simpliste voulant que l'agressivité masculine soit innée. Selon elle, les hommes qui adoptent trop facilement cette idée sont ceux qui semblent croire que les processus cérébraux sont différents chez les femmes, et que celles-ci sont inférieures aux hommes dès qu'il s'agit de former des groupes et de participer aux fonctions économiques et politiques de la société[36].

Les idées de Lorenz ont exercé une immense influence sur les esprits. Elles ont été endossées et magnifiées par les travaux d'autres éthologues (spécialistes du comportement animal), notamment Desmond Morris, I. Eibl-Eibesfeldt, le dramaturge Robert Ardrey, le psychiatre Anthony Storr et le sociobiologiste E. O. Wilson[37]. Certains éthologues suivent le courant de Lorenz et empruntent des éléments à la théorie de Freud sur la pulsion de mort pour renforcer leurs arguments.

Dans ses premiers écrits, Freud accorde peu d'attention à l'agressivité. Il préfère rattacher ses théories biologiques du comportement humain à la sexualité. C'est le massacre de la Première Guerre mondiale (trois de ses fils, Martin, Oliver et Ernst, ont servi dans l'armée autrichienne) et la mort de Sophie, sa fille bien-aimée, en 1919, lors de l'épidémie de grippe qui a fait à cette époque plus de victimes que la guerre elle-même, qui l'ont peut-être incité à s'intéresser au problème de la violence et de la mort. Peter Gay, un de ses biographes, penche vers cette possibilité[38].

Quelle que soit la véritable explication, Freud publie, en 1920, *Au-delà du principe de plaisir*, dans lequel il souligne la dichotomie entre deux grands instincts : celui d'Éros, ou l'instinct de vie, et de Thanatos, l'instinct de mort. Il y expose sa théorie sur la pulsion de mort :

> Si nous considérons comme une vérité qui ne connaît aucune exception le fait que tout ce qui vit meurt pour des raisons internes – redevient donc inorganique –, alors nous ne pouvons que conclure ceci : « le but de toute vie est la mort » et, si nous regardons vers le passé : « les choses inanimées existaient avant les choses animées » [c'est Freud qui souligne][39].

Dix ans plus tard, dans *Malaise dans la civilisation*, Freud expose les origines de cette théorie nouvelle. Il écrit :

> En partant de spéculations sur l'origine de la vie, et de certains parallèles biologiques, j'en tirai la conclusion que, parallèlement à l'instinct dont le but est de préserver toute substance vivante et à l'agréger en unités toujours plus grandes, il devait en exister un autre qui lui fut opposé, tendant à dissoudre ces entités et à les ramener à leur état le plus primitif, c'est-à-dire l'état inorganique. Autrement dit, il existe, indépendamment de l'instinct érotique, un instinct de mort[40].

Éros rassemble les individus, les familles, les tribus et les nations en une large humanité unifiée ; Thanatos s'oppose à cet instinct. L'instinct d'agression est le dérivé et le principal représentant de la pulsion de mort. Freud se montre assez dédaigneux devant les idées de ceux qui prétendent que les hommes sont de douces créatures qui veulent être aimées et qui, au pire, se défendent lorsqu'elles sont attaquées. Au contraire, dit-il, les hommes sont des créatures dotées d'une forte tendance instinctive à l'agression. Mais il semble que le père de la psychanalyse ne soit pas tout à fait sûr de cette nouvelle théorie, car il déclare, dans la préface d'*Au-delà du principe de plaisir*: «Ce qui suit est pure spéculation, souvent tirée par les cheveux, et le lecteur examinera ou rejettera cette théorie selon ses aspirations propres[41].»

Tirée par les cheveux ou pas, la théorie de la pulsion de mort touche une corde sensible. Freud passe les 18 années suivantes à la développer et à la réviser. Sa conviction n'en est que raffermie. Pour lui, la pulsion de mort est liée à la sexualité par le truchement du masochisme, et elle est dirigée contre le monde extérieur sous forme d'agression. Selon lui, si l'agression humaine ne trouve pas d'obstacles réels extérieurs sur lesquels décharger ses énergies, elle peut prendre la forme de l'autodestruction.

> Il semble vraiment qu'il nous soit nécessaire de détruire l'une ou l'autre chose ou une personne afin de ne pas nous détruire nous-mêmes, afin de nous préserver d'un désir d'autodestruction. Une bien triste révélation pour le moraliste[42]!

Comme presque tout ce que Freud écrit, ces spéculations, qu'elles soient fondées ou tirées par les cheveux, exercent un attrait considérable. Neal Ferguson, se demandant pourquoi des hommes se sont battus pendant la Première Guerre mondiale, trouve dans la théorie du père de la psychanalyse l'argument nécessaire pour démontrer que la plupart de ces hommes se sont battus parce qu'ils en avaient envie[43]. Il cite un grand nombre d'exemples de soldats qui ont pris un plaisir considérable à tuer et à mutiler, et pour qui la mort et la destruction étaient fascinantes. Autrement dit, ils se sont battus pour le plaisir et pour se distraire. Pour certains, ce fut la plus grande aventure de leur existence. «Pour ceux qui étaient réellement intoxiqués par la violence, ce fut vraiment une "belle guerre"[44].»

Le défaut le plus important de la théorie de Freud est l'insistance avec laquelle il affirme que deux pulsions – celle voulant que le corps se délabre, dégénère, meure et retourne à un état original, inorganique, et celle voulant que l'instinct pousse l'homme à se détruire ou à détruire d'autres personnes – ne font qu'un. Le lent vieillissement d'un organisme vivant peut-il être assimilé à la volonté de détruire? Il y a aussi le fait qu'une lente dégénérescence suivie de la mort concerne non seulement l'être humain, mais toute vie organique. Il concerne aussi bien les femmes que les hommes – et pourtant le problème de la violence, comme nous l'avons vu, est, dans une large mesure, un problème masculin. Il est important de se rappeler que, dans sa lettre à Einstein, intitulée « Pourquoi la guerre ? », Freud ne postule pas que la guerre est *causée* par quelque forme d'instinct destructeur. Au lieu de cela, il adopte une vue plus sociale et plus culturelle, et voit les ferments de la guerre dans des conflits d'intérêts entre groupes humains, qui ont toujours été réglés par la violence, car il n'existe pas de lois internationales pour les résoudre. La fin de sa lettre révèle un changement encore plus fondamental dans sa position. « C'est pour nous, pacifistes, écrit-il, une intolérance constitutionnelle [la guerre]. » Il ajoute qu'il se demande si le processus de civilisation ne pourrait pas être un facteur qui mènerait « à un renforcement de l'intellect, qui [commencerait] alors à maîtriser la vie pulsionnelle, et à l'intériorisation des pulsions agressives[45] ».

Je ne crois pas, cependant, que la guerre puisse être expliquée par les effets de la testostérone (voir le chapitre 2). Et la thèse voulant qu'elle soit causée par une sorte de tendance automatique innée à exprimer l'agressivité ne tient pas devant une analyse sérieuse. Les changements historiques, culturels et sociaux sont très importants en matière de guerre et de violence. Le problème, avec cette notion biologique intransigeante de l'agressivité, est que ce qui s'est formé si aisément en tant que théorie se transforme parfois en idéologie, une idéologie au nom de laquelle on justifie la violence masculine, que l'on considère comme le triste prix à payer pour le progrès de l'humanité : autrement dit, les rixes de salles de bar et les tueries sont le prix à payer pour le Taj Mahal et pour *Hamlet*. Remettre cette idéologie en question, c'est remettre en question un tas de croyances profondément enracinées concernant des concepts tels que l'honneur, le patriotisme et la loyauté, aussi bien que la masculinité.

Erich Fromm, psychologue et philosophe américain, reconnaît que l'homme est violent et qu'il est le seul primate qui tue et torture sans raison, biologiques ou économiques, des membres de sa propre espèce. Mais il croit que ce comportement est « [d'un point de vue] biologique, non adaptatif, non programmé génétiquement et non inné[46] ». Fromm trace une distinction entre ce qu'il qualifie d'agressivité « défensive bénigne » et d'agressivité « destructive maligne ». La forme bénigne, affirme-t-il, est une réaction en vue de la sauvegarde d'intérêts vitaux ; elle est programmée génétiquement, est commune aux animaux et aux hommes ; elle n'est pas spontanée ni progressive, mais réactive et défensive. Son but est de repousser la menace, soit en la détruisant, soit en l'éloignant de sa source. La notion que Fromm a de l'agression bénigne rejoint celle d'Hannah Arendt dans l'exemple qu'elle donne de la violence justifiable, à savoir le cas de Billy Budd qui, handicapé par son bégaiement, frappe et tue l'homme qui a porté un faux témoignage contre lui. « Dans ce sens, écrit Hannah Arendt, la rage et la violence qui surviennent parfois – mais pas toujours – appartiennent aux émotions *humaines* "naturelles"[47]. » L'agressivité biologique maligne non adaptative, qui comprend la destructivité et la cruauté, n'est pas une défense contre une menace, n'est pas génétiquement programmée ; elle est caractéristique de l'humain seul et est nuisible d'un point de vue biologique, car elle est perturbatrice sur le plan social. « L'agressivité maligne, bien qu'elle ne procède pas d'un instinct, constitue un potentiel humain enraciné dans les conditions propres à la condition humaine[48]. » Cette distinction est déterminante. Les tenants de cette distinction reconnaissent une évidence : l'homme peut se montrer affreusement violent. Mais ils déclarent, d'autre part, que l'agressivité n'est pas innée et que, partant de là, elle peut être éradiquée. Il y a encore de l'espoir.

Cette distinction est étayée par des preuves relevées dans des schémas d'organisation de comportement qui existent depuis des milliers d'années. Les facteurs qui provoquent ou précipitent l'agressivité humaine comprennent l'afflux d'étrangers dans des régions où les ressources vitales sont rares ; les liens et la coopération entre membres de groupes, et une tendance, dans ces groupes, à faire des étrangers des boucs émissaires ; des changements radicaux et précipités dans des conditions environnementales ; et l'allégeance des membres d'un groupe à l'organisme auquel ils appartiennent. Que la plupart des aspects de l'agressivité puissent être acquis ne fait aucun doute. Les preuves abondent en ce sens. Le contexte le plus ancien est la relation mère-enfant. Chez les animaux, les problèmes consécutifs au sevrage contiennent toutes les composantes des interactions d'agressivité/ soumission qui se produiront plus tard.

Au cours des récentes années, on a pu voir une résurgence de l'intérêt pour tout ce qui entoure la théorie de l'attachement, et pour l'éclairage qu'elle jette sur la genèse de l'agressivité humaine. Les origines de cette théorie remontent au psychanalyste Ian Suttie qui, dans *The Origins of Love and Hate*, met en doute les idées de Freud sur la pulsion de mort et prétend que la plupart des troubles de comportement pendant la petite enfance et après, incluant les comportements perturbés et très agressifs, découlent d'un manque de sécurité et d'amour[49]. Cette idée est reprise et développée par John Bowlby et d'autres, qui formulent la théorie de l'attachement dans toute sa complexité. Mais l'explication d'Ian Suttie témoigne d'une lucidité particulièrement convaincante :

> Au lieu de venir au monde avec un bataillon d'instincts – latents ou autres – qui le pousseraient à tenter d'accomplir, de sa propre initiative, des choses impossibles en raison de son pouvoir limité (et de surcroît indésirables), l'enfant vient au monde avec un simple attachement à sa mère, sa seule source de nourriture et de protection. Les instincts d'autoconservation, qui peuvent être appropriés pour l'animal qui doit parfois se défendre tout seul, seraient positivement destructeurs pour le petit enfant dépendant, dont les pulsions doivent être adaptées à son mode d'existence.

Sir Michael Rutter réaffirme de façon magistrale les idées de Bowlby. Il répète que c'est dans le processus de développement et d'épanouissement, en dehors non seulement de la mère, mais des deux parents et de la famille, et dans la négociation de la séparation et la formation de nouvelles relations plus étendues avec des pairs, que l'individu en développement apprend à exprimer ses sentiments d'amour et de haine ; à affronter la possessivité et le rejet ; à établir soit le sentiment de sa valeur propre, soit son inadéquation ; à initier des relations de coopération ; ou à rester solitaire[50]. Chaque société dispense des conseils à ses jeunes. Ces lignes de conduite, qui ont déjà été utiles dans le passé, ont pour but de leur donner des moyens d'harmoniser leurs relations, de s'entendre avec leur famille et leur environnement, de saisir les possibilités qui leur sont offertes et d'apprendre à gérer les processus de survie et de reproduction. Ces lignes de conduite, ou coutumes, assimilées tôt dans l'existence, sont façonnées par des institutions puissantes, qui récompensent ou sanctionnent. L'estime de soi dérive souvent du sentiment d'appartenance à un groupe, appartenance qui dépend des capacités d'assumer des tâches traditionnelles et de s'engager dans des interactions de soutien. Nos capacités de créer et d'assumer des liens – ce que Suttie appelle amour – sont fondamentalement rattachées à notre capacité de nous livrer à la violence. Nous sommes prêts à risquer notre vie et à tuer nos ennemis pour défendre la vie de ceux que nous aimons.

Ainsi, les hommes seraient des tueurs dans leur vie adulte parce que leur mère ne les aimait pas? C'est possible, mais assez peu vraisemblable. Un simple facteur biologique, le prétendu instinct d'agression, ne peut être seul responsable de la violence masculine – pas plus qu'une simple hormone comme la testostérone, pas plus qu'un facteur psychologique ou social. Mais c'est au cours de nos toutes premières relations de nourrisson et de jeune enfant que l'interaction entre gènes et environnement commence à façonner notre personnalité, nos valeurs et ce qui deviendra notre comportement d'adulte. Nous tuons pour diverses raisons. La violence est l'émotion la plus facile à extérioriser lorsqu'on déshumanise l'objet de la colère. Ce n'est pas du tout par accident que, dans les nations modernes, la plus grande partie de la violence physique est commise par des hommes ayant un statut peu élevé. Ceux qui ont un statut élevé sont moins enclins à agir avec violence parce que la loi et d'autres institutions sociales leur procurent des moyens différents de remporter des adhésions et de décourager leurs compétiteurs. Les problèmes de statut, de pouvoir, de contrôle et d'expression émotionnelle s'empêtrent dans la violence. Nous savons que cette violence est plus susceptible de se produire dans des domaines où l'espérance de vie est courte, où les inégalités sont visibles et importantes, où les perspectives d'emploi sont nulles et où les familles sont désintégrées. De pauvres perspectives en matière d'emploi, de mariage et de procréation peuvent encourager certains à avoir recours à des tactiques douteuses, comme le vol et les assauts violents[51].

Pendant plus d'une décennie, le psychiatre Robert Jay Lifton a interviewé des médecins nazis et des survivants de camps de concentration afin de tenter de comprendre comment des hommes parfaitement civilisés ont pu commettre des meurtres en série et trahir ainsi l'éthique et les idéaux de la médecine. Selon lui, ce qui a permis aux médecins d'Auschwitz de tuer est un trouble de la personnalité qu'il a nommé «dédoublement», soit la division du moi en deux «tout» agissant – chaque partie fonctionnant comme un moi complet[52]. Lifton identifie cinq caractéristiques de ce «dédoublement». En premier lieu, une dialectique sur l'autonomie et la connexion s'opère entre les deux moi. Le médecin nazi a besoin de son moi «auschwitzien» pour fonctionner, sur le plan psychologique, dans un environnement absolument étranger, et antithétique par rapport à ses modèles éthiques précédents. Simultanément, il doit maintenir son moi précédent afin de continuer à fonctionner comme un médecin, un mari, un père, un ami. En deuxième lieu, le processus de dédoublement est inclusif – chaque moi a sa propre cohérence, qui lui permet de fonctionner selon deux mondes distincts. En troisième lieu, il y a la dimension vie/mort – un des moi peut survivre dans des situations dans lesquelles l'autre moi, le double, serait submergé par des sentiments insoutenables. En quatrième lieu, une des fonctions majeures du dédoublement est l'évitement de la culpabilité – c'est le deuxième moi qui fait le «sale boulot». Et enfin, le dédoublement comprend à la fois une dimension inconsciente, se manifestant largement en dehors de la simple conscience, et un changement significatif dans la conscience morale.

La théorie de Lifton, basée sur les médecins d'Auschwitz, est un exemple extrême. Considérons maintenant l'homme moyen. Depuis toujours, cet homme est encouragé à nier, ou en tout cas à minimiser un aspect essentiel de son être, celui dans lequel se côtoient vulnérabilité, fragilité et impuissance, une incertitude et un sentiment d'ambiguïté envers sa nature profonde et une sensibilité et une empathie vis-à-vis de ses semblables. Les petits garçons ne pleurent pas, leur a-t-on dit. Et pourtant ils en ont parfois envie. Les hommes ont des émotions, mais on leur a appris à les cacher derrière une façade de fausse bonhomie et de jovialité. Un homme chez qui l'on cultive le côté «macho» – son double – peut devenir une machine à tuer, une machine soumise, disciplinée, indifférente, insensible, agressive et dépourvue de sentiments. Le terroriste est l'incarnation parfaite de ce double, un homme, ou presque toujours un homme (bien qu'il y ait des exemples féminins, rares mais spectaculaires), qui a peaufiné le déni de l'empathie et transformé toute opposition humaine en objet impersonnel à éliminer pour l'une ou l'autre cause.

Les hommes se tournent vers la violence quand leur pouvoir est menacé ou en péril. Alors qu'ils ont si souvent défini la femme en termes de sexualité, de désir érotique ou de procréation, et se sont définis eux-mêmes comme des êtres à facettes multiples, ils agissent, curieusement, dans l'ombre de leur propre sexualité, une sexualité qu'ils craignent, ou qu'ils prouvent, ou qu'ils mettent à l'épreuve. C'est la « politique éjaculatoire », selon l'activiste féministe Robin Morgan[53]. Les femmes sont une menace pour cette détermination mâle. Leur enracinement dans les réalités de la vie, dans ses aspects résolument pratiques et biologiques, jette un doute sur la validité, la valeur, l'objectif ultime des désirs et des ambitions masculines. Tout ce que représente la femme – le don de la vie, les valeurs domestiques, l'intimité, la dépendance – doit être détruit en eux. Morgan cite un passage du *Catéchisme d'un révolutionnaire,* écrit en 1869 par Sergei Nechaev, qui traduit parfaitement la dichotomie entre l'objectif « masculin » pur et la contamination « féminine » :

> Toutes les émotions efféminées et délicates telles que l'affinité, l'amitié, l'amour, la gratitude, et même l'honneur, doivent être réprimées en lui par une passion froide et résolue [...], nuit et jour, il ne doit avoir qu'une seule pensée, un seul but – leur destruction sans merci [...] sans laisser aucune place au romantisme, à la sentimentalité, au ravissement et à l'enthousiasme[54].

Ce que les hommes détestent chez les femmes, c'est qu'elles sont un reproche vivant devant leur idéalisation de la mort et de certaines choses impersonnelles – révolution, entreprise, organisation –, et devant leur refus de tout ce qui est personnel et porteur de vie. Après avoir cité les paroles de Guevara, à savoir que les chefs révolutionnaires ne sont pas souvent présents pour entendre les premiers mots de leurs enfants et qu'il n'existe, pour eux, pas de vie en dehors de la révolution[55], Robin Morgan commente cette triste réalité en ces mots :

> Rare est l'homme, dans tous les horizons de la culture et de la vie, qui est présent pour entendre les premiers mots de ses enfants. L'institution de « l'épouse », en esprit et par contrat, exige que cette dernière sacrifie ses aspirations aux ambitions de son époux. Ses amitiés [de la femme], son domicile, son style de vie sont déterminés par sa carrière [de l'homme], ses occupations, ses opinions politiques et sa vocation, qu'elle soit humble ou élevée. Guevara ne dépeint pas seulement la révolution, il dépeint les institutions religieuses, commerciales, guerrières, étatiques et familiales. Il dépeint le patriarcat.

Lorsqu'il a envie de brutaliser une femme, l'homme réquisitionne son autre moi, qui voit en la femme une inférieure, un être moins humain, dangereux, subversif, castrateur, une putain qui exacerbe ses besoins charnels, une madone qui en appelle à sa pitié.

> *Expliquer* la violence masculine envers les femmes incite trop vite à *blâmer* les femmes. Lorsque le docteur Harold Shipman a été condamné pour avoir tué 15 patientes âgées, un journal a titré : « Le petit garçon à sa maman qui aime tuer ». Adolescent, Shipman avait vu sa mère mourir du cancer après avoir reçu de nombreuses injections de morphine à dose élevée. C'est ce qui, d'une certaine manière, a amené l'homme devenu médecin à tuer ses patientes âgées avec des injections de morphine. Shipman n'est qu'un des assassins les plus récents d'une longue lignée de tueurs de femmes en série. Peter Sutcliffe, Ted Bundy, Albert de Salvo, Richard Speck, John Christie, Neville Heath et Jack l'Éventreur sont les tueurs les plus célèbres de l'histoire contemporaine. Toutes leurs victimes sont des femmes. Dennis Nilsen, qui a tué 15 hommes, et Jeffrey Dahmer, qui en a assassiné au moins 17, sont des exceptions. Les meurtres en série de femmes sont commis presque exclusivement par des hommes. Leurs vic-

times proviennent de tous les milieux – écolières, jeunes femmes, femmes mariées ou célibataires, lesbiennes, prostituées, femmes âgées. Toute théorie ayant pour but d'expliquer la violence masculine doit prendre en compte la misogynie dans sa forme la plus ignoble et la plus létale.

Chez beaucoup d'hommes, le processus du double ne se produit pas naturellement. Il est inculqué par l'entremise d'un endoctrinement systématique. Le récit hallucinant de Nura, au début de ce chapitre, illustre la complexité de la violence masculine, quelle qu'elle soit. Le milicien serbe meurtrier est le produit d'un long processus culturel et historique incluant la création de deux moi cohabitant dans le même individu : d'un côté, un homme sans aucun doute bon et généreux envers sa famille, ses amis et ses voisins ; de l'autre, un homme dénué de compassion, qui voit en l'« autre », l'« étranger », le « musulman », un sous-humain, un concentré de tout ce qui est corrompu. Mais cet homme est aussi engagé dans une guerre dans laquelle la véritable intention des responsables est de répandre la terreur. Dans *Rape Warfare : The Hidden Genocide in Bosnia-Herzegovina and Croatia* (La guerre du viol. Le génocide caché en Bosnie-Herzégovine et en Croatie), Beverly Allen affirme que les officiers serbes de Bosnie « discutaient en détail des moyens les plus efficaces de semer la terreur dans les communautés musulmanes[56] ». Elle cite un extrait d'un document dans lequel des experts de services spéciaux de l'armée serbe bosniaque exposent, à la fin de l'année 1991, leurs vues sur la situation :

> Notre analyse du comportement des membres des communautés musulmanes démontre que la morale, la volonté et la nature belliqueuse de ces groupes ne peuvent être anéanties que si nous concentrons notre action sur les éléments chez lesquels la structure sociale et religieuse est la plus fragile. Nous parlons des femmes, en particulier des adolescentes, et des enfants. Une intervention énergique sur ces entités sociales répandrait la confusion [...], causant ainsi la peur, puis la panique, ce qui provoquerait une fuite hors des territoires où se déroule la guerre.

Cette référence froide et détachée aux femmes et aux enfants fait écho à une déclaration faite le 22 août 1939 par Adolf Hitler à ses principaux conseillers militaires. Lors de ce discours secret, le dictateur expose son plan pour la colonisation de la Pologne. « Notre force, dit-il, repose sur notre rapidité et notre brutalité. Gengis Khan a envoyé volontairement et le cœur léger des millions de femmes et d'enfants à la mort[57]. » Dans ce discours, reçu avec enthousiasme par l'assistance, surtout par Goering, Hitler exhorte ses hommes à être « durs et sans pitié, et à agir plus rapidement et plus brutalement que jamais. Les citoyens de l'Europe de l'Ouest doivent trembler d'horreur ».

Masculinité et agressivité ne s'associent pas nécessairement. Considérons une fois encore le pourcentage plus élevé de violence masculine dans le sud des États-Unis, ainsi que le code d'honneur masculin dénommé *machisme*[58]. L'honneur, dans cette culture phallocrate, se construit dans le refus de tolérer tout manque de respect ou remise en question du pouvoir et des privilèges masculins, et dans la nécessité de réagir immédiatement aux insultes et aux menaces à la propriété avec des sommations, voire des actes violents. Ce code prévient le vol et les comportements blâmables, mais il exige parfois le recours à la violence. Ce type de culture existe dans le bassin de la Méditerranée, dans presque tout le Nouveau Monde influencé par la culture espagnole, dans certaines régions d'Afrique, en Asie centrale et chez les Indiens des prairies américaines. Les gens du Sud, en Amérique, ne sont pas plus enclins à la violence que leurs compatriotes, mais leur culture prône le recours à la force pour protéger les citoyens et la propriété, pour répondre aux insultes, et pour socialiser les enfants.

Nisbett et Cohen voient les origines de la culture de l'honneur dans le développement de l'agriculture, et plus encore dans celui de l'élevage. Les animaux peuvent être aisément volés. Pour un homme qui dépend de son cheptel pour vivre et faire vivre sa famille, il est impératif de bien faire comprendre à quiconque voulant porter atteinte à ses possessions qu'il ne s'en tirera pas sans dommages. Le sud des États-Unis, disent-ils, a été colonisé en grande partie, aux XVIIe et XVIIIe siècles, par des gardiens de troupeau venus d'Écosse et d'Irlande. À cette époque, les services chargés de faire respecter les lois étaient quasiment inexistants. Hamburg, dans une remarquable explication de la notion d'agression, apporte des preuves étayant cette idée. Les faits historiques, affirme-t-il, démontrent clairement que, lorsque les humains ont développé l'agriculture, se sont rassemblés en grandes communautés, ont accumulé des biens et exploité certaines terres pour faire pousser céréales et légumes et nourrir leur cheptel, « l'hostilité entre groupes est devenue monnaie courante ». Hamburg croit que le comportement agressif entre individus et groupes a été « un trait dominant de l'expérience humaine » pendant un certain temps et « qu'il a ensuite été assimilé, pratiqué comme un jeu de rôle, encouragé par les us et coutumes et récompensé par la plupart des sociétés humaines, et cela pendant au moins plusieurs milliers d'années[59] ».

Les mauvais traitements infligés aux enfants témoignent de l'état désespéré de certains individus. Les descriptions médicales les plus anciennes remontent aux dernières décennies du XIXe siècle. Le calvaire de Mary Ellen, une petite New-Yorkaise sauvagement battue par ses parents adoptifs, est souvent cité comme le premier cas répertorié. Cela se passe en 1874. L'enfant est retirée de son foyer adoptif à la suite d'un procès entrepris par la société américaine de prévention contre la cruauté envers les animaux[60]. Pendant la première moitié du XIXe siècle, les témoignages sont rares. À la fin du XXe siècle, ils sont légion. Il n'y a aucune raison de croire que les enfants n'ont pas été maltraités dans un passé plus lointain. Demos cite un médecin et auteur de nombreux ouvrages et articles, qui écrit : « La maltraitance d'enfants existe depuis le début des temps. Les instincts sauvages de l'espèce humaine n'ont pas changé avec les siècles. » Un autre expert du comportement infantile déclare :

> Pendant des siècles, la maltraitance d'enfants a été justifiée par la conviction voulant qu'une sévère punition physique soit nécessaire pour maintenir la discipline, transmettre des idées en matière d'éducation, plaire à certains dieux, ou chasser certains esprits[61].

Demos se montre franchement sceptique devant ces spéculations qui s'accordent clairement à une vision de l'histoire selon laquelle le progrès nous aurait fait passer de premiers temps affligeants à une situation infiniment meilleure. Après un examen exhaustif de preuves historiques, sociales et juridiques, le chercheur conclut qu'il y a de très bonnes raisons de penser que l'enfant était *moins* maltraité dans les premiers temps de l'histoire. Ses raisons s'avèrent pertinentes dans toute discussion sur les racines de la violence. Comparée à notre société, dit-il, la société prémoderne intégrait pleinement la vie de tous ses membres. Le village traditionnel (il prend pour exemple la Nouvelle-Angleterre) offrait à toute personne et à toute famille des contacts humains d'une densité qu'il est difficile d'imaginer aujourd'hui :

> La place du marché, l'église, le tribunal, et l'éventail complet des usages et des coutumes formaient un réseau serré de vécu social qui donnait aux membres de la communauté peu de possibilités de s'échapper ou d'être exclus. Les communautés prémodernes avaient leur part de non-conformistes, d'excentriques et de criminels – mais on n'y trouvait pas de gens isolés, d'« étrangers ». Le déroulement du quotidien y était soumis au principe jumeau de surveillance et de soutien mutuels. La conduite de nos parents violents semble, comparée à celle de ces communautés, tristement déficiente. Chaque étude met l'accent sur le fait qu'ils n'ont ni racine ni amis ; et qu'ils sont pratiquement isolés de tous, même de leurs voisins les plus proches[62].

Et comment expliquer les violences commises *par* des enfants ? En 1968, à Newcastle sur Tyne, le meurtre de deux petits garçons âgés de 3 et 4 ans, par Mary Bell, une fille de 11 ans, va devenir une *cause célèbre**. Cet acte sauvage remet brutalement en cause l'assertion voulant que les enfants en général, et les filles en particulier, soient incapables d'actes aussi horrifiants. Depuis, le monde a connu trois décennies au cours desquelles le nombre d'actes meurtriers commis par des jeunes garçons et des adolescents n'a cessé d'augmenter dans les villes, les banlieues et les petites localités des sociétés les plus industrialisées. En février 1993, à Liverpool, le petit James Bulger est battu à mort par deux garçons de 10 ans ; à Chicago, un gamin de 5 ans, Eric Morse, est jeté par la fenêtre d'un quatorzième étage par deux garçons de

---

*   En français dans le texte. N.d.T.

10 et 11 ans, parce qu'il refuse de voler des bonbons pour eux ; de nombreux meurtres sont commis aux États-Unis par des adolescents, notamment l'assassinat par balle, à l'école secondaire de Columbine, à Denver, d'un enseignant et de 12 étudiants par 2 de leurs camarades, Eric Harris et Dylan Klebold, tous deux âgés de 17 ans. Certains disent que la délinquance juvénile chronique, grave et violente ne cesse d'augmenter et qu'elle n'est pas près de s'interrompre[63]. Se référant à l'enquête du Federal Bureau of Investigation (FBI) sur l'année 1993, Wilson et Howell indiquent que les jeunes ont commis, cette année-là, aux États-Unis, 13 % de tous les meurtres violents (homicides, viols, vols, coups et blessures). Les jeunes sont responsables de 9 % de tous les meurtres, de 14 % des viols par contrainte, de 17 % des vols et de 13 % des agressions avec coups et blessures. Ces jeunes sont, en majorité écrasante, des garçons. Les homicides sont commis par des jeunes, et leurs victimes sont des jeunes. Une enquête sur la violence juvénile rapporte le dialogue suivant :

« Maman, tu veux que je te dise ? Je suis triste. Tous mes amis d'enfance sont morts [...] Qu'est-ce que je vais faire ? » Lorsque le garçon de 13 ans de La Nouvelle-Orléans pose cette question à sa mère, celle-ci réalise soudain que, dans le groupe de gamins de 6 ans qui ont commencé l'école ensemble 7 ans plus tôt, seul son fils est resté en vie. Tous les autres sont morts de mort violente[64].

Ainsi que Stewart Asquith et ses collègues du Centre for the Child and Society de l'université de Glasgow le font remarquer, la valeur de la plupart des travaux sur la nature et l'ampleur de la violence juvénile aux États-Unis repose sur le fait qu'ils mettent l'accent sur l'importance des facteurs sociaux « qui apportent aux enfants des expériences de vie qui les poussent à devenir de dangereux délinquants[65] ».

Devant le phénomène inquiétant de la violence infantile et juvénile, les mesures sociales et politiques sont souvent émotionnelles et punitives. Il suffit pour le comprendre de se souvenir de la réaction du premier ministre John Major après le meurtre du petit Bulger. « Nous devons condamner un peu plus et comprendre un peu moins », a-t-il déclaré. Pourtant, toutes les analyses des circonstances entourant les actes violents perpétrés par des enfants indiquent clairement qu'un degré plus élevé de compréhension est la clé qui pourrait briser ce cycle désastreux. Une enquête récente sur le milieu dans lequel vivent de nombreux enfants anglais et gallois qui ont tué ou commis des délits graves (souvent violents) démontre que 72 % d'entre eux ont été maltraités d'une façon ou d'une autre et que 53 % ont subi une perte grave (mort ou perte de contact avec une personne importante dans leur existence[66]). Ceux qui, à l'instar de Gitta Sereny et de Blake Morrison, en Angleterre, s'élèvent contre l'assertion voulant que certains enfants soient vicieux de naissance, et des tueurs innés – et qui luttent pour une meilleure compréhension des facteurs qui poussent les enfants à détruire – doivent souvent faire face à une sérieuse hostilité[67]. Le débat public qui s'engage après de tels crimes est plus souvent centré sur une préoccupation simpliste. Il s'attache davantage à la prétendue nécessité de construire plus de prisons et d'incarcérer un plus grand nombre de jeunes qu'à la nécessité de comprendre et de prévenir leurs comportements criminels et de leur venir en aide lorsque les mesures préventives échouent.

> Quand j'ai rencontré James pour la première fois, je me suis trouvé face à un adolescent taciturne, maussade et peu coopératif. Il m'avait été envoyé pour une évaluation. James avait poignardé son père avec un couteau à pain. L'histoire familiale que ce drame a révélée était celle d'un foyer ravagé par les bagarres et les querelles constantes des parents, au cours desquelles le père battait parfois la mère. Le père de James humiliait régulièrement son fils, qu'il traitait de « mauviette » et de « petit garçon à sa maman ». James, bien sûr, avait perdu toute confiance en lui, tout courage physique, et était constamment soumis, à l'école, à des quolibets et à des brimades. Le soir du drame, le père avait accusé la mère de chouchouter son fils et, dans la dispute qui s'était ensuivie, l'avait frappée au visage. C'est alors que James a saisi le couteau à pain et l'a poignardé.
>
> Le père de James provient lui aussi d'une famille dysfonctionnelle. Son père, un homme très violent, avait fait de la prison à

plusieurs reprises pour des agressions physiques graves. Sa mère était morte de tuberculose alors qu'il n'avait que sept ans.

Les recherches sur le terrain révèlent une remarquable cohérence dans les causes des comportements violents chez les jeunes, en particulier les garçons. Le docteur James Garbarino, de l'université Cornell, a étudié les raisons pour lesquelles certains garçons américains deviennent violents. Dans une revue universitaire, il démêle le *mélange** de facteurs psychologiques, sociaux, existentiels et constitutifs qui précipitent quelques garçons perturbés dans la violence[68]. Quels sont les facteurs qui émergent dans l'analyse de jeunes violents ? Les suspects habituels sont, bien sûr, le manque d'amour de la part d'un modèle adulte fiable et réconfortant ; la maltraitance physique, les sévices sexuels ou autres traumatismes ; et l'absence d'un système philosophique ou religieux procurant un sens et des objectifs dépassant les limites du moi. Garbarino est convaincu que les jeunes sont plus en colère et plus violents que jamais. Sa volonté de trouver une réponse à la question : pourquoi les êtres humains se font-ils du mal ? l'a conduit partout dans le monde, de la Yougoslavie au Mozambique en passant par le Koweït, l'Irak, la Palestine, Israël et l'Irlande du Nord. Pendant un quart de siècle, il a rencontré des enfants qui ont commis de terribles actes de destruction ou en ont été les victimes. Il a écouté leur histoire. Ses travaux illustrent l'hypocrisie effarante de sociétés qui rendent les enfants seuls responsables de leurs actions et qui refusent d'accepter leur responsabilité dans les tragédies qui surviennent.

Sa conclusion ? Elle est claire. L'agressivité et la violence chez les jeunes ne peuvent être expliquées par une référence simpliste à une violence innée et à une malignité intrinsèque. Il existe des solutions – politiques, psychologiques, sociales et morales – pour enrayer l'agressivité humaine, mais les trouver et les appliquer n'a jusqu'ici jamais eu la priorité, loin s'en faut. Comme le fait remarquer un des lecteurs de Garbarino : «Aussi longtemps que les hommes se feront la guerre, les garçons se livreront à la violence. »

---

*   En français dans le texte. N.d.T.

La biologie n'est qu'un facteur parmi d'autres. L'enfant qui souffre de stress répétés, comme cela se passe dans les familles où règnent des abus de toutes sortes – alcool, violence, séparations répétées et rejets émotionnels –, est un enfant qui grandit en développant une colère et une agressivité impulsives. Une des théories courantes est que la décharge constante d'hormones du stress active le système d'alarme du cerveau qui suscite les réactions de combat et de fuite, de telle sorte que le cerveau reste *sans arrêt* en état d'alerte. « L'environnement des premières années programme le système nerveux de manière à rendre l'individu plus ou moins prompt à réagir au stress », écrit Michael Meaney, un biologiste de l'université McGill de Montréal[69]. « Si les soins parentaux sont inadéquats ou sans chaleur, le cerveau peut décider que le monde est l'ennemi – et qu'il faut être prêt à l'affronter. »

Chez d'autres enfants, le contact répété avec des propos et des gestes humiliants, des brimades, des violences physiques et émotionnelles peut étouffer toute réaction cérébrale. Ce phénomène se produit chez des jeunes dont la sensibilité aux besoins et au vécu des autres est devenue inexistante. Leur capacité de ressentir, de réagir, de créer des liens a été détruite. S'ils possèdent une estime de soi, elle se fonde sur leur sentiment de supériorité par rapport aux règles et aux lois, et sur la conviction qu'ils peuvent survivre grâce à leur comportement violent. En général, les modèles et scénarios concernant ce type d'individu antisocial et psychopathe sont masculins, mais l'apparition, de plus en plus fréquente, dans les médias, de portraits de super héroïnes se livrant à des accès de folie meurtrière et à des actes d'une violence débridée pourrait gonfler dans l'avenir le petit nombre d'adolescentes figurant dans le catalogue des tueurs adolescents. Dans l'ensemble, cependant, les adolescentes ont plutôt tendance à intérioriser leur honte, leur humiliation et l'ostracisme dont elles sont victimes, et à retourner contre elles leur détresse sous forme de dépression – alors que les jeunes hommes la tournent vers l'extérieur sous forme de colère et de paranoïa.

Plusieurs aspects de l'agressivité peuvent être apprivoisés. Certains peuvent être sublimés, détournés de la violence physique pour être redirigés vers des modèles de comportements structurés et ritualisés. L'essor du sport organisé, aux XVIIIe et XIXe siècles, est sans aucun doute attribuable à la nécessité de trouver des exutoires ludiques identifiables pour les jeunes des cités et des petites villes industrialisées – exutoires offrant un soulagement devant le poids et les exigences constantes et peu réjouissantes du travail rémunéré. Or au cours du siècle dernier, alors que la guerre devient de plus en plus destructrice et de plus en plus dénuée de l'esprit glorieux de la chevalerie, le sport, en particulier le sport professionnel, s'imprègne de la plupart de ses caractéristiques – passion, camaraderie, désir de se montrer héroïque, exaltation partagée, tribalisme, cause commune, volonté de l'emporter, langage du combat, de la victoire ou de la défaite, selon l'issue de la compétition. Lorsqu'on considère des équipes de sport aussi impressionnantes sur le plan physique que celles du football américain, du rugby et du hockey, il est impossible de ne pas voir les similarités qui existent entre le sport et la guerre. Aucun sport n'est immunisé contre la violence. Dans son autobiographie, *Born to Win,* le skipper australien John Bertrand, qui, à la barre du yacht *Australia II*, a battu le yacht américain *Liberty* lors de l'American Cup Yacht, décrit sa palpitante victoire et la course extraordinaire qui a vu s'affronter non seulement deux équipages et deux bateaux, mais aussi deux nations. L'intervention de la psychologue sportive Laurie Hayden, qui a motivé l'équipe australienne de telle sorte que celle-ci a transformé une défaite de 3 à 0 en triomphe de 4 à 3 lors de la série au meilleur de sept rencontres, a été d'une importance capitale. Bertrand avait découvert Laurie Hayden alors qu'il regardait la grande finale de la ligue de football de Victoria, où avait triomphé une petite équipe de football assez fantaisiste, Carlton, dont elle était l'entraîneur. «Avant que les joueurs de Carlton n'entrent sur le terrain, écrit-il, j'ai vu certains d'entre eux s'embrasser. Autrement dit, ils allaient à la *guerre* ensemble (c'est Bertrand qui souligne). [...] C'était une question de vie ou de mort[70]. » Cette image illustre parfaitement la frontière mal définie entre le sport moderne professionnel et le combat martial – soit un groupe d'Australiens machos *s'embrassant* avant de *partir en guerre* sur un terrain de football. La remarque de Bertrand fait écho à la fameuse répartie du propriétaire de la légendaire équipe de football de Liverpool, Bill Shankly. Ce dernier, à qui l'on demandait si la victoire, au football, était une question de vie ou de mort, a répondu : «C'est beaucoup plus important que cela. »

Dans le sport comme dans la guerre, gagner est absolument essentiel. Les sportifs qui gagnent sont agressifs pendant les compétitions. Ceux qui perdent ne l'ont pas été. Si Konrad Lorenz a raison lorsqu'il affirme que l'homme civilisé d'aujourd'hui souffre «de ne pas avoir suffisamment de possibilités de se soulager de ses pulsions agressives[71]», alors on peut dire que le sport moderne, avec son langage du combat, de la conquête, des liens entre mâles et de l'enthousiasme militaire, lui procure une soupape de sécurité. Le sport a été défini comme une forme spécifiquement humaine de combat non hostile. Il n'existe pas de sport sans compétition – même dans des activités aussi inoffensives que le ski, le patinage et la nage synchronisée, et des entreprises aussi complexes et organisées que l'alpinisme, la course nautique et les expéditions polaires.

Selon les éthologues, l'activité sportive humaine est plus apparentée à la lutte que ne l'est le jeu entre animaux. Quelle est la fonction principale du sport sinon la libération de sentiments agressifs? C'est dans le sport que le jeune homme moderne apprend à contrôler son comportement agressif et à l'enfermer dans des règles. Les idéaux de la chevalerie et du *fair-play,* qui sont largement éloignés du théâtre de la guerre, sont toujours mis en valeur dans le monde du sport. L'esprit d'équipe, la soumission disciplinée aux règles du jeu, l'acceptation du jugement de l'arbitre ou du juge, l'aide mutuelle en cas de danger n'existent nulle part ailleurs, ni avec une telle passion, que dans l'arène sportive moderne, où tous ces idéaux et vertus sont poursuivis (et contestés). Hélas, tout comme la guerre a perdu son aura dans les valeurs sociales, le sport commence à perdre le sien, pour la bonne raison qu'il devient de plus en plus rude, de plus en plus sauvage. La ligne de démarcation entre « gagner » et « gagner à tout prix » est de plus en plus ténue.

Bien sûr, le sport n'appartient pas exclusivement aux hommes. Un grand nombre de femmes se sont introduites dans ce qui a été très longtemps la chasse gardée de l'homme. Elles jouent au football, au cricket et se livrent même à des sports de contact physique comme le rugby. Mais un fait demeure: les hommes surpassent les femmes en nombre dans toute activité sportive – mis à part le bingo, la danse et l'équitation[72]. Il est vrai aussi qu'une poignée de sports restent relativement à l'abri du bruit et de l'odeur de la guerre et de la camaraderie. Selon John Updike, les golfeurs, les astronautes et les explorateurs de l'Antarctique sont l'exception. Dans sa description lyrique des joies du golf, il explique que ce jeu est, comme l'exploration :

> basé sur une expérience commune de la transcendance ;
> gros ou mince, champion ou nullissime, nous sommes,
> ensemble, allés là où les non-golfeurs ne vont pas[73].

Tous les sports n'exigent pas qu'il y ait combat d'homme à homme, nous rappelle Updike. Sous les rituels et les stratégies du golf, derrière la préoccupation pour l'excellence et l'obsession des statistiques, il y a certes un combat, mais un combat dans lequel l'ennemi n'est pas un humain mais la nature : celle de l'anatomie du *swing* parfait ; du plan exigeant d'un tournoi ; de la force mentale du joueur ; et de l'imprévisible variété des éléments extérieurs. Dans le golf comme au milieu de l'Arctique, il y a un homme contre lui-même, dans une lutte qui transforme l'agressivité masculine contre d'autres personnes en une odyssée de contrôle de soi et de découverte de soi-même.

Les moyens différents avec lesquels jeunes hommes et jeunes femmes affrontent le stress nous renvoient à la sempiternelle question : pourquoi les hommes sont-ils violents ? Une vision simpliste, séduisante et réductionniste de la violence masculine affirme qu'elle résulte d'un impératif biologique et qu'elle est le trait caractéristique de la masculinité et la clé du développement humain et du progrès. Mais la réalité impose une explication radicalement différente. De nombreuses études confirment la nature multiple de la violence masculine. Bien sûr, l'homme étant une créature biologique, les facteurs biologiques sont essentiels. Mais tandis que s'accumulent les résultats de recherches, l'accent se porte de plus en plus sur le rôle des facteurs sociaux, comme les privations de tous ordres, l'inégalité, l'injustice, le surpeuplement, la pauvreté et les attitudes culturelles. Les recherches se poursuivent, mettant en lumière le rôle des facteurs psychologiques dans la violence, en particulier les relations parents-enfants et les relations familiales. Pendant ce temps, dans les débats politiques, les planifications sociales et les discussions publiques, les conséquences graves de la violence sont trop souvent ignorées. Certains facteurs présents dans la petite enfance influencent le développement de l'enfant agressif: revenus familiaux trop bas, discipline parentale trop dure ou insuffisante, perturbations familiales, supervision parentale inadéquate, perte de parents[74]. Les éléments aggravants comprennent les mauvais résultats scolaires, une forte impulsivité et un pouvoir de concentration insuffisant. On peut dire qu'il y a toujours eu une continuité significative, au cours des temps, entre l'agressivité des enfants et la violence des adultes. Les enfants considérés comme agressifs par leurs professeurs deviennent souvent de jeunes adultes violents[75] et ont beaucoup de chances de se retrouver au tribunal. Les individus violents proviennent généralement d'environnements familiaux particuliers: ils ont souvent été maltraités, agressés; ou ils avaient des parents alcooliques, drogués ou malfaiteurs, ou des parents vivant dans la mésentente et sur le point de se séparer ou de divorcer. Les personnes qui maltraitent les enfants ont souvent eu des parents froids, distants, brutaux, qui imposaient leur discipline et leur autorité parentale de façon imprévisible ou inefficace[76].

Dans un article intitulé «Les causes de la violence», John Monahan, éminent psychiatre médico-légal, identifie, parmi les sources de la violence, les suspects habituels – la testostérone, les lésions cérébrales, une pauvre nutrition, les délits, la pauvreté, la privation d'emploi, et la jeunesse. Mais il conclut que, si les recherches sur la violence avaient cours à Wall Street, il placerait son argent sur la psychologie, ou plus précisément sur:

> les processus de développement à travers lesquels nous passons tous, la plupart d'entre nous avec plus ou moins de succès, d'autres avec de grandes difficultés. Je veux dire la famille, en particulier – ce filtre à travers lequel passent la plupart des facteurs sociologiques, comme des parents sans emploi, et beaucoup de facteurs biologiques, comme une pauvre nutrition, qui peuvent avoir des effets sur le développement de l'enfant[77].

C'est à l'intérieur de la famille que l'enfant rencontre et assimile la plupart des stéréotypes sexuels qui détermineront une grande partie de ce qu'il pensera plus tard de lui-même et des autres. C'est lorsque nous examinons les attitudes et les comportements nécessaires pour créer la violence et que nous les mettons en parallèle avec les traits et les attitudes que l'on considère généralement comme masculins que le lien entre la violence et la masculinité devient évident – car il est vrai que ces traits et attitudes sont considérés par beaucoup, hommes aussi bien que femmes, comme faisant partie d'un tout indissociable. Le macho est décrit comme agressif, rationnel, autoritaire, compétitif, méfiant, taciturne, analytique, déterminé, indépendant, dominant et invulnérable. Pour lui, le paradoxe, l'incertitude et l'ambiguïté sont une calamité[78].

C'est au cours des cinquante dernières années seulement que de tels stéréotypes ont été soumis à de sévères critiques. En tant qu'homme, j'ai hérité d'un modèle à deux volets, dans lequel la masculinité est associée à la force physique et psychologique et à la santé, et la féminité à la faiblesse physique et psychologique et à la maladie. Les mots que nous utilisons pour décrire l'homme et la femme sont imprégnés de notions qui opposent pouvoir et impuissance, dominance et soumission, santé et maladie. À l'aube du XXIe siècle, la masculinité est dépeinte par plusieurs analystes comme un état de déviance, comme une pathologie. Les caractéristiques qui faisaient de nous, autrefois, les hommes que nous pensions être et que nous voulions être – logiques, disciplinés, maîtres de leur destin, rationnels, agressifs – sont considérées aujourd'hui comme les stigmates de la déviance. Les caractéristiques qui faisaient des femmes des êtres faibles et inférieurs – émotivité, spontanéité, intuition, facilité d'expression, compassion, empathie – sont de plus en plus largement considérées comme des preuves de maturité et de santé physique et mentale.

Chapitre 4

LE DÉCLIN D'Y

l y a un siècle, l'homme était un chef dans la vie publique et un patriarche à la maison. Masculinité, santé et maturité formaient un tout indissociable. Le stéréotype de l'homme prospère ne réunissait pas seulement divers attributs positifs et virils – force physique et mentale, pouvoir, autorité, capacité décisionnelle, rationalité, maîtrise de soi, discipline et ingéniosité –, il se situait à l'opposé des attributs typiques de la féminité – fragilité, faiblesse, vulnérabilité, émotivité, impétuosité, dépendance et nervosité. L'homme d'aujourd'hui est auréolé d'une virilité forgée au cours des siècles. Cette virilité s'est épanouie au XIXᵉ siècle, époque sans précédent dans l'histoire des réalisations et des exploits masculins, que ce soit dans le domaine des sciences, de la technologie, de la biologie, de la médecine, de l'exploration ou de l'expansion impérialiste. Lorsqu'on évoque l'héritage masculin, on ne réfère pas seulement aux gènes, qui président au destin biologique du mâle, mais à la notion culturelle de la virilité et à des attentes sociales. Il y a moins d'une centaine d'années, on attendait d'un homme qu'il allie la force à l'agressivité et, si nécessaire, à la violence.

Aujourd'hui, l'homme brutal n'a plus de raison d'être et d'agir, car sa brutalité détruit ce qui doit être préservé. Dans le passé, les hommes n'étaient pas seulement brutaux, ils étaient aux commandes. L'homme d'aujourd'hui, qui ne l'est plus, est en état de choc. Beaucoup d'hommes continuent, il est vrai, à gouverner les citadelles du pouvoir, à présider conseils d'administration et cabinets dans les pays industrialisés et en voie de développement, à rédiger des lois et à concocter des politiques, à dominer les marchés financiers et les systèmes bancaires, mais, comme les rois et les aristocrates du XVIIIe siècle, ils peuvent entendre, s'ils écoutent bien, le grondement des masses leur annonçant que leur règne touche à sa fin. Ils continuent certes à se définir en fonction de ce qu'ils font, mais cette affirmation est une supercherie, un tour de passe-passe qu'ils persistent à répéter, se trompant eux-mêmes. Les femmes sont tout aussi capables qu'eux d'assumer travail et responsabilités. Il n'y a rien de strictement masculin à propos du travail. Si le travail a servi dans le passé à définir la virilité, il ne peut plus le faire aujourd'hui. Une révolution a eu lieu.

Le plus haut sommet de la virilité et du statut patriarcal a été atteint au XIXe siècle. C'était l'époque où la frontière entre les définitions de la masculinité et de la féminité était tracée sans la moindre ambiguïté. Un des mots clés du stéréotype féminin était *délicate*. Ce mot signifiait exaltée, très sensible, raffinée, maladive, facilement «énervée». Il associait l'idéal victorien de la beauté féminine – grâce et langueur, pâleur et vulnérabilité – au raffinement. Cet esprit féminin raffiné, selon Jean Strouse, la biographe d'Alice James, sœur de William le philosophe et d'Henry l'écrivain, «habitait un royaume fiévreux de perceptions aiguës et de réactions subtiles s'élevant bien audelà de l'univers corporel[1]».

Les médecins de l'époque considéraient que la moitié ou plus des femmes souffraient d'une maladie psychologique, la «nervosité[2]». Edward Clark, de l'école de médecine de Harvard, était si pessimiste au sujet des femmes qu'il en avait conclu qu'elles seraient bientôt incapables de procréer[3]. Ce n'est pas parce qu'elles étaient des femmes qu'elles étaient malades, elles étaient malades parce qu'elles étaient des femmes. Et les médecins de déclarer que le coupable était leur système reproducteur. «C'est là que se trouve la cause d'un grand nombre de leurs affections physiques, qui doivent être traitées», affirme William Dewees, qui enseignait aux sages-femmes à l'université de

Pennsylvanie. Dans son programme de cours sur les maladies des femmes, le professeur explique que la femme est sujette à deux fois plus de maladies que l'homme, car elle possède un utérus qui exerce un pouvoir énorme sur son système physique et mental[4]. En 1864, dans une monographie sur le sujet, William Byford, professeur de gynécologie à l'université de Chicago, va plus loin et déclare : « On peut dire que, pour la femme, c'est presque une pitié d'avoir une matrice[5]. »

Dans la mesure où la grossesse et l'accouchement faisaient un grand nombre de victimes, il est compréhensible que les médecins du XIXe siècle se soient montrés si préoccupés par le système reproducteur de la femme. En raison du taux élevé de morbidité associé aux grossesses répétées[6], moins d'une femme sur trois atteignait l'âge de la ménopause. Durant les années 1920, 1 femme sur 200 mourait pendant le travail de l'accouchement[7]. (Aujourd'hui, au Royaume-Uni, le taux de mortalité maternelle est de 1 pour 33 000.) Mais ce n'était pas à la mauvaise santé des femmes que pensaient les médecins lorsqu'ils parlaient de l'utérus. Ils étaient préoccupés par l'essence de la féminité et, par corollaire, par celle de la masculinité. Ainsi que l'explique un médecin, en 1827, le sexe féminin

> est de loin plus sensible et plus fragile que le sexe masculin. Il est sujet à ces affections pénibles qui, à défaut d'un mot plus adéquat, ont été qualifiées de nerveuses, et qui consistent principalement en affections douloureuses de la tête, du cœur, des flancs, et, bien sûr, de presque toutes les parties du système[8].

Selon les physiciens de l'époque, la fragilité de la femme est due non seulement à son utérus, mais au lien intime et hypothétique entre ses ovaires, son utérus et son système nerveux. Cette croyance constitue la base logique de ce que l'on appelle « l'irritabilité réflexe », soit un modèle de relation de cause à effet, très populaire à l'époque. Tout déséquilibre, épuisement, infection et autres désordres du système reproducteur provoquent, dit-on, des réactions pathologiques dans d'autres parties du corps. Les médecins considèrent le corps comme un système clos doté d'une quantité limitée d'énergie. L'énergie répandue dans une région, lors d'une hémorragie de l'utérus, par exemple, n'est donc plus disponible pour une autre région, comme le cerveau. Et la jeune femme qui gaspille ses énergies vitales dans des activités intellectuelles détourne une force vitale nécessaire à l'épanouissement de sa féminité. Elle devient alors faible, nerveuse, maladive et peut-être stérile. Le cerveau et le système reproducteur de la femme ne peuvent fonctionner efficacement de concert.

De telles idées étayent fortement la notion de masculinité et, dans une certaine mesure, servent ceux qui les propagent. Durant la seconde moitié du XIXe siècle, lorsque quelques femmes commencent à imposer leur présence sur le terrain de la science, des médecins expriment leurs inquiétudes. « On ne peut que frissonner », dit l'un d'eux,

> à l'idée de ce qui peut germer dans le cerveau des femmes, dans les domaines de la bactériologie et de l'histologie, au moment où leur système entier, à la fois physique et mental, est pour ainsi dire « tendu à l'extrême », sans parler des erreurs terribles qu'une femme chirurgien peut faire dans un état similaire[9].

En 1867, rejetant la proposition de John Stuart Mill en faveur du vote des femmes, le magazine *The Lancet* précise que la place de la femme est au foyer, car sa nature physique

> est d'une délicatesse [en comparaison de celle des hommes] qui confirme que la structure [de son corps] et ses organes sont moins développés et qu'elle a moins de vigueur et de force, et est donc moins armée pour affronter les obstacles de l'existence[10].

Et ainsi de suite. On ne peut trouver déclaration plus définitive sur la conception réductionniste impitoyable de la féminité que celle de George Engelmann, médecin influent et président de l'American Gynecological Society. En 1900, Engelmann déclare, dans son discours présidentiel :

> Plus d'une jeune vie féminine est meurtrie et mutilée à jamais dans les brisants de la puberté. Si elle les traverse sans dom-

mages et n'est pas mise en pièces sur le rocher de l'accouchement, elle peut encore être la proie des hauts-fonds de la menstruation. Ce n'est que plus tard, dans l'épreuve finale de la ménopause, qu'elle peut trouver une protection dans les eaux calmes du port, loin des ouragans sexuels[11].

En bref, les femmes ne sont considérées comme des êtres en bonne santé que lorsqu'elles ne sont plus des êtres sexués. Cette vision méca-nique et dégradante de la femme va refaire surface 80 ans plus tard, en pleine révolution féministe. Le problème concerne, cette fois, le syndrome prémenstruel. Sentiments mêlés, comportements et symp-tômes complexes sont alors attribués, sur des indications nettement insuffisantes, aux perturbations hormonales intervenant lors du cycle menstruel. Une des conclusions concerne l'instruction. Sur la base d'un certain nombre d'études d'une pertinence scientifique douteuse, Katarina Dalton, médecin – et l'une des plus redoutables idéologues du concept du syndrome prémenstruel –, affirme que les filles qui passent des examens alors qu'elles se trouvent en phase prémenstruelle ont de piètres résultats[12]. Des études subséquentes, pourtant mieux structurées, ne peuvent contrer ces assertions, mais la controverse se poursuit. Il y a un siècle, les médecins auraient approuvé, eux qui affir-maient depuis longtemps que les fonctions reproductives de la femme sont tout simplement incompatibles avec l'éducation[13]. Henry Maudsley, un des psychiatres anglais les plus influents de l'époque, a du reste précisé, dans un texte sur la menstruation et ses effets sur le cerveau, que, « lorsque la nature se dépense dans une direction, elle doit économiser dans une autre[14] ». Certains médecins, cependant, s'élèvent contre le fait de considérer trop aisément la femme comme un être faible. Quant aux milliers de femmes qui s'acquittent de tâches épuisantes dans les usines, les fabriques et les fermes, personne ne s'inquiète de l'état de leurs organes internes ni de l'effet de ce labeur physique éreintant sur leur cerveau ! Les femmes, même celles des classes moyennes et privilégiées, sont ainsi maintenues dans leur sub-ordination en raison des désavantages que leur apporte leur sexe :

[Tout cela] en raison de leurs grossesses et de leurs avortements, ou parce qu'elles ont endommagé leur santé en ayant recours à des avortements illégaux, ou parce qu'elles souffrent d'une « hystérie » qui reflète souvent une carence sociale[15]...

Ces idées orthodoxes sur la femme ont toujours eu une énorme influence sur les esprits. Les établissements d'éducation se sont toujours inquiétés de l'état physique et mental des nouvelles venues. En 1877, les membres du conseil de l'université du Wisconsin expriment leurs préoccupations en se basant sur des arguments médicaux, précisant que, « à certains moments, la nature fait peser de grandes exigences sur les énergies féminines » et que « de sérieuses précautions doivent être prises pour éviter les dommages[16] ». Quoi qu'elles fassent, les femmes sont piégées. Le simple fait d'être une femme les met dans un état latent ou imminent de maladie. Et résister à cette condition féminine est considéré comme malsain. Le contraste avec l'état masculin ne peut être plus saisissant. Là où les femmes sont délicates, les hommes sont forts ; là où les femmes doivent conserver leur énergie pour la mettre au service de leurs fonctions reproductives, les hommes peuvent la dépenser avec vigueur et délectation. Ce contraste est capturé de façon imagée dans un discours du Dr Charles Fayette Taylor devant l'Odontological Society de New York, en 1879. « Les femmes », dit-il,

font partie de cette catégorie d'êtres émotifs caractérisée par un sexe doté d'une pensée moins indépendante, et cela en raison d'un capital plus faible en matière de raisonnement et d'un intellect subordonné à des sentiments primaires [...]. Alors que l'éducation, chez les hommes, rend ceux-ci plus aptes à conquérir fermeté, détermination, raisonnement, faculté d'analyser chaque problème et maîtrise d'eux-mêmes, alors que leur intellect est leur force dominante, ce que l'on qualifie d'« éducation plus poussée » chez la femme semble produire chez cette dernière un effet tout à fait contraire[17].

L'éducation apaise les hommes ; elle « surchauffe » les femmes. L'éducation transforme les filles en « paquets de nerfs ». Ce qui rend les idées de Charles Fayette Taylor si intéressantes, c'est qu'il est le premier d'un grand nombre de médecins à soigner Alice James, qui est parfois, il faut bien le dire, un « paquet de nerfs ». À la fin des années 1860, William James étudie la médecine et Henry, dans ses années de formation d'écrivain, lit et fait des critiques de textes littéraires. Alice, dans l'ombre de ses formidables frères, lutte pour trouver sa voie. Va-t-elle continuer ses études et s'accomplir sur le plan intellectuel ? Ou va-t-elle accepter qu'elle n'en a pas la possibilité, n'étant pas un homme ? Se servir de son cerveau de façon productive exigerait qu'elle se livre à une forme de compétition avec ses frères à l'intellect si intimidant, et qu'elle affronte son père, Henry James, qui a des vues très précises sur ce que doivent faire les jeunes femmes. En 1853, alors que sa fille unique, Alice, avait cinq ans, James a fait paraître un article dans *Putnam's Monthly*, dans lequel il comparait les deux sexes et déclarait que, « selon un décret absolu de la nature », la femme était l'inférieure de l'homme « en passion, son inférieure en intellect et son inférieure en force physique[18] ».

Pour Alice James, abandonner ses études sous-entend qu'elle acceptera de jouer un rôle similaire à celui des deux femmes de la maison, sa mère et sa tante, femmes au naturel bon et désintéressé, mais passablement ennuyeuses. Autrement dit, elle devra redescendre à leur niveau intellectuel (Alice a une haute mais juste opinion de ses facultés intellectuelles)[19]. Le dilemme reste en suspens, car Alice tombe malade. À 18 ans, elle commence à ressentir de mystérieux malaises, que l'on attribue à de la « neurasthénie ». Son père l'envoie chez le Dr Taylor pour qu'il lui prescrive une « cure ». Le terme « neurasthénie » n'a pas encore été officiellement inventé – ce n'est que deux ans plus tard que le Dr George M. Beard, médecin new-yorkais, l'associera au large éventail de symptômes nerveux inexpliqués qui apparaissent de plus en plus souvent chez certaines personnes. Beard fait la liste d'une cinquantaine de ces symptômes, entre autres : évanouissements, irrégularités menstruelles, maux de tête, spasmes musculaires, névralgie, insomnie, dyspepsie, manque d'appétit, vomissements et irritabilité[20]. Il souscrit lui aussi à la notion voulant que le système nerveux soit une sorte de compte en banque contenant une quantité limitée d'énergie. Retirer trop d'énergie dans ce compte provoque l'épuisement ; en retirer une quantité insuffisante empêche l'accomplissement des activités vitales ordinaires. (Des chercheurs contemporains, notamment le professeur Simon Wessely, du King's College Hospital de Londres, ont découvert nombre de similarités entre la neurasthénie de Beard et le syndrome de fatigue chronique – diagnostic souvent posé aujourd'hui[21].) Le traitement du médecin d'Alice James, qui comprend divers exercices, ne fait aucun bien à cette dernière, non plus que les diverses thérapies suggérées par les autres physiciens consultés au cours des 25 années suivantes. En 1891, Sir Andrew Clark palpe une masse dans l'un de ses seins. Ce n'est certes pas l'unique source des longues souffrances d'Alice, mais, paradoxalement, le diagnostic la comble de joie. « Enfin, on a trouvé pourquoi je suis malade ! » écrit-elle le 31 mai 1891 dans son journal intime.

> J'ai aspiré si longtemps à une maladie palpable, quelle que soit sa dénomination conventionnelle effrayante. Au lieu de cela, j'étais constamment ramenée à ma titubation solitaire, écrasée sous le poids d'une masse monstrueuse de sensations subjectives, au sujet desquelles « l'homme médical », cet être empathique, m'affirmait, faute d'une meilleure inspiration, que j'en étais personnellement responsable, tout en se lavant les mains, avec une élégante suffisance, de tout ce qui pouvait m'arriver[22].

Pour Alice, le terrible diagnostic de Sir Andrew Clark a un effet positif. Il « nous sort d'un flou informe et nous installe au cœur d'un concret solide[23] ». Alice sait pourtant que le cancer va la tuer.

Alice James est en quelque sorte la victime d'une époque où la vie des femmes est enfermée dans un stéréotype qui les plonge dans les miasmes de la fragilité, du mal-être, de la faiblesse et de la maladie. Les valeurs culturelles dominantes exigent que les femmes s'oublient en faveur des autres, et qu'elles les servent efficacement. Autrement dit, il faut qu'elles se conduisent, comme on le dit dans le langage du temps, comme des « anges de bonté ». Mais Alice James, fille extrêmement intelligente et observatrice, a décidé d'être *in*-efficace. Elle est égocentrique et exerce une influence subversive sur les membres de sa famille et sur ses amis. Sa maladie, en quelque sorte, tourne en dérision les valeurs culturelles du temps. Rétrospectivement, on peut la considérer comme une forme de protestation sociale.

En dépit des idées reçues quant à la supériorité intrinsèque de la santé masculine, un grand nombre d'hommes sont hypocondriaques, c'est-à-dire très soucieux de l'état de leur santé, tout comme les femmes. Un fermier de 60 ans est admis dans un hôpital, car il se plaint de douleurs abdominales et de diarrhée. Il semble terrifié à l'idée d'avoir le cancer du côlon, dont il a lu les symptômes sur Internet. Après un examen complet, les médecins ne trouvent aucune indication laissant supposer qu'il pourrait avoir un cancer. On lui dit qu'il n'a pas lieu de s'inquiéter. L'homme reste néanmoins extrêmement anxieux ; il continue à lire avec avidité des articles sur le cancer des intestins et sollicite de nouveaux examens et investigations. On l'envoie chez un psychiatre. Une analyse poussée révèle que, quelques mois avant le début de ses symptômes, son père est mort après une longue lutte contre le cancer du poumon. À peu près à la même période, sa femme a eu très peur lorsqu'une mammographie a décelé la présence d'une grosseur dans un de ses seins – grosseur qui s'est révélée bénigne. L'homme prétend que le chagrin consécutif à la mort de son père et son inquiétude à l'égard de son épouse, peut-être atteinte elle aussi d'un cancer, font partie des émotions que les hommes forts ressentent sans pour autant développer de l'anxiété hypocondriaque. Il n'arrive pas à croire que des sentiments, qu'il considère comme peu importants et éphémères, puissent provoquer ce qu'il s'obstine à qualifier de « vrais » symptômes physiques. Pour lui, la cause de sa diarrhée, de ses douleurs abdominales et de ses ballonnements est, en conséquence, le cancer du côlon. Il finit heureusement par reconnaître qu'il y a peut-être un lien important entre les événements douloureux de son existence et le développement de son hypocondrie – et que ses problèmes de santé devant ces tristes événements ne sont pas dus à une faiblesse de caractère.

Il serait faux de penser que de telles notions ont disparu avec les suffragettes et le vote des femmes. Les stéréotypes de la masculinité et de la féminité qui ont pris leur essor il y a un siècle se sont propagés et sont encore vivaces aujourd'hui. Mais la roue tourne. Là où c'était la féminité qui était synonyme de pathologie, c'est maintenant la masculinité qui y est associée. Les hommes ont de nos jours de graves maladies qui, pour des raisons qu'ils dénoncent aujourd'hui, ne reçoivent pas suffisamment d'attention de la part du public et des autorités politiques. Prenons l'exemple du cancer du sein et du cancer de la prostate. En Grande-Bretagne, le cancer du sein tue quelque 14 000 femmes chaque année, alors que 10 000 hommes décèdent du cancer de la prostate. En 1998, les recherches sur le cancer du sein ont bénéficié d'une subvention de plus de quatre millions de livres, alors que les recherches sur le cancer de la prostate n'ont été subventionnées qu'à raison de 137 000 livres. Cette divergence a incité beaucoup d'hommes à accuser les femmes de fausser les budgets alloués à la santé et aux programmes de traitements – accusation aussi surprenante qu'invraisemblable lorsqu'on pense à la prédominance d'hommes dans les principaux conseils de recherches et dans les organismes donneurs de fonds pour la recherche sur le cancer. Mais lorsque l'ex-ministre britannique Julian Critchley découvre par hasard qu'il a le cancer de la prostate, il attribue l'ignorance masculine (et la sienne) au sujet de cette maladie au fait que les hommes sont devenus, « sans protester, les victimes du triomphalisme féministe qui sévit dans notre société[24] ».

Furieuses, des femmes journalistes répliquent en rappelant que sans les campagnes féministes les problèmes spécifiques des femmes seraient tout aussi peu étudiés et compris. Critchley a tort, mais les critiques féministes se trompent également. Les femmes ne doivent pas être accusées de négligence à l'égard des maladies masculines, mais il n'y a jamais eu aucune tendance de la part de l'*establishment* médical à négliger les recherches sur les maladies de la femme, ainsi que les diagnostics et les traitements. Bien au contraire. Le monde de la médecine reste aussi fasciné aujourd'hui par les maladies de la femme qu'il l'était à l'époque d'Alice James. Ateliers, conférences, séminaires, documentation médicale, monographies, rapports de recherches, cellules de réflexion et forces de travail se consacrent à la santé de la femme.

Il existe du reste, en médecine, une spécialité pour ces maladies : la gynécologie. La majorité des gynécologues et des obstétriciens sont des hommes. Et les hommes continuent à être intrigués par le corps des femmes, et par ce qui peut les rendre malades. Les recherches, dans le cancer du sein, ont fort peu à voir avec les féministes. Les hommes sont fascinés par les seins des femmes et les médecins n'y font pas exception. Et alors que la médecine dominée par l'homme est parfaitement à l'aise dès qu'il s'agit d'associer femme et maladie, elle est extrêmement mal à l'aise lorsqu'il s'agit du statut des hommes en la matière. Les hommes parlent difficilement de leurs maladies. Il leur est pénible de dire ce qu'ils ressentent ; ils admettent à contrecœur qu'ils ont besoin d'aide. Dans ce domaine, les médecins ne valent pas mieux que leurs patients masculins.

Lorsque Clare Moynihan, chargée de recherches associée au Royal Marsden de Londres, hôpital spécialisé dans le traitement du cancer, convoque une réunion afin d'établir l'efficacité de l'assistance apportée aux hommes souffrant d'un cancer des testicules, peu de patients se montrent[25]. Au cours des cinq années précédentes, alors qu'ils suivaient un traitement, la plupart ont éprouvé des sentiments d'anxiété et souffert de dépression, ou les deux. Pas un seul, toutefois, n'a demandé de l'aide. Clare Moynihan en a conclu qu'« il semble crucial pour les hommes de garder le silence et le contrôle sur leur vie émotionnelle ». Certains hommes profitent néanmoins de l'occasion. Étant donné le loisir et le temps qui leur est donné (ainsi que l'écoute attentive d'une femme), ils commencent, avec des difficultés considérables, à révéler des aspects de leur personnalité qu'ils n'ont jamais laissé voir.

> Quelques hommes m'ont raconté qu'ils tombaient dans des états de peur et de tristesse, serrant parfois contre eux, mais toujours en secret, un animal en peluche. Mais l'importance du « contrôle de soi » [pour ces hommes] était évident et, devant la maladie, ils réaffirmaient constamment leur identité masculine stéréotypée, même lorsqu'ils décrivaient comment ils pleuraient (« chialaient », disaient-ils) en privé, loin des membres de leur famille, souvent dans leur voiture, où ils se sentaient « à l'abri et protégés »[26].

Clare Moynihan décrit l'approche des hommes médecins à l'égard de l'anxiété de leurs patients, anxiété qu'ils s'efforcent d'atténuer en ayant recours à des métaphores puisées dans les domaines militaire et sportif. Ils parlent de la stérilité (une des conséquences du traitement) comme du fait de « tirer à blanc » ; de la perte d'un testicule après une opération comme d'un « avion volant avec un seul moteur et atterrissant sans problème ». Ils affirment qu'« un cylindre est aussi efficace que deux ». Ce langage, selon Clare Moynihan, « renforce la manière avec laquelle les hommes pensent à leur corps comme à une machine, contrôlable et contrôlée ».

Mais encore une fois, ce n'est pas au corps masculin que la plupart des hommes pensent, mais au corps féminin. L'institut de recherches sur le cancer a chapeauté sa campagne de conscientisation à l'intention des hommes avec l'image d'une poitrine de femme, dont la légende est : « Pas étonnant qu'on oublie le cancer masculin. C'est à cela que vous n'arrêtez pas de penser. »

Les hommes sont si souvent réticents, secrets et prudents quand ils répondent aux questionnaires d'enquêtes que leurs réponses sont difficiles à interpréter. Les résultats d'un grand nombre de questionnaires portant sur les mesures prises par des hommes malades sont contestables, car ces derniers, en particulier ceux qui se présentent comme « très masculins », sous-estiment fortement l'importance de leurs symptômes[27]. Ils dissimulent leurs motivations et leurs sentiments lorsqu'ils décrivent les émotions qui, selon eux, sont en accord avec les attentes stéréotypées de leur code masculin. Clare Moynihan fait remarquer que, lorsqu'on demande aux hommes de coter des traits de personnalité à l'aide de questions comme : « Est-il souhaitable pour un homme de s'affirmer ? de céder ? », les conclusions qui pourraient être tirées des réponses fournies sont faussées, car elles sont incomplètes et conventionnelles, et « ne font que perpétuer le mythe de la virilité et prouver que les hommes se conduisent d'une manière stéréotypée[28] ». Lorsque des chercheurs demandent à des femmes et à des hommes de coter leur masculinité et leur féminité, ils sont souvent surpris de découvrir que les femmes et les hommes qui placent une cote élevée sur leurs caractéristiques féminines sont plus susceptibles d'avoir recours à des services sanitaires[29] et accordent une plus grande importance pratique à leur état de santé[30] – ce qui signifie que c'est l'homme macho sclérosé qui est le plus réticent à admettre qu'il a un problème de santé et qui est le moins susceptible de demander de l'aide.

Une enquête nationale sur les cliniques de *planning* familial, faite par la Family Planning Association de Grande-Bretagne, a démontré que les jeunes hommes sont moins prompts que les jeunes femmes à faire appel aux services de santé concernant la sexualité[31]. L'une des conséquences de cette lacune, pour les jeunes hommes, est qu'ils n'ont pas souvent recours aux méthodes contraceptives et sont peu enclins à pratiquer une sexualité sans risque. Moins de 10 % des étudiants d'université mâles utilisent des préservatifs – et les garçons sont systématiquement oubliés dans les controverses et les discussions concernant les moyens de s'attaquer au pourcentage élevé de grossesses chez les adolescentes[32]. Plus souvent qu'à leur tour, les jeunes gens et les hommes se comportent comme si la santé et la maladie, la contraception et la procréation étaient des problèmes de femme. Et quand ces problèmes se posent, ils ont tendance à accuser les femmes.

L'affirmation voulant que la masculinité et la santé soient les opposés naturels de la féminité et de la maladie est basée sur une autre assertion, à savoir que la testostérone est un gage de santé. Les hommes, disait le médecin d'Alice James, sont stables, déterminés, raisonnables et réfléchissent à chaque problème qui se pose. Un grand nombre d'entre eux mettent ces qualités sur le compte de la testostérone. Et, bien entendu, ils croient que plus ils en ont mieux c'est. C'est loin d'être prouvé. Virilité ne veut pas dire santé, et ce que l'on a découvert sur la testostérone dément les prétendues capacités de l'homme d'examiner chaque problème à fond et de le résoudre.

Testostérone et santé

Au XIXᵉ siècle, il semblait sans doute évident que l'homme était une espèce plus robuste que la femme, d'autant plus qu'il vivait plus longtemps. Être un homme au début du XXᵉ siècle n'a pas de tels avantages. Dans les sociétés industrialisées, les femmes vivent plus longtemps que les hommes dans une proportion de 10 %, soit de cinq à sept ans en plus. Au Royaume-Uni, le taux de mortalité des hommes de tous âges est plus élevé que celui des femmes, ce qui constitue une preuve évidente et sans équivoque que, en termes de mortalité, les hommes sont en moins bonne santé que les femmes[33]. Et quels que soient les progrès dans l'établissement des diagnostics et dans les traitements, le fossé est toujours là. Alors que le taux de cancers et de troubles circulatoires, causes majeures de mortalité chez l'homme, baisse, d'autres causes de décès, comme le suicide et les maladies opportunistes associées au VIH, font plus que contrebalancer cette amélioration. En matière de santé, les hommes sont aujourd'hui le sexe faible.

Dans les pays en voie de développement, les accouchements et leurs complications continuent à réclamer leur lot de victimes. En Inde, 1 femme sur 170 meurt en couches ; au Sri Lanka, 1 sur 1 500 ; en Afrique du Sud, 1 sur 400[34]. Pourtant, en dépit de ces chiffres, il n'y a qu'en Inde et au Bangladesh que les hommes et les femmes ont la même espérance de vie, celle-ci étant courte : 60 ans. Le Népal est une exception : les hommes y vivent plus longtemps que les femmes, mais la différence est mince : l'espérance de vie de l'homme est de 54,3 ans, celle de la femme de 53,3 ans[35].

L'intérêt des chercheurs concernant la testostérone et la santé masculine s'est développé assez lentement – en contraste avec leur ardeur à se concentrer sur les hormones féminines dans l'espoir de les rattacher à divers cas, réels ou imaginaires, de pathologie et de psychopathologie féminines. Il y a 30 ans, les médecins, en particulier les endocrinologues, ont été très heureux de découvrir un nouveau jouet, le radioimmunoessai, qui permet de mesurer le taux d'hormones avec une remarquable précision. Malgré leurs efforts répétés, ils n'ont pu associer les œstrogènes, la progestérone et leurs métabolites à la mortalité féminine.

Aujourd'hui, ce sont les hormones masculines, les androgènes, et en particulier la testostérone, qui sont de plus en plus souvent considérées comme étant la cause de divers problèmes de santé chez l'homme. Au départ, les chercheurs et les cliniciens pensaient que, étant donné que le taux décroissant de testostérone dans le sang de l'homme provoquait une diminution de sa masse musculaire et annonçait le déclin de sa vigueur et de ses activités sexuelles, cela signifiait que la testostérone était une force de vie. Ils se demandaient si un apport de testostérone permettrait aux gonades et à l'homme de fonctionner à nouveau à plein rendement. Au milieu des années 1990, une vogue pour les thérapies à base de testostérone a vu le jour. En 1996, dans *Newsweek*, un article de fond décrit avec enthousiasme les perspectives à long terme promises aux hommes par des médecins qui leur recommandent, qu'ils soient d'âge moyen ou plus âgés, l'ingestion de suppléments de testostérone. Selon eux, cette thérapie permettra aux hommes de se sentir plus virils, plus compétents, et de voir leur avenir avec enthousiasme. Tandis que les recherches s'accélèrent, ces perspectives s'avèrent beaucoup moins optimistes et beaucoup plus complexes.

En premier lieu, le niveau de testostérone semble relié à ce que l'on appelle le «comportement à risque pour la santé[36]». On trouve un taux élevé de testostérone chez les chômeurs[37], les célibataires (dont on a démontré que leur santé est moins bonne que celle des hommes mariés[38]), les hommes qui se livrent au vagabondage sexuel et courent ainsi plus de risques de transmettre ou de contracter des maladies sexuellement transmissibles, les alcooliques et les drogués[39]. Lors de recherches basées sur un échantillonnage de 4 400 Américains, Alan Booth et ses collègues se sont aperçus qu'un taux élevé de testostérone augmente les risques de comportement mettant la santé en péril, et que ce taux élevé est carrément relié aux maladies sexuellement transmissibles et à certains traumatismes. S'apercevoir que l'on peut posséder une substance très bonne en soi en trop grande quantité est passablement dérangeant. Les bienfaits les plus importants pour la santé semblent revenir aux hommes dont le niveau de testostérone n'est ni élevé ni bas, mais se trouve juste en dessous du niveau moyen. Les hommes qui ont un taux moyennement élevé de testostérone souffrent moins souvent de dépression, de refroidissements avec fièvre, d'hypertension, de troubles cardiaques et d'obésité. Les hommes qui ont un taux *très* élevé de testostérone n'adoptent pas seulement des comportements plus risqués, mais ils sont moins susceptibles de bénéficier des propriétés bienfaisantes de cette même testostérone. Booth et ses collègues estiment qu'un homme sur dix fait partie de cette catégorie.

Les hommes, le mariage et la santé

Nous avons vu (au chapitre 2) qu'un lien existe entre un taux élevé de testostérone et les ruptures conjugales – bien que la cause exacte de ce phénomène n'ait pas encore été tirée au clair. Ce qui est plus clair, c'est l'impact que les ruptures conjugales ont sur la santé masculine.

La première affirmation qui peut être faite, c'est que le mariage est bon pour l'homme. Dans une étude célèbre sur un groupe d'hommes soignés dans des hôpitaux de Baltimore, au Maryland, après une ou des crises cardiaques, il est démontré que les hommes mariés sont plus susceptibles de s'en tirer indemnes que les célibataires[40]. Lorsque des facteurs connus pour augmenter les risques de maladie cardiaque, comme le tabac, l'alcool absorbé en trop grande quantité, l'âge avancé, l'obésité et une crise cardiaque antérieure, sont pris en compte, les meilleures chances de survie restent encore du côté des hommes mariés. Au cours des deux années de recherche, les hommes mariés ont toujours eu une espérance de vie beaucoup plus élevée. Une autre étude américaine a révélé que des hommes divorcés étaient deux fois plus susceptibles de mourir d'une attaque d'apoplexie[41]. Les femmes divorcées du même âge couraient un risque beaucoup moins élevé. Des découvertes similaires ont été rapportées lors d'une analyse récemment publiée en Finlande, portant sur tous les décès par crise cardiaque sur une période de trois ans[42].

En quoi le fait d'être célibataire constitue-t-il un facteur de risque pour les hommes ? Le statut de célibataire comprend trois groupes distincts : les hommes qui ne se sont jamais mariés, ceux qui sont divorcés et ceux qui sont veufs. Le veuvage est un facteur de risque particulièrement élevé de décès prématuré. Colin Murray, un de mes collègues psychiatres britanniques, a étudié le cas de 4 000 veufs âgés de 55 ans ou plus, pendant une période de 9 ans. Le pourcentage de décès, chez ces hommes endeuillés, était de 40 % plus élevé que prévu, et les deux tiers des décès étaient dus à des maladies cardiaques ischémiques – autrement dit, ces hommes mouraient le cœur brisé[43]. Les veufs qui se remarient après un deuil sont moins susceptibles de mourir que ceux qui restent seuls. Les hommes qui ne se marient pas font partie d'une catégorie statistiquement anormale – dans la mesure où, dans la plupart des sociétés, environ 90 % des hommes convolent. L'étude de Baltimore rapporte un pourcentage plus élevé de décès à la suite de maladies cardiaques, un fait également constaté lors d'une étude longitudinale de 10 ans sur des Hollandais d'âge moyen recrutés dans la population pour participer à un programme de dépistage des maladies cardiaques[44].

Pourquoi le fait d'être célibataire ou divorcé est-il si négatif pour les hommes ? Trois explications ont été avancées : les hommes en bonne santé sont plus enclins à se marier que les hommes malades, les bienfaits physiques et psychologiques du mariage peuvent soit protéger l'homme contre la maladie et la mort, soit l'encourager à adopter un style de vie plus sain. Certaines constatations confirment ces trois possibilités. Par exemple, dans une étude à long terme réalisée au début des années 1990 concernant des hommes et des femmes âgés de 21 à 24 ans, les membres du groupe qui n'étaient pas encore mariés à 24 ans s'étaient adonnés à l'alcoolisme dès l'âge de 21 ans[45]. Ce que démontre cette étude, c'est que le mariage est tardif chez ceux et celles qui ont un problème d'alcoolisme. Une autre conclusion était étayée par des éléments provenant d'une série d'analyse de 12 études révélant que le fait de n'avoir jamais convolé, ou de redevenir célibataire, était associé à une plus forte consommation d'alcool, alors que le fait de se marier provoquait le contraire[46]. Une étude suédoise détaillée a également révélé que l'excès de tabac et d'alcool peut expliquer pourquoi le pourcentage de décès chez les Suédois d'âge moyen est deux fois plus élevé chez les divorcés que chez les hommes mariés[47].

Des constatations similaires concernent les recherches sur le cancer. Plusieurs études britanniques révèlent que les personnes divorcées sont beaucoup plus à risque de contracter un cancer que tous les autres membres de groupes ayant un statut conjugal, et que les hommes divorcés sont particulièrement exposés[48]. Dans une étude importante basée sur un échantillonnage représentatif de données concernant quelque 27 779 cas de cancer, un lien déterminant entre le statut conjugal et la survie au cancer a été établi[49]. Le fait d'être marié est associé à une augmentation de survie de 5 années, ce qui est comparable au fait de faire partie d'une catégorie d'âge de 10 ans plus jeune. Et cela est vrai même quand le diagnostic fait état d'un cancer grave (les gens mariés semblent être diagnostiqués plus tôt, en raison sans doute de l'inquiétude du conjoint ou de la conjointe). Les gens mariés ont une chance de survie plus élevée que les non-mariés, catégorie dans laquelle les divorcés semblent avoir la perspective de survie la plus basse, avec un taux de risque se chiffrant à 1,27 relativement à la population mariée, où le taux de risque est de 1,00.

Le mariage rend les hommes non seulement plus vigoureux, mais plus heureux. Le fait d'être marié est un gage de bonne santé mentale. Le mariage a plus de poids et d'influence sur la santé que l'âge, la race ou le milieu dans lequel l'enfance s'est déroulée. Le fait d'être marié, pour l'homme, est associé à un chiffre plus élevé dans le pourcentage d'éléments satisfaisants, que ce soit dans la vie familiale, dans la vie en général, dans la santé mentale et le bonheur[50]. Et comme David Jewell le fait remarquer, contrairement à l'opinion populaire, la satisfaction masculine dans le mariage ne s'acquiert pas au détriment de la santé et du bonheur de l'épouse[51]. Un certain nombre d'études réalisées en Europe et aux États-Unis indiquent un pourcentage de décès et un niveau de détresse psychologique plus bas chez les époux mariés des deux sexes, comparés aux hommes et aux femmes célibataires. Cependant, il existe une différence intéressante : ce qui semble important pour le bonheur de la femme réside dans les satisfactions que le mariage lui apporte sur le plan émotif, alors que ce qui semble important pour l'homme est le simple fait d'être marié. Les femmes sont davantage préoccupées par la *qualité* de leur vie conjugale. Les hommes semblent tout bonnement contents d'être mariés.

Le suicide

En Europe, en Amérique du Nord, en Afrique et en Amérique latine, le suicide est de deux à cinq fois plus fréquent chez les hommes que chez les femmes. Cette proportion entre les sexes est moins prononcée en Asie : 1,7 pour 1 au Japon, et 1,3 pour 1 en Inde et à Hong Kong. Au Royaume-Uni, il y a approximativement 6 000 suicides chaque année – soit un suicide toutes les 85 minutes. Le taux de suicide masculin dans tous les groupes d'âge et dans la plupart des pays a connu une augmentation saisissante au cours des 30 dernières années, et la situation est plus dramatique dans le groupe d'âge se situant entre 15 et 24 ans. Dans plusieurs régions du monde, le suicide est actuellement la deuxième cause la plus courante de décès chez les jeunes hommes – après l'accident[52]. La proportion entre le suicide de jeunes hommes et le suicide d'hommes âgés varie également d'une société à une autre, mais, en général, le pourcentage augmente avec l'âge[53]. Cependant, au cours des récentes années, le taux de suicide chez les hommes jeunes a commencé à dépasser celui des hommes plus âgés.

Dans un grand nombre de pays d'Europe, environ les trois quarts des personnes qui s'enlèvent la vie sont des hommes. Une découverte tout aussi importante est que le taux de suicide chez les femmes, plus bas que celui des hommes, reste stable. Est-ce parce que les stéréotypes masculins accordent une trop grande valeur au contrôle des émotions, à la réserve, au stoïcisme, à l'indépendance et à l'invulnérabilité ? Les femmes sonnent l'alarme plus facilement lorsqu'elles sont en crise ou en proie à une détresse émotionnelle. Les appels au secours (faux suicides ou automutilations) sont beaucoup plus communs chez la femme que chez l'homme. Les femmes crient ; les hommes frappent. Le suicide des hommes est fortement associé à la dépression[54], à l'alcoolisme[55] et à la drogue[56]. Chez les jeunes hommes, le lien entre l'excès d'alcool et le suicide est important[57], mais la nature exacte de ce lien reste à découvrir.

Le suicide est un acte extrêmement agressif, même quand il ne veut pas l'être – le motif sous-jacent de beaucoup de suicides est souvent la volonté d'épargner des problèmes et des angoisses aux survivants, non de les provoquer. Mais l'intensité de la douleur ressentie par ceux qui restent, leur culpabilité et leurs remords sont terribles. Il existait une théorie, autrefois populaire, voulant que le suicide et l'homicide soient les deux faces d'un même problème, l'agression meurtrière étant dirigée vers l'extérieur ou vers l'intérieur. Aujourd'hui, on pense qu'ils sont associés. Herbert Hendin, directeur exécutif de l'American Suicide Foundation et professeur de psychiatrie au Medical College de New York, écrit :

Les pulsions suicidaires et violentes offrent un grand nombre de similarités, même lorsqu'elles ne sont pas présentes chez le même individu. L'impuissance et le désespoir sont communs aux deux pulsions. Il en est ainsi des difficultés à affronter frustration et perte, et à exprimer l'agressivité de façon efficace. Il est nécessaire de comprendre la violence pour comprendre le suicide, et nécessaire de comprendre le suicide pour comprendre la violence. Il est tout aussi important de découvrir les intentions suicidaires qui peuvent se dissimuler sous l'homicide que de voir les intentions meurtrières que peut cacher le suicide. Un individu peut avoir recours au suicide pour maîtriser des pulsions meurtrières qui menacent de le submerger d'une manière plus effrayante que l'idée même de se donner la mort. Les intentions suicidaires peuvent également déclencher et permettre un homicide qui, autrement, n'aurait pas eu lieu[58].

Ces idées découlent d'une enquête sur de jeunes hommes entreprise en Grande-Bretagne par les Samaritains, un groupe de soutien. Les Samaritains sont tous des volontaires[59]. Plus d'un jeune homme suicidaire sur trois déclarent qu'ils préfèrent «casser quelque chose» plutôt que de parler de leurs émotions ; beaucoup expliquent qu'ils piquent des crises ; 70 % disent qu'ils ont été victimes de violence de la part d'un adulte ; et 50 % avouent qu'ils ont eu des démêlés avec la police. Ces jeunes suicidaires sont très enclins à croire que leur père veut qu'ils se débrouillent seuls dans la vie. Ils ont recours aux drogues, à l'alcool et au tabac dans une mesure beaucoup plus large que des garçons non déprimés et non suicidaires. Parmi les déprimés et les suicidaires, un grand nombre disent avoir souffert de l'absence de leur père, ou de la présence d'un beau-père. Leur vie est tiraillée entre des émotions antagonistes.

[C'est une vie] dans laquelle un bouclier ou une carapace cache un tourment intérieur, jusqu'à ce que «les barrières s'effondrent et que tout se désagrège». Les attentes de la société, aussi bien des pairs que d'hommes plus âgés, ajoutent une pression encore plus forte à la pression existante. Une [des] idées dominantes [du garçon suicidaire] est que demander de l'aide vous place dans une position vulnérable ou de faiblesse[60].

Sean, un technicien de 21 ans, vient de faire une tentative de suicide. Il a ingéré une dose massive de paracétamol et s'est précipité, au volant de la voiture de son père, dans un lac. Un passant, qui a vu la voiture quitter la route, l'a sauvé puis emmené dans un hôpital, où on l'a promptement ramené à lui. Sean refuse de reconnaître qu'il est déprimé, mais admet que tout va très mal dans son travail ; cet échec lui paraît lamentable, et il compare sa situation avec celle de ses amis, qui semblent s'en tirer beaucoup mieux. Il ne voit pas pourquoi il devrait se battre pour aller de l'avant. Lorsqu'on lui demande pourquoi il n'a pas demandé de l'aide, il répond qu'il ne va tout de même pas déverser ses problèmes dans l'oreille de quelqu'un, et qu'un homme digne de ce nom doit s'en sortir tout seul, et que de toute façon il ne voit pas ce qu'on pourrait faire pour lui.

Sean a deux façons très claires de considérer le fait de demander de l'aide : cela ne sert à rien ; et un homme fort doit être capable de résoudre ses problèmes sans ennuyer les autres. Il ne s'est jamais confié de façon intime à quiconque dans le passé – ni à ses parents, ni à ses frères et sœurs, ni à ses amis. Le fait qu'il ait toujours voulu régler ses problèmes par lui-même est évidemment perçu par ses amis comme de la force de caractère. Lorsqu'il a tenté de se suicider, ils se sont du reste tous demandé : « Qui aurait pensé cela de Sean ? Il nous a toujours paru si fort. »

Le problème du suicide, c'est qu'il est à la fois un cri disant que la vie ne peut être mise sous contrôle, et la preuve ultime que ce contrôle existe. L'individu qui décide que la mort est préférable à la vie a parfois demandé aide et conseils avant de prendre cette décision fatale. Beaucoup d'hommes suicidaires, néanmoins, ne demandent pas d'aide, du moins ouvertement. C'est comme si ces hommes préféraient mourir que d'admettre qu'ils ont besoin d'assistance. C'est comme s'ils préféraient prendre cette décision ultime – celle de se détruire – plutôt que d'admettre qu'ils ont perdu le contrôle sur leur existence. L'impuissance et le désespoir sont communs chez les êtres qui tuent ou qui se tuent, affirme Herbert Hendin. Beaucoup d'hommes impuissants et désespérés trouvent extrêmement difficile d'admettre qu'ils ont de graves problèmes. Et lorsqu'ils arrivent à se convaincre qu'il est nécessaire d'appeler à l'aide, il leur est difficile de se dévoiler et de s'ouvrir afin de permettre à l'aidant de les assister.

Le soutien de la société

Les hommes ne sont pas seulement en peine d'exprimer leurs sentiments, de tendre les bras et d'appeler à l'aide, ils sont très isolés, psychologiquement et socialement. Ils bénéficient d'un soutien personnel beaucoup plus limité de la part de leurs proches que les femmes, et cette absence de réseau émotionnel, lorsqu'ils se décident enfin à demander de l'aide, a des conséquences importantes et mesurables sur leur santé. Il est surprenant de constater qu'il existe si peu d'études valables sur la relation existant entre les amitiés masculines (et leur absence) et la santé[61]. Dans leur remarquable étude sur l'Américain adulte, Daniel Levinson et ses collègues révèlent que ces amitiés se distinguent surtout par leur absence[62]. Ils vont plus loin lorsqu'ils affirment que «l'Américain entretient rarement une amitié intime avec un homme ou avec une femme». Je ne crois pas que cette définition s'applique uniquement à l'Américain. En général, les hommes ont des relations amicales et sociales avec d'autres hommes et avec des femmes, mais un grand nombre d'entre eux n'ont pas de véritable ami – comme ceux qu'ils ont eus durant l'enfance et l'adolescence et dont ils se souviennent avec affection. Beaucoup d'hommes ont des relations brèves et informelles avec des femmes, souvent pimentées d'un certain degré d'intimité charnelle, mais la plupart ne connaissent jamais de relation intime et non sexuelle avec une femme. Certaines observations prouvent que l'homosexuel a plus d'amis que l'hétérosexuel[63]. Cela peut s'expliquer par le fait que les gais ont un plus large éventail de contacts personnels, ou un besoin plus profond d'avoir «une famille élargie» constituée d'amis. L'homme et la femme hétérosexuels sont plus susceptibles d'avoir des relations familiales diverses. C'est peut-être ce qui explique leur nombre limité d'amis intimes.

Une des découvertes médicales les plus significatives et les plus substantielles – et une des plus négligées – est que la présence d'une famille et d'amis chaleureux et réconfortants tient en quelque sorte lieu de zone tampon par rapport à la maladie. Ce que le médecin américain Dean Ornish a appelé «le pouvoir guérisseur de l'intimité[64]» a une plus grande influence sur la santé que le fait d'arrêter de fumer, les mesures contre l'excès de poids, un régime nutritif et l'exercice – et le tout mis ensemble !

Le soutien social a trait à l'estime, à l'assistance, à l'affection et à l'engagement dispensés à un individu par un réseau de soutien, réseau généralement composé des membres de la famille, des amis et des collègues. Lorsque ce soutien social est inexistant, l'impact des facteurs biologiques sur la maladie et sur les éléments générateurs de stress, comme la pauvreté, le chômage, une habitation et un environnement misérables, s'intensifie. Les données scientifiques en la matière sont aussi convaincantes que celles reliant l'excès de tabac au cancer du poumon – mais elles sont singulièrement négligées dans les dispositions médicales et politiques. Ce n'est pas nouveau. Il y a plus de 40 ans, des chercheurs des services de santé de la Californie ont entamé une étude de 7 ans basée sur 7 000 personnes vivant dans le comté d'Alameda, près de San Francisco. Les chercheurs ont révélé que les individus qui ne bénéficiaient pas d'un bon soutien social et qui étaient isolés, ceux qui n'étaient pas membres d'un club ou d'une communauté, et ceux dont les contacts avec la famille et les amis étaient insuffisamment développés, difficiles ou inexistants étaient de deux à trois fois plus susceptibles de mourir prématurément[65]. Cette situation n'était pas reliée à des facteurs tels l'âge, le groupe ethnique, la consommation de tabac et d'alcool, la boulimie, le manque d'exercice physique ou une mauvaise santé. Le sexe des personnes étudiées n'était pas déterminant – les femmes privées de soutien social étaient tout aussi susceptibles de mourir prématurément que les hommes. Mais, bien entendu, les hommes bénéficiaient de systèmes de soutien social moins satisfaisants.

Dans une autre étude, rassemblant cette fois 13 000 personnes vivant en Carélie du Nord, en Finlande, il est indiqué que le risque de mourir prématurément, chez les hommes socialement isolés, est de deux à trois fois plus élevé que chez les hommes entourés de leur famille et de leurs amis. Une fois de plus, ces résultats ont été relevés alors que des facteurs de maladies cardiovasculaires étaient examinés, comme le taux de cholestérol, la tension artérielle et la consommation de tabac[66].

Les conclusions de l'étude réalisée dans le comté d'Alameda démontrent que les individus bien entourés, mais qui ont un mode de vie malsain, un excès de poids, une tension artérielle élevée, qui fument avec excès et ont un taux de cholestérol trop haut, vivent malgré tout plus longtemps que ceux qui ont un mode de vie sain mais ne bénéficient pas du soutien d'un réseau social. Ce sont les individus qui ont un mode de vie sain *et* qui bénéficient du soutien d'un riche réseau social qui ont la meilleure espérance de vie. Lors d'une autre enquête, 2 800 Hollandais et Hollandaises âgés de 55 à 85 ans ont été questionnés afin que l'on puisse déterminer leur degré de solitude et la perception que certains d'entre eux avaient du soutien émotionnel qu'ils estimaient recevoir, ou qu'ils ne recevaient pas[67]. Les personnes qui se disaient bien entourées d'un cercle d'amis chaleureux «pensaient deux fois moins souvent à la mort», comparées à celles qui se percevaient comme isolées sur le plan émotif. Les gens qui faisaient état des sentiments d'isolement les plus aigus étaient deux fois plus susceptibles de mourir prématurément que les gens qui se considéraient comme socialement et émotionnellement attachés à leur entourage.

Mais l'étude la plus passionnante en la matière est peut-être celle de Thomas Oxman et de ses collaborateurs, de l'école de médecine de l'université du Texas[68]. Oxman et ses collègues ont étudié la relation entre le soutien social, les croyances religieuses et la mortalité chez des hommes et des femmes qui avaient subi volontairement une opération à cœur ouvert. Deux questions importantes ont été posées à ces personnes. La première concernait la présence régulière dans des groupes sociaux organisés ; la seconde était centrée sur la force et le réconfort tirés d'une foi religieuse ou spirituelle. Ceux qui ne participaient pas régulièrement à des rencontres dans des groupes sociaux organisés étaient quatre fois plus susceptibles de mourir six mois après la chirurgie que ceux qui bénéficiaient d'un soutien social ou étaient engagés dans une activité communautaire. Ceux qui ne pouvaient tirer force et réconfort d'une religion quelconque étaient trois fois plus susceptibles de mourir six mois après la chirurgie que ceux dont la foi était profonde. Et pour ceux qui n'avaient ni réconfort social ni soutien religieux, le risque était sept fois plus élevé de décéder six mois après l'opération.

Il existe un grand nombre d'études sur le sujet, et les banques de données ne cessent de s'enrichir. Plusieurs analyses ont été résumées de façon très claire par Ornish, qui conclut :

> [Le] soutien social, la communauté, les convictions et les liens partagés sont tous rattachés à un thème commun. Lorsque nous nous sentons aimés, nourris, défendus ; lorsqu'on prend soin de nous et que l'on nous donne de l'affection, nous sommes plus heureux et en meilleure santé. Nous courons beaucoup moins de risques d'être malades et, si nous le sommes, nous avons de plus fortes chances de survivre[69].

Mais qu'en est-il des liens qui se tissent entre les hommes dans les bars, sur les terrains de jeu, dans les clubs et sur les lieux de travail ? Qu'en est-il de la camaraderie et de la chaleur partagée par de jeunes hommes, de ces « amitiés de gars » faites de beuveries, de bagarres, de bravades, de vantardises sexuelles et de méconduite sociale – ces comportements que chérissent un si grand nombre d'hommes et dans lesquels ils croient trouver soutien et réconfort ? Le problème, c'est que l'intimité vraie, le franchissement de barrières émotionnelles et l'expression de pensées et de sentiments profonds ne collent pas à de tels liens. Une des caractéristiques des « amitiés de gars » consiste à associer les sentiments intimes aux émotions essentiellement féminines et à les projeter sur les femmes avec toutes les connotations de faiblesse et de dépendance qu'elles peuvent avoir. Une grande partie de ce qui est considéré par les hommes comme l'amitié masculine serait mieux comprise si on la décrivait comme un processus d'initiation mutuelle, un rite de passage grâce auquel les jeunes garçons et les adolescents, individuellement ou en groupe, négocient graduellement leur passage vers l'âge viril. La transformation de petits garçons en

hommes comprend, dans le langage parfaitement adéquat de
Norman Mailer, autant de victoires que de petites batailles. Cette
perspective sous-entend que la virilité n'est pas un état qui est donné,
ni un état qui est acquis à la naissance, mais un état que l'on gagne
grâce aux victoires et aux exploits. La virilité est problématique. C'est
un seuil critique que les garçons doivent franchir à force d'efforts et
d'épreuves. Ces épreuves et ces efforts sont définis différemment dans
chaque société, mais, selon l'anthropologue américain David Gilmore,
on les trouve partout et à tous les niveaux du développement socio-
culturel, que ce soit «chez les peuples guerriers [ou] chez ceux qui
n'ont jamais tué sous l'empire de la colère[70]». Tous les hommes, qu'ils
soient jeunes, d'âge moyen ou vieux, sont piégés dans ces luttes dans
tous les domaines de leur vie – d'époux, de pourvoyeur, de père,
d'amant et de soldat –, et cela même lorsque leur relation, leur amitié
ou leur camaraderie est un fait de longue date. Quant aux hommes
qui ne passent pas l'épreuve avec succès, les mous, les faibles, on les
traite avec dérision et dédain afin de les inciter à se conformer aux
idéaux de l'homme qui a triomphé, de l'homme accompli. Gilmore
insiste sur la puissance de la notion de la virilité acquise grâce aux
épreuves. Il nous rappelle les exemples qui nous en sont donnés par
«l'école de la virilité» de la littérature américaine, qui comprend des
sommités comme Ernest Hemingway, Jack London, William Faulkner,
John Dos Passos et Robert Stone. Norman Mailer est le chef de file le
plus articulé de cette école. Dans ces *Armées de la Nuit*, on trouve cette
déclaration définitive sur la virilité, ce saint Graal que l'on conquiert
après de longues et terribles épreuves: «Personne ne naît homme; on
le devient si on est assez bon, assez audacieux pour le devenir[71].» Le
concept pur et dur de Mailer n'est pas l'apanage de la culture américaine, on le trouve sous une forme modifiée ou élargie dans d'autres
cultures[72].

Parmi les hommes que j'ai interrogés au cours des années –
dont le directeur de théâtre Jonathan Miller, le comédien
Stephen Fry, le psychiatre R. D. Laing, le violoniste Nigel
Kennedy, le romancier Anthony Burgess et l'alpiniste Chris
Bonington –, beaucoup m'ont spontanément décrit leur

enfance et leur adolescence comme une période éprouvante où leur force et leur capacité de nier leurs sentiments (de peur, de souffrance, de tristesse et de deuil) étaient considérées comme la marque de leur statut masculin. L'école publique anglaise, avec ses rituels de violence physique et d'intimidation infligés par des élèves plus âgés, était censée faciliter, chez les jeunes garçons, le développement de la confiance en soi et de la maîtrise des émotions qui font l'homme adulte. Les pères possédaient souvent une parfaite maîtrise de leurs sentiments ; ils étaient distants, ne communiquaient avec leurs enfants que d'une manière cérébrale et détachée. Ce système de valeur était encastré dans les classes moyennes et supérieures et y créait un concept de masculinité caractérisé par la confiance en soi, l'indépendance, le contrôle des émotions et une suspicion très forte à l'égard de tout ce qui est intime.

Un grand nombre d'hommes négligent les relations personnelles et sont mal à l'aise dans l'intimité. Et les exigences implacables et corrosives des lieux de travail détruisent passablement leurs capacités de soutenir et de cultiver un riche réseau social caractérisé par une proximité émotionnelle et un soutien mutuel. Ma propre expérience de père, d'époux et de médecin en témoigne, tout comme le témoignage de nombreux professionnels et hommes d'affaires luttant pour concilier les exigences de leur fonction et de leur vie privée. De tout temps, les travailleurs ont toujours trouvé difficile de rassembler le temps et l'énergie nécessaires pour se consacrer à leur famille et à leurs amis. Les femmes, elles aussi, doivent affronter la tyrannie des lieux de travail. On parle beaucoup, et à juste titre, des conflits de rôles vécus par les femmes tiraillées entre les exigences des domaines public et privé, mais on accorde un peu moins d'attention au dilemme masculin – en grande partie parce que les hommes n'expriment pas leurs frustrations, ou parce qu'ils ne ressentent pas vraiment le besoin de réformer leur mode de vie. Les hommes semblent satisfaits de consacrer de substantielles portions de leur existence à se disputer les positions les plus prestigieuses, et ils semblent oublieux du prix à payer au succès, en termes de santé et de bonheur.

Lorsqu'ils arrivent au sommet de leur carrière, beaucoup d'hommes sont, d'une façon ou d'une autre, insatisfaits : soit parce qu'on ne les trouve plus à la hauteur, soit parce qu'on critique leur travail, soit qu'ils sont en compétition avec de jeunes hommes qui briguent leur poste. Il arrive aussi qu'ils soient sous l'empire du stress, ou qu'ils s'ennuient, tout simplement, ou qu'ils soient congédiés. De plus en plus d'hommes d'âge moyen sont les victimes de ce que l'on appelle le « dégraissement », un euphémisme pour « congédiement ». En 1996, la fondation Joseph Rowntree a indiqué que 1 Britannique sur 4 âgé de plus de 55 ans et pratiquement la moitié des hommes de 60 ans et plus ne travaillent plus. Les licenciements, la mise à la retraite et la retraite anticipée coupent un grand nombre d'hommes de leur vie professionnelle.

Ce changement est dramatique. Il y a 30 ans, plus de 95 % des hommes âgés de 60 à 64 ans étaient encore économiquement actifs, et 1 homme sur 4 travaillait au-delà de ses 65 ans. Les chiffres existants ne permettent pas de faire la distinction entre ceux qui ont pris une retraite anticipée et ceux qui ont été mis à la retraite, car beaucoup d'hommes ne veulent tout simplement pas perdre la face en admettant qu'ils ont été congédiés ou mis au chômage pour des raisons économiques. Plutôt que de faire état de cette triste réalité, ils prétendent qu'ils ont pris une retraite anticipée. Les employeurs et le marché du travail pratiquent une forte discrimination en faveur des jeunes, et en faveur des femmes plutôt que des hommes.

Les problèmes psychologiques qui accablent les hommes soudainement privés de leur occupation professionnelle dans la cinquantaine sont immenses. Ces hommes font partie d'une génération pour laquelle l'identité masculine était rattachée au travail. Beaucoup d'hommes se sont donnés entièrement à leur compagnie et à leur occupation professionnelle. Jeunes, ils ont occupé des postes subalternes ; à la fin de leur carrière, quand ils ont pris leur retraite, leur statut professionnel leur a procuré les avantages de l'ancienneté. Un homme est ce qu'il fait. Lorsqu'un homme ne fait rien, ou lorsque ce qui le définit lui est tout à coup retiré, il n'est plus rien, à aucun point de vue. Il est mort. Je vois beaucoup de ces hommes dans mon cabinet de consultation. Ils ne se suicident pas, ils s'éteignent. Leurs épouses assistent, impuissantes, à ce déclin. Lorsque leur mari travaillait, ces femmes (qui ont maintenant la cinquantaine) ont développé un intérêt pour certains domaines ; elles ont cultivé des amitiés, se sont engagées dans des activités communautaires et de quartier, bref, se sont créé une identité forte à multiples facettes. Reste à voir si les nouvelles générations de femmes, rivalisant avec les hommes sur les lieux de travail et expérimentant d'abord et avant tout leur identité et leur valeur propre par le truchement de leur occupation professionnelle, souffriront elles aussi du même sentiment de perte d'estime de soi lorsqu'elles seront victimes de « dégraissement ». Quant aux épouses plus âgées qui ont eu une vie active sur le marché du travail, elles ont évité de s'identifier entièrement à leur occupation professionnelle, ont maintenu un cercle d'amis intimes et ont cultivé passe-temps et activités diverses.

> George, un PDG retraité de 60 ans, vient me voir peu après avoir quitté une société dans laquelle il a travaillé dès l'âge de 15 ans comme garçon de bureau. Il se plaint d'être déprimé, d'avoir des trous de mémoire et de ne plus avoir aucun intérêt dans l'existence. Il passe ses matinées au lit, voit de moins en moins ses amis de golf, et ne s'aventure dehors que le soir. Bref, il mène une vie de reclus. Lorsqu'il sort, c'est pour prendre un verre, seul, dans un bar du quartier. Sa femme, qui est restée à la maison quasiment toute sa vie d'épouse pour élever leurs quatre enfants, est maintenant très active dans plusieurs organismes de bénévolat. Elle joue au bridge deux soirs par semaine et visite des maisons présentant un intérêt architectural avec les membres d'une société dont elle est la trésorière. Pour cette femme, la décrépitude sociale et psychologique de son mari est à la fois un fardeau et un sujet de stress. Quelques séances suffisent pour démontrer que George est un homme amer et déprimé. Il attribue son manque de goût pour la vie au fait que, pendant les années passées dans sa compagnie, il n'a jamais cultivé aucun hobby en dehors de sa vie professionnelle. « Mon travail était tout pour moi, explique-t-il. J'aimais me rendre au bureau. Je détestais les vacances. Je n'ai jamais pensé à la

retraite, ni à ma vie en dehors du bureau.» En fait, George n'a jamais eu à planifier ses journées. Lorsqu'il arrivait au bureau, son agenda lui indiquait les activités et les événements qui l'attendaient.

Lorsque sa société a été reprise, il a perdu son travail, mais il a reçu en compensation une somme substantielle qui le met à l'abri de tout problème financier. George ne trouve que très peu de consolation dans cet apport d'argent. Il se sent trahi, abandonné par la compagnie à laquelle il a donné – il n'a pas tout à fait tort – toute sa vie. Il se sent également trahi par sa femme et ses enfants. Il s'attendait à les trouver à la maison alors qu'il avait besoin d'eux pour lui apporter soutien et consolation. Au lieu de cela, ils sont très occupés à vivre leur vie. «J'ai sacrifié ma vie pour eux, dit-il. J'espérais qu'ils feraient de même pour moi.»

George résiste à toutes les tentatives destinées à lui démontrer que son engagement total dans son travail pendant les premières années de son mariage, quand ses enfants grandissaient, a amené ces derniers à développer leurs propres intérêts dans la vie. Tout effort pour le convaincre d'utiliser ses talents dans un travail de bénévolat à temps partiel et de s'engager dans des activités conjointes avec sa femme et ses amis n'obtient qu'un succès mitigé. Ses difficultés à se sortir du lit le matin persistent. Comme il le dit: «Je n'ai jamais eu à planifier ma journée. Les choses se déroulaient toutes seules.»

Les hommes, les femmes et le travail

Si le professeur Hendin a raison lorsqu'il dit que le suicide, chez les hommes, n'indique pas seulement que ces derniers sont de plus en plus déprimés, mais qu'ils sont de plus en plus en colère, il y a lieu de se demander ce qui se passe en eux pour qu'ils éprouvent de tels sentiments. Tout comme l'agressivité, la déprime et la colère peuvent être provoquées, et certainement aggravées, par l'invasion d'un territoire. Ici, on parle du territoire des hommes envahi par les femmes lorsqu'elles travaillent hors du foyer.

Considérons l'ampleur des changements dans le monde industrialisé. En 1997, au Royaume-Uni, plus des trois quarts des femmes âgées de 25 à 40 ans étaient économiquement actives, alors que la moitié seulement l'était en 1971. Tandis que la proportion de femmes économiquement actives augmentait, la proportion d'hommes économiquement actifs diminuait. En 1971, 98 % des hommes âgés de 45 à 54 ans étaient économiquement actifs ; en 1997, ce pourcentage était tombé à 91 %. À première vue, cette baisse peut paraître modeste, mais la tendance est significative. On estime que, en 2011, 58 % de toutes les femmes seront économiquement actives, pour un taux de 70 % de tous les hommes[73]. (La raison de ces chiffres beaucoup plus bas est que la proportion entre les sexes, dans la classe d'âge de la retraite, aura augmenté de façon substantielle en 2011.)

Dans une des salles des machines de la société moderne, le monde de l'argent, le changement est saisissant. Alors qu'en 1972 1 % seulement des membres de l'Institute of Bankers du Royaume-Uni étaient des femmes, ce pourcentage a grimpé à 29 % en 1989. Aujourd'hui, 40 % du personnel dans les banques, les assurances et le monde de la finance est constitué de femmes. Certains diront que, en 1988, 3 % seulement des directeurs et des administrateurs étaient des femmes. Les signes de changement sont pourtant évidents : au cours de la même année, 57 % des diplômés entrant dans le monde des banques et de la finance étaient des femmes. Même s'il existe un niveau professionnel où les femmes ont tendance à plafonner – niveau qui les empêche d'occuper leur juste pourcentage des postes de direction –, le nombre de femmes admissibles à de telles promotions grossit implacablement chaque année.

Examinons un autre bastion masculin, la fonction publique. Les femmes constituent près de la moitié des employés à temps plein de la fonction publique non industrielle, alors que 5 % seulement de femmes occupaient, en 1988, les trois postes les plus élevés dans ce secteur (secrétaire général, ministre adjoint et sous-secrétaire d'État). Les hommes ont donc raison d'avoir peur. Les femmes sont en marche. En 1988, dans les banques, 35 % des stagiaires administratives désirant faire carrière étaient des femmes, alors qu'il n'y en avait que 28 % en 1986.

Qu'en est-il des deux grandes professions classiques, le barreau et la médecine? Il y a 30 ans, 30 % seulement des étudiants en médecine étaient des femmes. En 1988, le taux était de 47 %. En 1998, selon les chiffres récents établis par la Higher Education Statistics Agency, il était de 53 %[74]. En 1989, une femme a été nommée à la présidence du Royal College of Physicians – pour la première fois dans cette institution vieille de 471 ans. Un spécialiste sur sept, dans les hôpitaux, et un chef de service sur cinq en médecine générale sont des femmes. En Irlande, la situation est plus favorable aux femmes – 25 % des spécialistes sont des femmes et une femme sur trois hommes est généraliste.

En 1986, les aspirants au barreau, au Royaume-Uni, avaient moins de raisons de se faire du souci : 15 % seulement des diplômés, 7 % des associés et 4 % des juges de Haute Cour étaient des femmes (3 sur 75). Mais la tendance s'est inversée. Depuis 1991, le nombre de femmes qui entrent dans la profession surpasse celui des hommes. La situation des femmes est meilleure encore en Irlande – en 1996, un avocat sur trois était une femme. Au cours de la période allant de 1994 à 1998, plus de la moitié des juristes qui se sont inscrits à la Law Society d'Irlande étaient des femmes. L'ampleur de la percée féminine est, une fois de plus, saisissante : la proportion des juristes irlandaises a augmenté de près de 6 fois au cours des 30 dernières années – de 5 % en 1968 à 29 % en 1997-1998.

Des tendances similaires sont relevées dans le monde de la publicité. En 1960, la proportion des femmes employées dans ce domaine était de 38 %. En 1989, elle s'est haussée à 47 %. L'augmentation s'est faite dans les rangs des professionnels des agences. Par exemple, en 1960, plus des deux tiers des employées avaient des fonctions administratives. Elles étaient secrétaires ou employées de bureau. Mais en 1989, la moitié seulement des femmes occupait ces petits emplois, tandis que l'autre moitié était des professionnelles de la publicité. La raison majeure de cette sous-représentation des femmes au sommet de la profession, il y a 15 ou 20 ans, est sans doute due au fait qu'il y avait peu de femmes dans ce domaine lorsque la fournée des direc-

teurs est entrée dans ce métier. Il y a 20 ans, 19 % seulement des diplômés occupant des métiers professionnels étaient des femmes ; 5 ans
plus tard, le taux s'était élevé à 23 %. Il est aujourd'hui de 45 %.
Marilyn Baxter, directrice du *planning* à Saatchi and Saatchi et auteur
d'un rapport important sur la main-d'œuvre et le recrutement, affirme
que les présidents directeurs généraux des agences estiment que les
femmes constituent aujourd'hui la majeure partie des candidats dans
les interviews de sélection des diplômés :

> [Les] diplômées se présentent mieux ; elles semblent plus arti-
> culées, plus mûres et plus sûres d'elles que les diplômés, qui se
> montrent souvent gauches et donnent l'impression d'être inco-
> hérents. Les femmes se présentent mieux et se vendent mieux[75].

Cette percée ininterrompue des femmes dans le monde du travail
a été sous-évaluée en raison des difficultés que ces dernières ont eu à
se frayer un chemin vers les positions les plus hautes et les plus prestigieuses. Quels que soient les progrès faits par les femmes, les
hommes continuent à tenir les rênes du pouvoir et ne semblent pas
du tout désireux de les laisser échapper. Cet état de choses est particulièrement sensible dans le domaine de l'éducation où, déjà en 1987,
alors que les femmes occupaient la plus grande partie des postes
d'enseignement (60 %), 41 % seulement de femmes étaient directrices
d'établissements scolaires. À l'école secondaire, il y avait quatre directeurs pour une directrice. La disparité entre les sexes était encore plus
notoire à l'université où, en 1986, 17 % seulement du personnel universitaire, et 3 % des professeurs, étaient des femmes.

En 1999, Joyce O'Connor, présidente du National College
d'Irlande, a évalué l'importance de la pénétration des femmes sur le
marché du travail lors du développement phénoménal de l'économie
irlandaise, ainsi que les obstacles qui les attendaient. Dans son article,
qui constitue un résumé extrêmement précis de la situation actuelle[76],
Joyce O'Connor identifie trois changements importants dans le rôle
des Irlandaises dans la force de travail. En premier lieu, une augmentation massive du nombre de femmes travaillant à l'extérieur du foyer
– de 275 600 en 1971 à 488 000 en 1996. Au cours de la même période,

le nombre de travailleurs masculins n'a pas vraiment changé. En deuxième lieu, une augmentation dans le nombre de femmes mariées et de mères travaillant en dehors du foyer. En 1971, les femmes mariées ne constituaient que 14 % de la force de travail. En 1996, la moitié de la force de travail féminine était constituée d'épouses ; une personne sur cinq, dans cette force de travail, était une femme mariée. Enfin, en troisième lieu, le nombre de couples, en 1996, dont chaque membre travaillait en dehors du foyer était aussi élevé que celui des couples dont seul le mari travaillait. Il y avait non seulement plus d'Irlandaises dans les emplois rémunérés, mais un grand nombre d'entre elles faisaient partie des secteurs professionnels, techniques et directoriaux de leur compagnie, ou étaient établies à leur compte. L'écart entre le salaire moyen de l'homme et de la femme a continué à se combler. En 1971, le salaire moyen hebdomadaire des femmes était d'un peu plus de la moitié de celui des hommes ; en 1997, le taux horaire des femmes se montait à plus de 75 % de celui des hommes[77].

Mais le fossé entre le salaire de l'homme et de la femme, à travail égal, n'est pas encore comblé. Dans le journalisme, la radiodiffusion, les arts du spectacle, à l'université et dans toutes professions du monde des affaires et de l'industrie, on relève encore des exemples choquants de discrimination dans l'établissement des chèques de paie. Un exemple typique a trait aux séries populaires *Men Behaving Badly*. Les deux actrices principales, Caroline Quentin et Leslie Ash, ont découvert qu'elles recevaient 25 000 livres de moins par série que Martin Clunes et Neil Morrissey, pour des rôles de même importance. Sue MacGregor, une des trois présentatrices de *Today*, le nouveau programme de la radio de la BBC, a été sidérée d'apprendre que son salaire de 100 000 livres était inférieur de 20 000 livres à celui de ses deux collègues masculins, John Humphrys et James Naughtie[78]. Une enquête du journal *Independent*, en novembre 1999, a révélé que les professeurs, dans presque tous les collèges et universités du Royaume-Uni, avaient un salaire plus élevé que leurs collègues féminines – à l'exception du Glasgow College of Art et du King Alfred's College Winchester[79] ! Les établissements les plus délinquants étaient la London Business School, où la différence de salaire moyen en faveur des hommes était d'un peu moins de 20 000 livres par an, et la St. George's Hospital Medical

School, où le fossé entre les salaires masculin et féminin était de 16 000 livres. Le problème, en ce qui concernait la London Business School, était aggravé par le fait qu'au moment de l'enquête il n'y avait même pas une enseignante féminine dans l'établissement! Les écoles de médecine et les universités possédant leur propre école de médecine sont les établissements dans lesquels les écarts de salaire sont les plus élevés parce que, traditionnellement, ces endroits ont toujours été des bastions de la domination et des privilèges masculins, et que les femmes n'y forment que depuis peu la majorité des candidats enseignants. Il faudra un certain temps à ces dernières, dit-on, pour s'infiltrer dans des positions d'une réelle importance. Aux États-Unis, dans les sociétés américaines les plus importantes, les femmes occupent environ 40 % de tous les postes de direction. Ces emplois restent dominés par les hommes, et il semble qu'un grand nombre de sociétés préfèrent engager ou donner des promotions à des hommes. Une étude faite en 1990 sur les compagnies listées dans *Fortune 500* et *Service 500* a révélé que les femmes n'occupaient que 3 % des postes de chefs de service et moins de 6 % des postes de direction. À ce rythme, on estime qu'il faudra 30 ans pour que les femmes obtiennent la parité avec les hommes[80].

Les hommes ont donc peu de raisons de s'inquiéter! Quelle importance si un plus grand nombre de femmes entrent dans la force de travail en Irlande, au Royaume-Uni, en Europe et en Amérique du Nord? Pourquoi les hommes se feraient-ils du souci, eux qui se maintiennent avec une telle habileté dans les emplois qui comptent, et dans les postes de direction, qui sont les mieux payés? Diverses propositions ont été avancées pour expliquer les causes et les conséquences de ce « niveau professionnel où les femmes ont tendance à plafonner ». On dit que les femmes ont des plans de carrière différents et moins ambitieux que les hommes[81]; que les hommes occupant des postes de direction sont incapables de traiter avec des employées qui ne collent pas au rôle féminin traditionnel[82]; que le style de direction des femmes est différent[83]; et que les obligations familiales entravent la carrière des femmes[84].

En 1995, aux États-Unis, une enquête sur des femmes occupant des postes de direction a rapporté les déclarations de ces dernières sur les 18 facteurs qui jouent un rôle dans l'avancement dans la carrière, comme, entre autres, l'acceptation ou le refus de déménager lorsque le métier le demande ; le talent pour la communication, et la capacité de concilier obligations familiales et celles du métier[85]. L'étude confirme ce que beaucoup pensent, autrement dit que, malgré tout ce que l'on dit sur l'émergence d'un homme nouveau plus sensible décidé à partager les tâches familiales, les femmes d'affaires – de haut niveau ou pas – sont beaucoup plus soucieuses du bien-être des enfants et de l'intendance du foyer que les hommes d'affaires. Un des facteurs importants est la mobilité : les hommes acceptent beaucoup plus facilement le déracinement lorsque leur compagnie ou leur carrière l'exige, alors que les femmes, dans l'ensemble, préfèrent s'accrocher à leurs racines, à leur réseau social et à leur entourage. Les auteurs de l'étude résument ainsi le dilemme du « foyer contre la carrière » :

> Ce que les organismes peuvent faire à ce sujet n'est pas clair. Les garderies et les congés parentaux peuvent résoudre certains problèmes, mais ils constituent davantage un remède temporaire pour un symptôme que la solution au problème. Les garderies et les congés de maternité aident les femmes à résoudre leur problème de garde d'enfants, ce qui débouche sûrement sur un certain équilibre, mais ces mesures ne sont pas suffisantes pour concilier les exigences du foyer et de la carrière. Les organismes ne pensent pas assez sérieusement aux attentes de leurs cadres. Les femmes qui travaillent vont devoir affronter l'éternelle question : « Quelles sont les choses que nous sommes prêtes à faire, ou prêtes à abandonner pour arriver au sommet ? »

La question ne concerne pas que les femmes. Les hommes doivent également se demander quel prix ils sont prêts à payer. Et les hommes autant que les femmes doivent accorder une plus grande attention au fait qu'ils doivent se poser cette question en tenant aussi bien compte de leur travail à l'extérieur du foyer que de leurs tâches à l'intérieur. Les femmes, et quelques hommes, réclament avec une insistance croissante un environnement professionnel qui soit plus soucieux de la femme, ainsi que des pratiques et des politiques de travail attentives aux nécessités familiales et des services à l'enfance qui répondent adéquatement aux besoins des couples qui travaillent[86].

Mais cette problématique néglige un élément crucial implicite dans l'expression utilisée plus tôt dans ce chapitre, à savoir : « économiquement active ». Lorsque nous parlons de femmes qui « travaillent » et de femmes qui « ne travaillent pas », pourquoi utilisons-nous un langage si discriminatoire ? Presque toutes les femmes adultes travaillent, mais dans une très large proportion, énorme dans certains pays, elles ne sont pas payées pour le faire ! Selon le *Rapport mondial sur le développement humain 1999,* la famille d'aujourd'hui « est un petit État assisté[87] ». À un degré plus important que les hommes, les femmes consacrent leur temps et leur énergie à leurs enfants. Elles subviennent ainsi à une grande partie des coûts de la maisonnée et des soins aux enfants, alors que les autres membres de la famille, y compris les hommes, en partagent les bénéfices. Les tâches quotidiennes dans la maison rapportent moins que celles du métier. Ce que les parents font dans la maison n'est pas rémunéré. Le résultat, comme le rapport des Nations unies le démontre, c'est que, à travers le monde, les familles n'ont pas de pouvoir de « négociation ». L'une des conséquences de cette réalité est que les fonds publics destinés aux enfants sont modestes comparés aux sommes que leur consacrent les parents. Même les personnes âgées – un groupe qui ne bénéficie pourtant pas d'un soutien important – reçoivent beaucoup plus que les enfants pour la simple raison qu'elles ont le droit de vote et que cela leur donne un poids qui est pris en compte. Les parents qui prodiguent de l'amour à la future génération de citoyens et leur consacrent du temps et de l'énergie ne sont pas payés pour le faire. Leurs efforts, constamment sollicités, sont portés aux nues et louangés, mais ils ne sont pas « économiquement » récompensés.

Les parents, ce sont bien sûr les hommes aussi bien que les femmes. Mais dans le monde industrialisé, le tableau reste le même : les hommes passent plus de temps au service de leur emploi salarié que les femmes, et ces dernières, y compris celles qui travaillent hors du foyer, passent plus de temps à faire des travaux non rémunérés. En Autriche, les hommes consacrent en moyenne 70 % de leur temps à un travail rémunéré, et 30 % à des tâches domestiques. En Italie et en

Espagne, les femmes consacrent sept fois plus de temps à des travaux non payés que les hommes. Aux Pays-Bas, les femmes donnent deux fois plus de temps aux tâches domestiques que les hommes.

La situation dans les pays en voie de développement est plus grave encore. Au Bangladesh, par exemple, pays où l'on a vu s'élargir plus que partout ailleurs la participation des femmes à la force de travail – de 5 % en 1965 à 42 % en 1995 –, les femmes travaillent encore un grand nombre d'heures sans être payées. Une enquête sur des hommes et des femmes travaillant dans des secteurs manufacturiers urbains révèle que les femmes consacrent en moyenne 31 heures par semaine à des tâches non payées – préparation des repas, soins aux enfants, collecte de combustible, de nourriture et d'eau. Les hommes, eux, ne consacrent que 14 heures par semaine à des travaux non payés, incluant des travaux de réparation dans la maison. Certains hommes trouvent parfois une consolation dans le fait que les femmes ont encore du chemin à faire pour arriver à leur niveau. Les femmes, quant à elles, se montrent très critiques à l'égard des médias qui, selon elles, glorifient beaucoup trop certaines femmes ambitieuses et « la poignée de directrices de compagnie et de PDG, prétendant encore et encore qu'elles sont la preuve vivante des avantages acquis par les femmes[88] ». Il faut dire qu'une bonne moitié des femmes qui travaillent, partout dans le monde et en particulier dans les pays en voie de développement, sont encore écrasées sous le poids des tâches ménagères et communautaires et ne reçoivent quasiment rien pour les faire. On estime qu'en plus des 23 trillions de la production enregistrés en 1993 le travail communautaire et domestique a apporté 16 trillions supplémentaires, dont 11 trillions fournis par les femmes[89]. Dans la plupart des pays, les femmes travaillent plus que les hommes ; au Japon, à raison de 7 % en plus ; en Autriche, de 11 % ; et en Italie, de 28 %. Dans les pays en voie de développement, les femmes portent sur les épaules une partie encore plus importante de la charge de travail – dans les régions rurales, 20 % de plus ; dans le Kenya rural, 35 % de plus. En raison de ces chiffres, l'estimation des signataires du rapport des Nations unies de 1993, qui indiquent qu'il faudra un millénaire pour arriver à une égalité économique entre les sexes, semble tout à fait logique. Les hommes, selon moi, sont de plus en plus inquiets de voir les femmes investir leur univers. La raison, très simple, a souvent été débattue : le pouvoir de l'homme se dilue et sa suprématie est menacée. Il existe également une autre raison, moins évidente et dont on parle beaucoup moins : les hommes ont peur, car ils ont cru, jusqu'à présent, que leurs relations intimes et leur « réseautage » dérivaient de leur travail.

Les gens retirent bien sûr beaucoup d'avantages de leur travail, mais, en majeure partie, le contrat qu'ils ont avec leur employeur, leurs collègues et leur entourage professionnel ne sous-entend aucune relation intime ni investissement émotionnel, aucune affection ni attention mutuelle. Cela n'a jamais été aussi évident qu'au cours des années 1980 et 1990, période où régnait un capitalisme dynamique, entreprenant, compétitif et sans pitié. Mais un grand nombre d'hommes ne sont pas conscients du fait que ce n'est pas le travail qui apporte la plénitude. Et ils continuent à être terrifiés à l'idée de vivre une existence dans laquelle ils joueraient un moins grand rôle.

Or les temps changent. Lors d'une exploration audacieuse des exigences et des priorités du travail, Arlie Hochschild a rassemblé des témoignages démontrant qu'aux États-Unis un nombre croissant de travailleuses et leurs conjoints ne réclament pas un plus grand nombre d'heures de travail et des dispositions plus avantageuses qui leur permettraient de travailler davantage, mais plus de temps disponible pour la maison[90].

En 1998, Aisling Sykes, 39 ans, perd son poste de vice-présidente de la banque J. P. Morgan de Londres. Elle a demandé aux responsables de la banque de lui accorder un horaire plus flexible afin de pouvoir passer plus de temps auprès de ses enfants âgés de quatre et cinq ans, et de son bébé de huit mois. La banque a refusé et l'a congédiée. Elle a intenté un procès pour licenciement abusif. Elle affirme que son patron a assimilé le fait qu'elle ait des enfants à un choix de vie – tout comme on décide de jouer aux échecs. Pour elle, le refus de la banque d'accéder à sa requête constitue une discrimination sexuelle indirecte. Le tribunal a rejeté sa plainte. Le juge a décidé que la banque avait le droit d'exiger certaines modalités de travail auprès d'employés aussi bien payés et occupant une position aussi prestigieuse que Mme Sykes. Cette dernière a exprimé son désaccord et fait remarquer que ce jugement équivaut à dire qu'il est permis de pratiquer une discrimination contre les femmes «aussi longtemps qu'on les paie suffisamment[91]». Autrement dit, le fait qu'elle puisse se permettre de payer une gardienne autorise la banque à décider qu'elle n'a pas d'autres devoirs envers ses enfants.

Lorsqu'elle était vice-présidente, Aisling Sykes était au bureau de 9 h à 18 h 15, et ensuite à la maison à partir de 19 h 30. Elle travaillait souvent jusqu'à minuit et devait s'organiser pour recevoir, pendant la nuit, des coups de fil de Tokyo. Aisling Sykes était prête à continuer à le faire – «j'ai le téléphone sur un bras, le bébé sur l'autre» –, mais la banque, selon elle, pensait que le fait de ne pas travailler à son bureau le matin voulait tout simplement dire qu'elle ne travaillait pas. Mme Sykes reconnaît que le fait d'avoir des enfants a changé son style de travail. «Une banque est un lieu très stressant, très compétitif. Avant d'avoir des enfants, j'étais un des gars de la bande. Après, je n'ai plus eu le temps d'aller déjeuner ou de prendre un verre avec les autres. Je me suis donc retrouvée en désaccord avec la politique du bureau. Et quand j'exprimais mon désir de m'acquitter de mon travail autrement, on m'accusait de faire des histoires.» Après avoir tenté de concilier la maternité et son emploi au sommet de la hiérarchie, Aisling Sykes a fini par s'avouer battue et par admettre qu'une femme doit choisir entre ne pas avoir d'enfants et ne pas avoir de profession. Et, si elle en a une, à donner la priorité à son travail, même si cela veut dire deux ou trois nurses pour s'occuper de sa progéniture.

Le récit des efforts d'Aisling Sykes pour concilier son poste au sommet de l'échelle et ses obligations envers ses jeunes enfants illustre de façon frappante la difficulté – certains diront l'impossibilité – de faire les deux. Si une femme est prête à ne voir ses enfants que pendant les fins de semaine – comme c'est le cas pour beaucoup d'hommes –, alors elle peut avoir une occupation professionnelle. Mais est-ce une situation normale ? Et les hommes, de leur côté, doivent-ils accepter le fait, alors que les heures de travail augmentent implacablement, de ne voir leur progéniture que le week-end ? À quel niveau impitoyable vont s'élever les exigences du travail ? L'arrivée des femmes au sommet de la hiérarchie ne fait qu'illustrer plus clairement encore à quel point le monde moderne du travail est devenu l'ennemi de la famille.

Le problème est devenu plus sensible encore à la naissance du bébé de Tony et de Cherie Blair. Le premier ministre ayant pris comme cheval de bataille l'importance de la paternité dans la vie familiale, il s'est trouvé dans l'obligation de justifier la raison pour laquelle il ne prenait pas de congé à la naissance de son fils. Pour ajouter à l'embarras du premier ministre, Cherie Blair, au cours des mois qui ont précédé son accouchement, s'était faite la championne de ce même congé de paternité, rappelant que le premier ministre de Finlande l'avait pris à deux reprises, et s'était opposé à la politique gouvernementale de son pays en exigeant que ce congé soit payé.

En dépit de la forte tendance des médias à banaliser le problème en ne faisant allusion qu'aux changements de couches et à la panade de bébé, l'équilibre entre les obligations du travail et de la famille continue à préoccuper le public. Le congé payé de paternité, la prolongation du congé de maternité, le droit pour tous les parents d'avoir un horaire de travail flexible, la protection des loisirs et de l'espace personnels sont des problèmes que les autres pays, notamment la Suède, la Norvège et le Danemark, ont pris en charge et auxquels ils ont donné des réponses positives – et la base de leur économie ne s'est pas effondrée. C'est la manière avec laquelle le Royaume-Uni réconciliera les exigences contradictoires du foyer et du travail dans le monde du bébé de Tony et de Cherie qui nous dira si le gouvernement Blair est sérieux dans sa volonté de protéger et d'améliorer la vie familiale.

« Passer du temps ensemble » est une condition primordiale pour construire une relation intime et personnelle. Malgré cela, toutes les tendances qui se nichent au cœur du capitalisme moderne vont dans la direction opposée. Ceux qui travaillent ont de moins en moins de temps à consacrer à quoi que ce soit. Tout est réservé au bureau ou à l'atelier. Pour les hommes qui ont toujours régné sur les lieux de travail et qui y ont trouvé leur identité, le lien est plus solide que jamais, mais ils ne peuvent plus ignorer le prix à payer pour maintenir leur suprématie, que ce soit sur le plan physique, mental ou individuel. L'arrivée d'un nombre de plus en plus important de femmes sur le marché du travail pourrait intensifier l'anxiété, la dépression, la colère et la rancune de beaucoup d'hommes – et c'est en fait ce qui se passe. Mais il existe une autre possibilité : que les hommes se joignent aux femmes afin de réaffirmer et de revitaliser un système de valeurs dans lequel l'univers individuel, intime et social prendra le pas sur la poursuite du pouvoir et le besoin d'accumuler des biens.

Les hommes seraient plus désireux de le faire s'ils réalisaient que ce sont les satisfactions découlant de leur union et de leur vie familiale qui contribuent pour la plus grande part à leur bonheur – et cela dans une bien plus large mesure que leur emploi ou leurs revenus. Dans deux larges études sur la qualité de la vie aux États-Unis, il est démontré que la qualité des relations personnelles – les sentiments éprouvés envers les enfants, le conjoint et le mariage – apporte une plus large contribution à la joie de vivre que ce que l'on a appelé «l'indice argent» (sentiments à propos du revenu familial, du niveau de vie, des économies et des investissements[92]). Commentant ces constatations, Robert E. Lane, spécialiste en sciences politiques de l'université Yale, fait observer que la source principale de la joie de vivre ne passe pas par le marché des valeurs financières. Il affirme que les sources majeures du bien-être dans les sociétés industrialisées sont les relations d'amitié et une bonne vie familiale. Selon lui, lorsqu'une personne vit au-dessus du seuil de la pauvreté, un nouveau revenu ne contribue presque pas à la rendre plus heureuse. Lane souhaite un changement culturel, une transformation, grâce à laquelle les gouvernements et les stratèges politiques mettront moins l'accent sur la poursuite des objectifs du marché – productivité, consommation, développement monétaire – que sur la formulation d'une autre stratégie familiale.

[Une stratégie permettant] de créer des cadres de vie, des écha-
faudages destinés à soutenir les micromondes du vécu de manière à protéger ces petits univers dans lesquels les gens pourront,
même en se trompant parfois, s'épanouir sans traumatismes,
rechercher et trouver des moyens de s'éduquer, se marier après
mûre réflexion, jouir de leur vocation, choisir et apprécier leurs
amis, obtenir le respect de leur entourage, aimer la vie dans leur
communauté (communautés que le gouvernement pourrait
former et protéger) et poursuivre leurs rêves en paix[93].

Les hommes ont un rôle à jouer dans une telle métamorphose.
Mais le veulent-ils vraiment ? Il est pourtant urgent d'établir une harmonie et un équilibre entre le travail et la vie personnelle. Il y a, au
cœur même de l'existence humaine, un besoin de construire des relations familiales et individuelles, besoin qui rend beaucoup moins
pertinente la contribution de l'homme à la famille par le travail accompli « à la sueur de son front ». Selon quelques visionnaires, si l'homme
ne se lance pas dans une réévaluation et une reconstruction sérieuses,
il deviendra tout simplement inutile en tant qu'être social. La femme
peut déjà se passer de lui sur le lieu de travail. Mais ce qui est plus
inquiétant, c'est qu'elle pourrait peut-être, un jour, se passer de lui
dans la chambre à coucher.

Chapitre 5

L'ÈRE DE L'AMAZONE

« Nous sommes peut-être à l'aube de l'ère de l'amazone », écrit Steve Farrar, correspondant scientifique du *Sunday Times,* dans un article sur le développement d'une technique génétique qui pourrait permettre à deux femmes d'avoir un enfant sans l'intervention d'un homme[1].

Des chercheurs scientifiques américains sont sur le point de créer une souris en bonne santé dont tous les chromosomes proviennent de la lignée féminine. Le but de l'équipe de recherches dirigée par Rudolf Jaenisch, du Massachusetts Institute of Technology, est de produire un mammifère à partir d'un ovule non fécondé (ce qui se produit de façon naturelle chez les amphibiens et les reptiles, mais pas chez les mammifères). Mais un problème se pose, dû au fonctionnement tout à fait particulier de l'ADN des mammifères – où des gènes vitaux hérités d'un parent sont chimiquement bâillonnés alors que ceux du sexe opposé fonctionnent normalement. Les tentatives qui ont été faites afin de résoudre ce problème se sont soldées par un échec. Le fœtus n'était pas viable. À l'heure actuelle, l'équipe du Massachusetts croit qu'il sera bientôt possible de retirer tous les bâillons chimiques, et cela sans aucun effet indésirable. L'ADN d'un ovule traité pourra alors être transféré dans le noyau d'un autre ovule, selon la méthode de transfert utilisée dans le clonage pour créer un embryon viable prêt à être transplanté. Tout comme l'affirme le docteur Jaenisch, il est tout aussi facile – ou difficile – de prendre le jeu de chromosomes de deux souris femelles différentes que de prendre celui d'une seule souris. Le *Sunday Times* rapporte ces mots du chercheur : « Si la parthénogenèse est possible, il est tout aussi possible de procéder avec deux ovules – il n'y a pas une grande différence entre les deux méthodes. » Tout cela aurait pourtant des conséquences qui doivent être prises en compte. En matière de reproduction de l'espèce humaine, ce que la technologie médicale – technologie pratiquée par des hommes – est en train de créer, c'est une méthode qui va permettre de se passer d'eux. Le Y deviendra alors inutile.

La voie vers l'inutilité

Certains font remonter la révolution sexuelle au jour où un contraceptif efficace, la « pilule », est mis sur le marché. Jusqu'alors les êtres humains, en particulier les femmes, n'ont qu'un contrôle partiel sur la décision la plus cruciale que l'on puisse prendre, celle de créer la vie. Le *planning* familial est déjà au cœur d'un vaste débat public, surtout aux États-Unis, où la condamnation de l'*establishment* médical est presque unanime[2]. Les institutions masculines – la loi, la médecine, la politique, les Églises – ont accepté avec une énorme réticence le simple concept du contrôle des naissances. Au tout début, les méthodes étaient basées sur le contrôle de l'appareil reproducteur de la femme. Elles sont encore utilisées aujourd'hui (malgré les préservatifs et la vasectomie). L'avortement est une intervention fréquemment utilisée pour réduire le nombre d'enfants. En 1898, le service d'hygiène du Michigan indique qu'un tiers de toutes les grossesses de l'État sont interrompues par un avortement[3]. Au cours des années 1880, les médecins britanniques ont souvent mis leurs concitoyennes en garde contre les pratiques des Américaines. Aux États-Unis, les discussions sur le contrôle des naissances insistent sur le rôle et les motivations de la classe moyenne : le souhait le plus important de la population est de limiter le nombre de naissances de manière à procurer une bonne qualité de vie et une bonne éducation aux enfants dans une société de plus en plus urbaine, industrielle et bureaucratique. Au Royaume-Uni, beaucoup sont inquiets : l'entrée des femmes dans la vie publique, qui va peut-être faire chuter le taux des naissances, pourrait compromettre l'importance du statut international du pays[4] ! Au XXᵉ siècle, l'idée selon laquelle les Britanniques doivent se reproduire afin que le pays conserve une réserve de bons soldats désireux de défendre l'Empire continue à dominer.

Cette préoccupation est compréhensible. À la fin du XIXᵉ siècle, avec l'établissement de l'industrialisation et de l'urbanisation dans le pays, les citoyens ont commencé à obtenir des résultats très positifs dans leurs efforts pour mettre un frein à leur fécondité. Brian Harrison a démontré que le contrôle des naissances faisait partie intégrante de l'émancipation des femmes, car elle permet à ces dernières de participer davantage à la vie publique et les libère de l'anxiété qui a toujours été la compagne de leur vie sexuelle[5]. Jusqu'alors les femmes ont été les otages de leur système reproducteur. Grâce aux nouvelles percées médicales, elles en ont le contrôle. Entre 1921 et 1931, les gens se marient plus tard ; ils vivent plus longtemps et ont moins d'enfants[6]. Or les méthodes de contraception disponibles – diaphragme, stérilet (dispositif anticonceptionnel intra-utérin), gelées, crèmes et mousses spermicides, ligature des trompes – sont peu attrayantes d'un point de vue esthétique, peu fiables, et parfois trop radicales. La contraception orale, expérimentée déjà au début des années 1950 par Gregory Pincus, est accueillie comme une percée cruciale dans la libération des femmes, et cela en dépit du fait que des doutes planent – et planent encore – sur ses effets secondaires à long terme[7]. La pilule permet aux femmes qui veulent faire carrière ou protéger leur occupation professionnelle de retarder ou de prévenir ces grossesses qui mettent un frein à leurs activités. En ce sens, la pilule contribue au déclin du patriarcat.

En général, les hommes, en particulier les jeunes, font preuve – et cela continue – d'une certaine indifférence devant la nécessité d'exercer un contrôle sur les naissances. La majorité d'entre eux détestent les deux méthodes principales – vasectomie et utilisation du préservatif. Le taux de vasectomies est bas, en particulier chez les jeunes hommes, et l'utilisation du préservatif est loin d'être la règle. Une enquête américaine récente sur des étudiants de collège sexuellement actifs a révélé que 10 % seulement utilisent des préservatifs de façon permanente[8]. Des deux côtés de l'Atlantique, les jeunes hommes sont régulièrement oubliés lors de discussions sur les moyens les plus efficaces de s'attaquer au pourcentage élevé de grossesses chez les adolescentes. Et les données sur les programmes américains de surveillance des maladies sexuellement transmissibles dénoncent une augmentation de pratiques sexuelles à risques chez les homosexuels[9].

L'indifférence masculine, dès qu'il est question du contrôle de leur appareil reproducteur, a pour conséquence les grossesses non désirées qui, chaque année, accablent des milliers de femmes. Ces grossesses sont soit assumées, soit interrompues par un avortement. Contrairement aux idées reçues, la plupart des femmes qui se font avorter sont des femmes mariées ou ayant une relation stable, qui ont déjà des enfants[10]. Elles ont recours à l'avortement pour espacer leurs grossesses ou pour réduire le nombre d'enfants dans leur foyer. Un grand nombre de femmes sont obligées d'y avoir recours parce qu'elles n'ont pas accès à des moyens de contraception modernes, ou parce que les méthodes qu'elles ont utilisées n'ont pas été efficaces. Les femmes des pays en voie de développement, qui ne disposent pas de moyens contraceptifs, prennent souvent de grands risques pour leur santé et leur sécurité lorsqu'elles se soumettent à certaines pratiques en matière d'avortement[11]. La situation est pire encore pour les femmes non mariées, en particulier les adolescentes, qui ont rarement accès aux informations et aux conseils offerts par les organismes de *planning* familial et sont fréquemment exclues des services offrant des contraceptifs. Même dans les pays industrialisés, les femmes paient le prix fort de la reproduction non contrôlée. Une étude faite aux États-Unis sur 10 000 femmes ayant subi un avortement a révélé que plus de la moitié de ces femmes avaient utilisé un contraceptif au cours du mois où elles sont tombées enceintes ; la proportion des grossesses attribuées à un préservatif défectueux était de 32 %[12]. Dans toutes les parties du monde, surtout dans les régions urbaines, ce sont les adolescentes célibataires qui, dans une proportion croissante, ont recours à l'avortement. Dans certaines communautés urbaines, ces adolescentes représentent la majorité des femmes qui veulent avorter. S'il y a une pléthore d'études sur les effets de l'avortement sur la santé physique et psycho-logique des femmes, il y a une pénurie incroyable de recherches sur le rôle des hommes dans les grossesses non désirées et les avortements, et absolument rien sur leurs réactions devant ces deux situations[13]. Les hommes qui, par le truchement d'institutions masculines comme la loi, la médecine et l'Église, ont toujours manipulé, réglementé et contrôlé l'accès des femmes à la contraception et à l'interruption de grossesse jouent un rôle dérisoire dans la prévention des grossesses non désirées et dans le contrôle personnel de leur fécondité. Aujour-d'hui, alors que les méthodes de contrôle des grossesses deviennent de plus en plus techniques et efficaces, les femmes se préparent à se passer tout simplement de l'intervention masculine.

La fécondation *in vitro*

Que la pilule ait permis aux femmes d'éviter des grossesses indésira-bles est d'une importance capitale. Mais le fait que cette pilule les aide également à concentrer leur attention sur une question tout aussi cru-ciale, à savoir si elles veulent concevoir, et quand, est sans aucun doute d'une importance encore plus grande à long terme. D'autres méthodes destinées à provoquer la grossesse ont elles aussi renforcé le contrôle des femmes sur leur appareil reproducteur. Tandis que des chercheurs s'emploient à étudier avec minutie le système hormonal féminin afin de réaliser la synthèse d'une hormone destinée à empêcher les ovules de sortir de l'utérus, d'autres scientifiques travaillent avec tout autant d'énergie dans le but de trouver des moyens de stimuler, de « secouer », en quelque sorte, les ovaires paresseux de femmes infécondes afin qu'ils en produisent. En 1978, Patrick Steptoe, un gynécologue, et R. G. Edwards, un embryologiste, mettent au point un processus qui va prendre le nom de fécondation *in vitro* (FIV). Une authentique révo-lution est en marche. Ce procédé permet aux femmes frappées d'infer-tilité de concevoir. Une certaine quantité d'ovocytes (ovules) arrivés à maturité et aussi résistants que possible sont prélevés dans un ovaire avec une aiguille guidée par ultrasons. Avant le retrait des ovocytes, la femme est soumise à environ deux semaines de préparation intensive, soit une thérapie hormonale au cours de laquelle elle absorbe des « drogues de fertilité » – hormones qui stimulent l'activité ovarienne de telle sorte que les ovules se développent parfaitement. Une anesthésie locale est alors pratiquée, les ovules matures et résistants sont « visualisés » par ultrasons, et une aiguille est guidée vers un ovaire. Plusieurs ovocytes sont alors prélevés. Du sperme est placé sur les ovules lorsque ces derniers sont prêts à être fécondés. Les ovules fécondés se transforment en préembryons qui, au moment opportun, sont transplantés dans la cavité utérine à l'aide d'un cathéter spécial (pistolet d'insémination). Si tout se passe bien, la grossesse commence.

La fécondation *in vitro* est une bénédiction pour les femmes qui ont un problème d'infertilité, même si le processus, très lourd d'un point de vue physique, ne donne pas toujours le résultat escompté, ou débouche sur une grossesse multiple. Mais ce que la FIV représente, au-delà d'un traitement efficace de l'infertilité, c'est l'élimination technologique de l'homme de presque tout le processus. La participation biologique de la femme dans la procréation reste primordiale – seuls diffèrent les premiers jours du processus. La période qui suit reste la même – neuf mois de grossesse, contractions, accouchement. Le rôle de l'homme, qui n'a jamais été extraordinaire, est considérablement réduit. Sa présence physique n'est plus requise.

L'insémination par donneur

Avec la pilule, les femmes prennent le contrôle de leur appareil reproducteur ; la FIV leur donne la possibilité de concevoir sans la participation physique d'un homme (on ne peut pas dire que la masturbation destinée à produire le sperme offre le même degré de participation personnelle et d'intimité que le rapport hétérosexuel !) ; l'insémination par donneur (ID), elle, démontre que la paternité n'entre plus en ligne de compte.

L'insémination artificielle (introduction de sperme dans le col utérin de la femme par un autre conducteur que le pénis) a une longue histoire, bien plus longue que la majorité du public ne l'imagine. La première expérience a été tentée, et réussie, en 1884[14]. Au cours des années 1960, on estime que de 5 000 à 7 000 bébés inséminés artificiellement sont nés chaque année[15]. À la fin des années 1980, aux États-Unis, 15 000 naissances par ID étaient répertoriées chaque année, pour un total de 2 000 à 2 500 au Royaume-Uni[16].

L'ID est accueillie comme une bénédiction par les couples qui désirent un enfant mais ne peuvent procréer en raison de la stérilité de l'homme, due à une azoospermie (absence de spermatozoïdes) ou à une oligospermie (faible concentration de spermatozoïdes). Elle offre aussi à certains couples la possibilité de concevoir lorsqu'une incompatibilité de rhésus signifie que tout embryon conçu selon la méthode orthodoxe sera détruit par l'incompatibilité entre le groupe sanguin de la mère et celui du père. Dans des cas relativement rares de maladies héréditaires, comme la maladie de Huntingdon (où l'homme est porteur d'un gène qui provoque une démence précoce, des tremblements incontrôlables et une mort prématurée), l'ID peut permettre à la femme de concevoir un bébé qui ne sera pas affecté par le chromosome Y de son partenaire. Mais la véritable force d'impulsion de l'insémination par donneur, comme dans la médecine biologique, est la satisfaction ressentie lorsqu'on a le pouvoir de pallier une anomalie. Les années 1960 et 1970 voient la technologie de l'insémination par donneur se perfectionner et devenir à la fois simple et efficace.

L'insémination artificielle par conjoint a soulevé certaines critiques, mais on a fini par admettre que, dans la mesure où les deux partenaires restent les parents de l'enfant après la conception et l'accouchement, cette pratique ne posait pas de problèmes. Comme pour l'ID, les nombreuses demandes d'information concernant cette pratique vont déboucher sur l'établissement d'une commission d'enquête par la British Medical Association, dirigée par Sir John Peel, un obstétricien. Étant donné le nombre limité de couples pour lesquels l'insémination par donneur est appropriée, ce dernier estime que la Sécurité sociale britannique doit la fournir dans des centres spécialement conçus à cet effet[17]. En 1982, le Royal College of Obstetricians and Gynaecologists enregistre, au Royaume-Uni, plus de 1 000 grossesses obtenues par ID, et au moins 780 naissances.

Le processus d'ensemble est d'une simplicité trompeuse. Le donneur compatible est informé des modalités du processus, ainsi que des règles en vigueur. Le donneur (chaque année, en Angleterre, environ 3 000 hommes donnent du sperme) est anonyme. Il peut imposer des restrictions concernant la personne qui reçoit ses spermatozoïdes (par exemple, réserver ce don aux couples mariés). Selon les recommandations du comité Warnock, instauré pour examiner les implications sociales, éthiques et légales de la reproduction assistée et de l'insémination artificielle, « un donneur ne peut engendrer que dix enfants au maximum[18] ». (De façon tout à fait révélatrice, le comité Warnock utilise le mot « engendrer » pour décrire le don de sperme.)

Le sperme est déposé au niveau de l'orifice interne du col de l'utérus, directement dans la glaire cervicale, ou dans la cavité utérine, au moment où la femme va entrer en période d'ovulation. Le taux global de succès, dans les centres les plus fréquentés, est de plus de 75 %. Les 95 % de femmes chez qui l'insémination est couronnée de succès tombent enceintes dans les six premiers mois qui suivent le début de la procédure. Le sperme frais était utilisé dans les années 1970, mais, étant donné la nécessité de le soumettre à de nombreux tests en raison du danger de transmission de maladies, comme le sida, l'utilisation de sperme sous forme de paillettes congelées est devenue plus courante.

Le comité Warnock recommande que l'ID soit faite dans des centres pourvus de conseillers psychologiques expérimentés, et cela en raison de la « décision émotionnelle complexe devant laquelle les couples sont placés lorsqu'ils choisissent l'insémination par donneur ». Jusque-là, on a toujours considéré l'enfant comme un être dont l'existence est entièrement due au désir de ses parents. Ce qui est en train de changer – et qui a déjà changé dans une large mesure – est le fait que l'on accepte désormais que l'enfant soit un être dont l'existence peut être due au désir d'une seule personne, et qu'il peut être conçu à l'aide de moyens purement techniques et d'une nature hautement spécialisée et impersonnelle – et, dans le cas de l'insémination par donneur, secrète. La plupart des discussions sur la parenté, lorsqu'elles se focalisent sur le sexe, concernent surtout les femmes. Le débat bioéthique entourant la décision de procréer et les méthodes artificielles de reproduction a pour sujet principal le choix et le rôle des femmes dans l'insémination par donneur, la fécondation *in vitro*, et le recours à une mère porteuse. Le rôle de l'homme est souvent flou, périphérique et, dans le cas de l'insémination par donneur, anonyme. Les méthodes artificielles de reproduction reposent surtout sur le don de spermatozoïdes anonymes. Les lois réglementant les relations entre donneur et receveuse varient d'un pays à l'autre, mais, dans la plupart des cas, la procédure est enveloppée de secret. Dans le cas des couples hétérosexuels, l'ID est tenue secrète aux yeux de l'enfant, qui continue à croire que son père biologique et son père nourricier ne font qu'une seule et même personne. Chez les couples de lesbiennes et chez les mères monoparentales, l'ID est généralement révélée à l'enfant, mais l'identité du donneur reste anonyme. Les textes et articles sur la propriété morale et sur les fondements éthiques de l'insémination par donneur sont de plus en plus nombreux, mais leurs auteurs sont davantage intéressés par le problème du secret que par celui de la paternité. Il semble qu'il ne soit pas nécessaire de savoir quelle est la place du père dans le processus. La réponse est simple : il n'en a pas.

Le facteur le plus surprenant est l'absence de toute discussion sérieuse sur les technologies de procréation assistée. Il semble que ces dernières ne se développent que parce que des groupes ou des individus ont des besoins qu'il convient de satisfaire – et parce que la science a aujourd'hui les possibilités de répondre à leurs demandes. Petersen et Teichmann associent cette problématique au « mythe d'Hercule », ce dieu qui a accompli ses fameux « travaux » sans jamais échouer. Autrement dit, tout ce qui peut être réalisé techniquement, c'est-à-dire par le biais de méthodes médicales, psychologiques ou sociologiques, est faisable et doit en conséquence être accompli[19]. Mais le fait que l'on *puisse* créer quelque chose n'est pas nécessairement une justification pour le faire. Ce principe est plus pertinent que jamais dans le domaine de la reproduction artificielle.

L'insémination artificielle par donneur anonyme frappe directement au cœur de la virilité et de la paternité. Malgré cela, la teneur des conclusions du comité Warnock est très superficielle. Un seul paragraphe y est consacré à la question du secret et de l'anonymat. Le comité se contente de signaler que cette volonté de secret va bien au-delà d'un simple désir de confidentialité et d'intimité.

[Le couple] ment souvent à la famille et aux amis, et également à l'enfant. Les couples en arrivent bien sûr à considérer leur enfant conçu par insémination par donneur comme leur véritable rejeton. Il n'en reste pas moins que le secret, souvent perçu par l'entourage, peut saper le réseau entier des relations familiales. L'enfant ID, quant à lui, peut sentir confusément que ses parents lui mentent et qu'il est quelque peu différent de ses petits camarades. Si c'est le cas, il peut aussi sentir, tout aussi confusément, que l'homme qu'il considère comme son père n'est pas son vrai père[20].

Mais le problème n'est pas si simple. Il ne s'agit pas seulement d'enfants qui sentent «confusément» qu'on leur ment, qu'ils sont différents de leurs camarades et que leur père n'est pas leur père. Lorsque l'anonymat du donneur est préservé – et c'est ce qui se passe dans la majorité des cas –, *cela veut dire que l'on ment à l'enfant.* Les membres du comité Warnock mettent un point final à leur bref examen de la question en déclarant platement que, s'il est regrettable de tromper un enfant sur ses origines, «[nous considérons] cela comme un argument valable contre certaines attitudes, non contre l'ID elle-même»!

Une des voix de l'opposition publique contre la pratique de l'ID dans son ensemble est celle de Daniel Callahan, personnage très écouté en matière d'éthique appliquée à la biologie et à la médecine. Callahan est inquiet de voir à quel point les professionnels oublient que les hommes, les femmes et les enfants ont besoin de la compagnie de leurs semblables et se développent plus harmonieusement lorsqu'ils en bénéficient.

Au lieu de cela, les professionnels ont fait, d'un point de vue conceptuel, ce que la société a fait sur les plans légal et social: traiter les hommes, les femmes et les enfants comme des entités séparées et distinctes ayant leurs droits et leurs besoins propres. Aujourd'hui, on parle des droits des femmes et des droits des enfants et (la chose est à peine surprenante, et plutôt amusante) on a vu apparaître des mouvements à la défense des droits des hommes[21].

La paternité a été régulièrement dévaluée au cours des récentes années. La pratique courante de l'insémination par donneur répond clairement à ceux qui la critiquent : la femme qui désire un enfant a le droit d'en avoir un ; aucun autre droit ne peut se mettre en travers de cette décision. Et mis à part les hommes atteints du sida ou de l'une ou l'autre maladie héréditaire, n'importe quel père fait l'affaire. Ce qui est également révélateur dans la pratique de l'insémination artificielle est la manière avec laquelle elle sépare l'acte éjaculatoire de toutes ses conséquences. Le donneur anonyme procure l'ingrédient nécessaire pour produire un enfant, et sa responsabilité s'arrête là. S'il veut tenter par après de découvrir le sort de l'enfant dont il est le père biologique, il en sera empêché par la loi. Il donne son sperme comme d'autres donnent leur sang. Mais la réalité biologique demeure : un donneur dont le sperme est utilisé avec succès pour fertiliser un ovule qui traverse ensuite toutes les étapes de la gestation est un père. Pour illustrer cette réalité, Callahan propose le scénario suivant :

> Par le truchement de toutes les modalités juridiques que la société met à la disposition d'un homme afin qu'il puisse céder son autorité paternelle à un autre homme, un père cesse, de façon tout à fait légale, d'agir en tant que père. Un autre homme le remplace et prend soin de l'enfant. Imaginons maintenant que le père choisi ne se comporte pas comme il se doit envers cet enfant : il ne lui procure ni les soins ni la nourriture dont il a besoin. L'enfant retourne alors chez son vrai père et lui dit : « Tu es toujours mon père biologique ; c'est grâce à toi que je suis dans ce monde. J'ai besoin de ton aide et tu es tenu de me la donner. »

Callahan affirme qu'il lui est impossible d'imaginer ne fût-ce qu'une raison morale valable, en cette circonstance, pour qu'un père fasse fi de ses responsabilités, même si une autre personne est censée prendre soin de l'enfant. Je suis de son avis. Un père est un père. Mais dans le cas de l'ID, il semble qu'il ne le soit pas. Il n'est qu'un pourvoyeur de semence.

Les membres du comité Warnock souhaitaient un changement dans les mentalités, un changement qui permettrait d'éliminer le besoin d'anonymat. Ils partaient du principe que les raisons qui sous-tendent le besoin du secret sont provoquées par les attitudes du public – une supposition discutable et peu vraisemblable. En fait, à en juger par la prédominance de l'anonymat, aucun changement d'attitude significatif ne s'est produit. Tout comme ils veulent garder le secret concernant le donneur, la majorité des parents veulent dissimuler les origines biologiques de leur rejeton « dans l'espoir de protéger à la fois l'enfant et le père nourricier[22] ». Avant même d'entrer dans le programme ID, un grand nombre de couples décident de ne rien révéler à l'enfant qui va naître. Une étude hollandaise sur les attitudes de couples dont les enfants ont été conçus par insémination par donneur en 1980 et en 1996 indique que les couples de 1996 se montraient plus désireux de dire la vérité à leur famille, à leurs autres enfants et à leurs amis, mais qu'ils n'étaient pas mieux préparés à la révéler à l'enfant que les couples de 1980. Ce qui est remarquable, cependant, c'est que les couples de 1996 demandaient un plus grand nombre de renseignements sur le donneur, surtout des informations médicales[23]. Dans une autre étude hollandaise, les trois quarts des parents ayant eu recours à l'insémination par donneur n'avaient pas l'intention de révéler la vérité à l'enfant, contrairement aux parents qui avaient eu recours à la fécondation *in vitro*. Ces derniers, sans exception, étaient décidés à révéler à leur enfant le secret de leur naissance[24].

Plusieurs chercheurs prétendent qu'on fait beaucoup trop d'histoires à propos de l'insémination par donneur. Une étude européenne sur l'impact familial de la procréation assistée indique qu'aucun des enfants procréés par ID ou FIV ne diffèrent des enfants conçus normalement, autant pour ce qui touche à leur santé psychologique que pour ce qui a trait à la qualité de leurs relations familiales. « Et pourtant, précisent les chercheurs, aucun de ces enfants ne sait comment il est né[25]. » Mais l'enfant le plus âgé de cette étude n'avait que huit ans! Or, le désir d'un enfant de connaître son identité génétique et biologique ne survient généralement pas avant l'âge de la puberté. La question d'éthique, dans cette affaire, est exacerbée par la tendance croissante, chez les parents, à révéler leur secret à leur entourage, et pas à leur enfant. Les pressions qui ont été faites afin de minimiser le besoin du secret découlent à la fois de l'expérience acquise dans le domaine de l'adoption et du climat général entourant la liberté de l'information. Le problème, bien sûr, est qu'il y a une différence entre l'ID et l'adoption. Dans l'insémination par donneur, l'identité biologique d'un parent est connue sans le moindre doute ; il y a déséquilibre dans la relation entre la mère « biologique », le père « social » et l'enfant – ce qui n'est pas le cas dans l'adoption. Et cette situation n'a rien de comparable non plus avec le foyer dans lequel se trouve un beau-père. Un enfant qui a un beau-père sait que ce dernier n'est pas son père. Il arrive que cet homme soit un bien meilleur père que le père naturel – plus gentil, plus fiable et moins désinvolte –, mais il n'est pas le vrai père de l'enfant et la société ne fera jamais semblant de croire le contraire.

Selon Lord Robert Winston, professeur participant à des études sur la fertilité à l'hôpital Hammersmith, permettre la fécondation *in vitro* aux femmes ménopausées est une erreur si l'on tient compte du bonheur de l'enfant[26], car la mère sera âgée lorsque cet enfant parviendra à l'adolescence. Le professeur se montre moins soucieux du fait qu'un enfant conçu par insémination par donneur ne sait pas qui est son vrai père, ou même s'il en a un.

À quoi pouvons-nous attribuer le besoin d'anonymat du donneur, si ce n'est à l'attitude hostile du public ? Si les donneurs de sperme étaient identifiés, l'ensemble du processus perdrait une grande partie de sa force d'impulsion. Dans une enquête scandinave faite auprès de donneurs, 20 % seulement étaient prêts à continuer la procédure si leur anonymat était levé[27]. Selon la directrice de la clinique de fertilité Louis Hughes, située dans Harley Street, à Londres, 95 % des donneurs en puissance déclarent qu'ils n'iront pas jusqu'au bout si l'anonymat qu'ils apprécient tant est levé. La conclusion de la directrice est citée par Nick Farley, journaliste du *Times* – qui s'est fait passer pour un donneur afin d'enquêter sur la manière avec laquelle les donneurs sont choisis : « Cela serait tout simplement la fin de l'insémination par donneur[28]. » Cette inquiétude est partagée par le professeur Michael Hull, du centre médical de procréation assistée, à Bristol. « Pourquoi les gens croient-ils que c'est la génétique qui définit les "vrais" parents ? » demande-t-il avec irritation dans une lettre ouverte au *Times*[29] :

Pourquoi cela semble-t-il d'une importance aussi capitale dans notre culture et ailleurs? Pourquoi la connaissance de l'identité génétique devrait-elle être exigée alors que tant d'enfants sont heureux dans l'ignorance du fait qu'ils ne sont pas les enfants de leur père?

Il est quelque peu surprenant de voir un expert en procréation assistée s'étonner du fait qu'un être humain accorde une certaine importance au fait de savoir si la personne qui semble être son père l'est vraiment. En tant que psychiatre, les considérations sociales et psychologiques que le professeur Hull semble qualifier de vagues et de nébuleuses m'intriguent, mais j'accorde une importance plus grande aux problèmes médicaux «graves». Considérons les maladies transmissibles génétiquement. En raison de l'anonymat du donneur, une personne née par ID ne reçoit pas d'informations sur la santé du donneur, informations qui seraient peut-être capitales dans la mesure où elles pourraient lui sauver la vie[30]. Le problème peut se répercuter sur les enfants de cette personne, surtout lorsqu'il y a risque qu'ils se trouvent confrontés à un de ces désordres récessifs résultant du fait qu'un gène défectueux peut être transmis par un parent[31].

Les conséquences psychologiques et sociales de cette problématique sont, selon moi, très graves. Notre héritage génétique constitue une portion capitale de notre identité[32]. Cette portion de notre identité, les percées de la génétique dans le domaine médical l'ont augmentée plutôt qu'appauvrie. Un nombre croissant d'enfants adoptés recherchent leurs parents biologiques afin d'en savoir davantage sur eux-mêmes[33].

Les études sur les effets à long terme de l'ID sur les enfants nés grâce à cette technique n'ont pas encore été entreprises. C'est pourquoi le professeur Hull peut, sans risque d'être contredit, écrire que «[de tels enfants] sont, heureusement, ignorants du fait qu'ils ne peuvent être l'enfant de leur père». Le professeur semble s'accommoder du fait que l'on garde ces enfants dans cette atmosphère de mensonge – même si cela signifie que l'on sous-évalue un besoin bien connu ressenti par de nombreux adultes: connaître l'identité de leurs parents biologiques. Au lieu de cela, le professeur Hull déplore que l'on veuille identifier les donneurs et, pire encore, que l'on puisse les priver de la rémunération qui leur est offerte pour leurs services. Si on les en privait, dit-il, la provision de sperme ne se renouvellerait pas. Hull déplore le fait que le débat actuel soit «utilitariste et sémantique» alors qu'il serait «indiqué, sur les plans philosophique et empirique, d'examiner de quelle manière il convient de protéger davantage les droits des donneurs et d'évaluer ce qui constitue leurs «légitimes dépenses».

L'apparente répugnance d'experts comme Winston et Hull à admettre le droit des enfants aux informations les plus élémentaires sur leur père biologique est tout à fait déroutante. Nous vivons à une époque où les plus grands mystères de notre appareil génétique ont été découverts. Des scientifiques comme Robert Winston et Michael Hull, des chercheurs comme Richard Dawkins, Steve Jones et Stephen Pinker nous apportent régulièrement des informations sur l'importance primordiale des gènes dans notre développement, notre santé et notre comportement. Plus de 40 000 sites Internet sont consacrés à la généalogie. Le fait que l'analyse de l'ADN puisse être effectuée aisément et que l'illégitimité soit devenue beaucoup plus acceptable a considérablement rehaussé l'intérêt des individus dans la découverte de leur origine et de celles d'autres personnes. Alors que l'on peut s'attendre à un degré d'unanimité raisonnable dans la réponse à la question: «Les individus ont-ils le droit de connaître leur carte génétique?», d'éminents scientifiques nous disent: «Ne vous faites pas de souci à ce propos. Contentez-vous d'être heureux de bénéficier de l'amour de vos parents.»

Les inconditionnels de l'anonymat veulent des témoignages probants avant d'apporter leur appui en vue d'un changement de loi concernant l'ID. S'élevant avec énergie contre cette exigence, Catherine Bennett se demande quels témoignages de l'impact négatif de la procédure les avocats du *statu quo*, comme Robert Winston, accepteraient comme valables[34]. L'une des causes du manque de témoignages est que la plupart des enfants conçus par ID ne savent pas qu'ils l'ont été; ils sont trompés sciemment par leurs parents, car ces derniers sont persuadés que le mensonge sert beaucoup mieux leurs intérêts [des enfants]. Leur progéniture grandit alors dans un foyer enveloppé dans une atmosphère de secret et de tabou. Bien qu'ils aient aussi hérité des gènes de leur mère, quelques enfants conçus par ID ont un aspect physique, des qualités, des talents, des intérêts différents des autres membres de la famille ; ils ont parfois l'impression de ne pas s'inscrire harmonieusement dans leur entourage[35]. De telles différences sont encore plus difficiles à assumer lorsque les questions posées par l'enfant sont ignorées. Mais le secret finit par suinter. Beaucoup d'enfants apprennent le secret de leur origine lorsque leurs parents se séparent ou divorcent. Pendant ce temps, les découvertes sur le génome humain – et la fascination qu'il exerce –, largement popularisées par la communauté scientifique et médicale si séduite par la reproduction assistée, contribuent à l'anxiété d'individus qui veulent en savoir plus long sur leur identité génétique[36].

Si le problème du droit des enfants n'a jamais été sérieusement pris en compte, il en est de même de la question des droits et des responsabilités des pères. Tim Hedgley, de la National Fertility Association, ne voit pas où est le problème : les donneurs de sperme n'ont pas de responsabilités envers les enfants nés grâce à leur don, pas plus qu'ils n'ont de droits. Changer la loi afin que les enfants aient le droit de connaître l'identité du donneur qui leur a permis de naître « donnerait aux enfants des droits sans leur donner les responsabilités qui vont avec[37] ». Autrement dit, plutôt que de les décevoir, mieux vaut les laisser vivre dans une heureuse ignorance. En outre, dire toute la vérité menacerait l'absolu désir d'indépendance de la mère. Le besoin de l'enfant de connaître des détails concernant son père biologique placerait la mère devant une perspective désagréable : la nécessité de retrouver et de contacter un homme qui, par définition, n'est ni souhaité ni adéquat. Pour pallier le secret concernant l'identité du père, des approches ingénieuses sont recommandées. La mère est encouragée à mettre l'accent sur l'altruisme du père biologique, et on lui conseille de ne révéler à l'enfant que le prénom de cet homme et l'adresse de sa dernière résidence[38]. Ces révélations peuvent construire une histoire brève du père, du genre : « Mon père s'appelle David. Il vit en Ontario[39]. »

Les arguments en faveur et en défaveur du secret ont été largement exposés[40]. Une étude portant sur 58 couples néo-zélandais illustre les difficultés qui peuvent se présenter[41]. Un des couples jette un éclairage intéressant sur ce qui constitue l'essence de la paternité :

Interviewer: Pensez-vous le dire à James? *La femme*: Je ne sais pas. J'y ai vaguement pensé, mais nous n'en avons jamais vraiment discuté. *Le mari*: Dire quoi? *F*: Je ne crois pas qu'il y ait beaucoup à dire. *M*: Dire quoi? S'il va chercher son acte de naissance, il verra bien que je suis son père. Pourquoi lui dirais-je que je ne suis pas son père? Qui va lui prouver le contraire? *F*: Je ne crois pas que nous allons le lui dire. *M*: Ce que je pense de tout ça, c'est simple: qui pourrait bien lui prouver que je ne suis pas son père? *F*: Personne. *M*: Personne. Personne ne pourrait le prouver. *F*: Qu'est-ce que les autres couples pensent de tout ça? *Int.*: C'est encore trop tôt pour connaître les résultats. Jusqu'à maintenant, c'est moitié-moitié. *F*: De toute façon, on n'y a pas beaucoup pensé. *Int.*: Il y a des couples dont le mari ne peut être le père à cause d'une absence de spermatozoïdes. *M*: C'est différent pour nous, car on nous a déclaré sans équivoque que j'étais capable de procréer. La raison pour laquelle je dis: dire quoi? c'est parce que je ne pense pas à moi comme n'étant pas [son] père. Lui dire qu'il y a eu un donneur ne [lui] apporterait rien, à part un sentiment d'insécurité. Pourquoi est-ce qu'on ferait une chose pareille? Ce serait autre chose s'il avait été adopté, parce que c'est tout à fait différent. Je lui dirais: «Voilà, je ne suis pas ton père biologique.» Mais dans notre cas, et en ce qui me concerne, j'ai été là pendant la grossesse, j'étais là à la naissance, j'ai aidé sa mère à le mettre au monde, je l'ai regardé grandir. Je suis son père. Il m'appelle papa. Cela résume tout. Je l'appelle fils et ça s'arrête là.

Être apte à procréer, assister à l'accouchement, avoir son nom sur l'acte de naissance du bébé sont les éléments auxquels un mari se raccroche pour justifier sa décision de ne rien dire à l'enfant. Il faut préciser que, jusqu'à il y a peu, un nombre plutôt limité d'informations étaient disponibles. Au Royaume-Uni, l'enregistrement des donneurs n'a commencé qu'en 1991. Avant cela, aucune donnée n'était officiellement relevée au sujet des milliers d'hommes qui donnaient leur sperme pour de l'argent. La loi permettait seulement aux enfants de savoir s'ils étaient, oui ou non, nés grâce à une insémination par donneur. Plus tard, les autorités ont permis aux enfants d'avoir accès aux rares renseignements disponibles sur leur père biologique – mais le document d'une page qu'on leur a remis ne contenait qu'une ligne pour l'occupation professionnelle, une pour les intérêts particuliers, et aucune pour les résultats scolaires et les diplômes. Il y avait bien un espace libre pour une brève description de «vous-même en tant qu'individu», mais le donneur s'abstenait presque toujours de le remplir.

Catherine Bennett cite les paroles de Robert Winston qui, après s'être dit très contrarié par le problème de certains enfants nés par ID, a ajouté : « Il y a d'autre part des familles heureuses dans lesquelles des enfants heureux ne ressentent aucun sentiment de manque ou de perte[42]. » Comme Catherine Bennett le fait très justement remarquer, une telle conclusion n'a rien d'une preuve scientifique. Des études longitudinales sur des enfants nés grâce à l'ID se déroulent en ce moment, et nous ne savons pas encore comment ces enfants, une fois devenus adultes, réagiront lorsqu'ils découvriront qu'à la place d'une lignée ancestrale il n'y a qu'«une seringue et un secret». Le fait que tant de professionnels de la médecine – des hommes – prennent des décisions de ce genre [que rien ne doit être révélé à l'enfant] avec une telle suffisance illustre le paternalisme que des experts comme Winston décrient si justement lorsqu'il se manifeste dans d'autres domaines de l'activité médicale.

L'insémination artificielle par donneur ne guérit personne – ni le père social, qui va rester stérile, ni la femme qui reçoit le sperme, qui est de toute façon en bonne santé. Ce que la procréation assistée traite, c'est le désir d'un couple – et de plus en plus souvent le désir d'une femme célibataire – d'avoir un enfant. La procédure n'a rien de particulièrement médical. Elle demande tout simplement un donneur consentant, une femme consentante et la seringue qui sera introduite dans son vagin. Mais la médecine a adopté cette procédure et l'a enveloppée dans un jargon technique et un tas de justifications cliniques, et une nouvelle industrie médicale est née, qui a connu une expansion rapide. Si l'existence de cette nouvelle industrie n'a provoqué que des réactions mitigées, c'est parce que l'opinion publique a cessé de tenir la paternité en grande estime. Mais, lorsqu'on s'objecte à la dévaluation de la paternité si implicite dans l'ID, on risque fort de s'entendre dire : « Qu'est-ce que les pères ont de si exceptionnels ? Ils font ce que fait une seringue remplie de quelques millilitres de sperme, puis ils se retirent. Il n'y a pas de quoi en faire tout un plat ! » Peut-être, mais en confirmant ces idées toutes faites basées sur la théorie du mauvais père, les autorités médicales et la société déclarent que la paternité est inutile. Une telle attitude fait pire encore : en postulant l'irresponsabilité masculine, en l'exploitant et en la récompensant, les autorités médicales et la société ne font que la confirmer. Sur Internet, à l'échelle mondiale, un grand nombre de sites proposent du sperme à toutes les femmes qui en demandent. On trouve ces sites entre « PORCS DONNEURS », entreprise qui se spécialise dans l'équipement d'insémination artificielle pour les truies et dans l'analyse scientifique de la qualité du sperme de sanglier, et « SPERME DE MOUTON FRAIS OU CONGELÉ ». On peut aussi recueillir les conseils de femmes qui ont eu recours à la FIV et de couples accablés par des problèmes d'infertilité qui ont conçu un enfant par insémination artificielle. On trouve aussi le site de prétendus instituts de fertilité qui offrent la « récupération d'ovocytes et leur transplantation », la « cryoconservation d'embryons » et l'« injection intracytoplasmique de spermatozoïdes ».

L'un des ouvrages qui a la prétention d'expliquer l'insémination par donneur au profane (écrit dans un jargon médical et technique absolument effarant) s'intitule : *Helping the Stork : The Choices and Challenges of Donor Insemination* (Aider la cigogne : les objectifs et les défis de l'insémination par donneur)[43]. Le but du livre est de révéler aux lecteurs la raison pour laquelle l'insémination par donneur, si largement répandue, est un bon moyen de « construire une famille » et d'aider « les couples, les lesbiennes et les femmes célibataires qui désirent avoir recours à l'ID » à surmonter leur anxiété et leurs inquiétudes. Les auteurs – Heidi Moss, travailleuse sociale clinicienne et conseillère de couples infertiles, et Robert Moss, professeur dans le domaine de la génétique et de la biologie du développement – sont les parents de deux enfants conçus par insémination par donneur. Carol Verloccone Frost, qui a collaboré à la rédaction de l'ouvrage, y est présentée comme la première travailleuse sociale clinicienne de la National Fertility Organisation. Les trois auteurs sont heureux de tout dire aux lecteurs et au monde sur ce « moyen merveilleusement positif de construire une famille ». Mais il est clair que, dans ce qui constitue pour eux une famille, le père n'est pas nécessaire. Une section a pour titre : « Devenir une maman sans papa », une autre : « Devenir une maman seule par ID ». Il fut un temps où être une maman seule était une des conséquences malheureuses du veuvage, du divorce, de la séparation ou du départ du papa. Aujourd'hui, c'est une situation normale, voire désirable, qui peut être obtenue grâce aux merveilles de la science moderne.

Lorsque leurs actes volontaires ont un impact sur la vie de leurs semblables, les êtres humains en portent la responsabilité morale. La création de la vie est un de ces actes volontaires. Les pères ont une grave responsabilité morale envers les enfants qu'ils procréent volontairement. N'est-ce pas le message qui sous-tend les dispositions vigoureuses de gouvernements, partout dans le monde, en cette matière ? Les pères qui quittent leurs enfants doivent continuer à s'acquitter des responsabilités qui leur incombent. Quelle action est aussi importante que celle qui consiste à donner la vie, ce fardeau dont l'enfant nouveau-né hérite et qu'il va devoir porter pour le restant de ses jours ? Callahan affirme que « la paternité biologique contient des devoirs permanents et incontournables ». C'est parce que la paternité est une condition biologique qu'elle ne peut être abrogée par des désirs personnels, des facteurs sociaux ou des décisions légales. Pareillement, les obligations morales ne peuvent être abrogées – à moins qu'il y ait de bonnes raisons d'en libérer un père. Elles ne peuvent être abrogées pour la simple raison qu'il souhaite en être libéré. La seule différence entre l'homme qui féconde une femme au cours d'un rapport sexuel, puis disparaît, et le donneur anonyme à qui l'on demande de disparaître est que l'irresponsabilité du deuxième est autorisée, légitimée et récompensée.

Pourquoi est-il si important que le père biologique séparé ou divorcé continue à assumer ses responsabilités à l'égard des rejetons qu'il a engendrés, alors que pour quelques centaines de dollars un jeune homme possédant un pénis et une paire de testicules en bon état peut donner quelques millilitres de sperme puis se retirer définitivement, convaincu qu'il a rendu un service à la nation ? Quoi qu'en dise la science, l'enfant résultant de l'union des 23 chromosomes d'un donneur et des 23 chromosomes d'une femme est l'enfant biologique du donneur, même si cet enfant n'a jamais vu son père et ne le connaîtra sans doute jamais. Le donneur étant anonyme, personne ne saura jamais qui est le père et aucune responsabilité morale ne pourra être assumée. Si l'enfant a une vie de misère et de souffrances, le donneur ne le saura pas et ne sera pas appelé afin de porter assistance à son enfant, une assistance paternelle.

La position des féministes sur la paternité et l'insémination par donneur est très floue. D'une part, elles exigent, d'une façon tout à fait légitime, que le « droit » des lesbiennes d'avoir des enfants soit protégé et élargi. Selon elles, les femmes doivent être libérées de toute contrainte et de toute domination masculine ; elles ne doivent pas laisser leur destin de mère entre les mains d'hommes sans cervelle. Mais en même temps, elles reprochent à ces hommes sans cervelle de planter là leur femme. Et elles exigent que toutes les instances gouvernementales et toutes les lois s'associent pour forcer les pères négligents ou récalcitrants à prendre des responsabilités à long terme dès le moment où ils fécondent une femme.

Les idées des membres du comité Warnock sur la maternité monoparentale et l'insémination par donneur sont très claires :

> Beaucoup de gens estiment que l'intérêt de l'enfant exige qu'il naisse dans un foyer éclairé par une relation hétérosexuelle aimante et stable et que, en conséquence, inséminer délibérément une femme qui n'est pas une partenaire dans une telle relation est immoral[44].

Et le comité conclut qu'en règle générale « il est souhaitable que l'enfant naisse dans une famille normale avec un père et une mère ». Cette opinion, exposée assez mollement, est court-circuitée par ceux qui considèrent que les supposées preuves de l'importance des pères sont, au mieux, peu convaincantes, au pire, sans pertinence. Dans un relevé détaillé des pour et des contre de l'ID pour les femmes seules, Carson Strong, une spécialiste de la bioéthique, admet qu'il pourrait y avoir des désavantages pour les enfants conçus à l'aide d'une technique aussi artificielle, mais que, dans la mesure où ces désavantages ne sont pas

« graves », l'argument contre s'écroule[45]. Néanmoins, nulle part, dans son rapport pourtant exhaustif, elle ne s'attarde sur la différence entre « femme seule » et parents.

Les hommes ont été délibérément écartés du débat sur l'avortement. Autrement dit, le père n'a ni voix au chapitre ni droit à une quelconque information. Et en approuvant la procréation et la maternité assumées par une femme seule – que ce soit pour les hétérosexuelles ou les lesbiennes –, la société a en fait déclaré que les pères sont biologiquement et socialement inutiles. Comme la condition *sine qua non* de la procréation est le sperme, il est impossible de se dispenser totalement de l'homme. Pour l'instant. Mais, avec le temps et les percées scientifiques, on le pourra bientôt.

Le clonage

Lorsque Ian Wilmot et ses collègues du Roslin Institute d'Édimbourg annoncent, en février 1997, qu'ils ont cloné Dolly, une brebis adulte, en transférant le noyau d'une cellule somatique d'un mammifère adulte à un de ses ovules énucléés, la réaction du public est massive. Lors d'une cérémonie tenue le 12 janvier 1998 à Paris, 17 pays européens signent un protocole additionnel à la Convention sur les droits de l'homme et la biomédecine, portant sur l'interdiction du clonage d'êtres humains. C'est le premier contrat liant juridiquement des instances internationales. Quelques mois plus tôt, les 186 États membres de l'UNESCO (United Nations Educational, Scientific and Cultural Organization) ont signé une déclaration demandant l'interdiction du clonage d'êtres humains, mais cette déclaration n'a pas de statut légal. Il n'existe aucune interdiction, explicite ou implicite, du clonage d'êtres humains au Royaume-Uni, en Grèce et aux Pays-Bas, bien que la Human Embryology and Fertilisation Authority du Royaume-Uni, qui accorde les permis d'utilisation d'embryons, ait indiqué qu'elle n'accorderait aucun permis de recherche en matière de « clonage reproductif » – soit le clonage destiné à produire un fœtus ou un organisme vivant. En Irlande, un pays souvent confronté à des problèmes constitutionnels concernant l'avortement, il n'existe aucune législation réglementant la procréation assistée. Le Dr Mary Henry, sénatrice et médecin, a essayé de faire passer une loi à cet effet, mais sa tentative n'a eu aucun résultat[46]. Un sénateur lui a affirmé que ses inquiétudes n'avaient aucune raison d'être parce que de telles pratiques ne seraient jamais autorisées en Irlande[47] !

Comme cela se passe pratiquement lors de toutes les percées en matière de reproduction artificielle, les principes qui sont au cœur du clonage sont simples. Il n'en reste pas moins que leur réalisation pose d'immenses problèmes. Pour produire un clone d'un être humain, il faut d'abord prélever le noyau d'une de ses cellules et l'introduire dans un ovocyte préalablement énucléé. La cellule hybride produite par cet assemblage contient le code génétique complet de l'individu à cloner, et elle a la capacité de se transformer en organisme humain. Pour que cette transformation se fasse, elle doit être soumise à des impulsions électriques, nécessaires pour déclencher le processus de division [de la cellule]. Elle est ensuite transférée dans un utérus naturel ou artificiel. La différence avec la reproduction sexuée, c'est que, plutôt que de mélanger les codes génétiques incomplets de deux gamètes – chez l'être humain, les gamètes sont l'ovule et le spermatozoïde –, le clonage implique le transfert du code génétique complet d'un individu dans le patrimoine héréditaire d'un ovule.

Dans son examen des justifications du clonage d'êtres humains, ou du clonage en tant que source de tissus pour la transplantation, Julian Savulescu fait la liste des arguments majeurs en faveur et en défaveur du clonage humain reproductif[48]. Les arguments positifs comprennent la liberté de choix individuel en matière de procréation ; la liberté d'expérimentation scientifique ; le traitement de l'infertilité ; le remplacement d'un être cher décédé ; la collecte de cellules souches embryonnaires ou de tissus dans une perspective thérapeutique ; le traitement de plusieurs maladies graves ; la prévention de maladies génétiques. Les arguments négatifs comprennent le fait que le clonage autorisé pourrait être pratiqué abusivement ; qu'il violerait le droit de la personne à l'individualité génétique ; qu'il pourrait permettre l'eugénisme ; qu'il se servirait d'êtres humains comme d'objets ; que les clones, en termes de bien-être, surtout psychologique, seraient bien mal lotis et qu'ils seraient susceptibles d'avoir de graves problèmes de santé : risque de malformation génétique grave, cancer, espérance de vie raccourcie.

Ce qui est intéressant, dans cette liste tout à fait raisonnable des pour et des contre, c'est que l'un des aspects les plus cruciaux du clonage ne peut être mis en doute, à savoir que le clone, d'un point de vue génétique, n'aurait qu'un seul parent et serait donc, par définition, le rejeton d'un parent « unique ». Justine Burley et John Harris, de l'université de Manchester, ont examiné ce que seraient le bien-être et le mal-être potentiels d'enfants clonés en tenant surtout compte des souffrances qui pourraient leur être causées par les préjugés et les attitudes malveillantes de leur entourage, et par les attentes et les exigences de leur parent ou de leur donneur génétique, sans oublier le bouleversement psychologique qui les accablerait lorsqu'ils apprendraient la vérité sur leurs origines – surtout si le donneur génétique est un étranger[49]. Burley et Harris donnent cet exemple simple des objections que des gens peuvent avoir contre le clonage :

> Une femme décide d'avoir un enfant par clonage. En choisissant de procréer de cette façon, elle donne à l'enfant un mauvais départ dans la vie. Bien que les conséquences de ce mauvais départ risquent de poursuivre cette fille ou ce garçon tout au long de son existence, celle-ci sera probablement digne d'être vécue malgré tout. Mais, si cette femme avait choisi de procréer autrement, elle aurait eu un enfant *normal*, à qui elle aurait donné un meilleur départ dans la vie.

Ce qui est significatif dans cet exemple, c'est que le père brille par son absence. Le clonage, c'est la fécondation de la Vierge façon XXᵉ siècle. Les femmes conçoivent ou ne conçoivent pas. L'entité qui les aide à concevoir est aussi indéfinie et mystérieuse que Joseph.

La série de réactions provoquées par le phénomène Dolly étaient prévisibles. D'un côté, ceux qui considèrent le clonage comme une découverte porteuse de formidables promesses : le prestigieux *New England Journal of Medicine* déclare que toute législation destinée à interdire le clonage de cellules humaines serait une « grave erreur[50] ». Les signataires de cette déclaration affirment qu'appliquer la technique du clonage à certaines cellules de certains tissus (par exemple les cellules des parois des vaisseaux sanguins) « pourrait révolutionner la thérapeutique médicale » et que le traitement de troubles génétiques et de maladies comme le diabète et la leucémie pourrait être radicalement transformé. Dans un éditorial du *British Medical Journal*[51], le professeur Winston déclare : « Ce n'est pas une menace sur le plan moral, c'est un défi exaltant. » L'homme de sciences exprime son opposition à toute interdiction hâtive du clonage humain, pour la bonne raison que l'autorégulation et la régulation professionnelle sont efficaces. Il attribue toute suspicion à propos du clonage au manque d'informations – en bref, la réaction que l'on peut attendre « d'une société scientifiquement illettrée ». Winston réfute le scénario de fin du monde qui attend une société dans laquelle vivraient des êtres humains clonés. La responsabilité de démontrer les bienfaits que l'on peut retirer du clonage, ajoute-t-il, « appartient aux chercheurs, qui expliqueront les précieuses découvertes qui se feront en laboratoire ».

Lord Winston omet de mentionner qu'en 1971 un homme que l'on ne peut vraiment pas accuser d'être « scientifiquement illettré » – il a eu le prix Nobel 40 ans plus tôt pour sa découverte, avec Francis Crick, de la structure en double hélice de la molécule de l'ADN – a déclaré qu'« un être humain né par clonage [fera] sans doute son apparition sur cette terre dans les 20 ou 30 années, peut-être même plus tôt[52] ». James Watson se trompait sur la date du phénomène, mais sa prédiction n'en reste pas moins juste. Lorsqu'on relit l'article de Watson, on découvre que quelque 30 ans avant Dolly, une grenouille a été clonée, selon, à peu de choses près, le même processus technique. Cette expérience, dirigée pas le zoologiste anglais John Gordon, avait pour but de découvrir si le processus grâce auquel les cellules continuent à se diviser et à se différencier pour devenir les cellules des tissus, du sang et des os se produit sous l'influence du noyau ou d'autres facteurs cellulaires. En clonant une grenouille, Gordon a répondu à la question : il a démontré qu'un noyau prélevé dans une cellule hautement spécialisée conserve sa capacité de présider au développement d'un organisme tout à fait normal.

Dès que les travaux de Gordon ont été connus, au début des années 1970, la réaction du public n'a pas été différente de celle qui a accueilli le clonage de Dolly. Lorsque la nouvelle a été rendue publique, un rédacteur en chef a fait paraître en couverture de son magazine une photo « multiple » de Ringo Starr, tandis qu'un autre faisait de même avec Raquel Welch. Les gens ordinaires ne se souciaient pas outre mesure de l'utilisation de techniques de clonage appliquées à quelques cellules de laboratoire. La question qui s'était emparée de leur imagination, exacerbée sans aucun doute par le battage des médias, est l'idée qu'un être humain entier puisse être reproduit par clonage. Ce qui n'a pas aidé à mettre un frein au débordement d'enthousiasme suscité par Dolly est une annonce faite par un médecin, Richard Seed. Cet homme affirmait qu'il était prêt à cloner des êtres humains pour de l'argent. Le fait qu'il n'avait aucune expérience en la matière, qu'il n'était attaché à aucune institution et ne disposait apparemment pas des fonds nécessaires à cette pratique ne semblait pas le déranger outre mesure. Watson lui-même, dans son article de 1971 et sa proposition au groupe d'études sur les sciences et les technologies, mis sur pied par la Chambre des députés des États-Unis, déclare :

> [Nous sommes plus d'un à croire que] l'humanité a un besoin désespéré de disposer de plusieurs exemplaires de ces individus vraiment exceptionnels, qui nous aideront à affronter les complexités croissantes de l'informatique devant lesquelles nos cerveaux sont si souvent démunis[53].

Watson n'est cependant pas aussi enclin que Robert Winston à laisser ce problème crucial dans les mains des scientifiques. Croire que les mères porteuses et les bébés clonés sont inévitables parce que la science est irrémédiablement portée à aller de l'avant est, pour lui, « une forme de laisser-faire aberrant qui rappelle, de façon assez sinistre, le credo du monde américain des affaires, à savoir que, si on laisse faire le *business*, il résoudra tous les problèmes ». En réponse à cette polémique, des autorités demandent qu'un moratoire d'une durée indéterminée soit placé sur les recherches en matière de clonage. Plusieurs projets de loi hâtivement rédigés sont présentés au Congrès.

Bien sûr, les partisans du clonage voient dans cette technique la possibilité de soulager un nombre incalculable de maux et qualifient ceux qui la refusent de bigots dénués de cœur et d'humanité, prêts à faire passer des principes idéologiques figés et erronés avant le respect de la personne humaine et la compassion devant la souffrance. Les champions du clonage illustrent leur argumentation par des antécédents médicaux concernant des personnes souffrant de troubles graves dus à un simple gène, et rappellent que des enfants meurent de leucémie ou d'autres maladies parce qu'on n'a pas trouvé de tissus ou d'organes compatibles pour la transplantation qui les aurait sauvés. Mais, comme Robert Williamson, directeur du Murdoch Institute à l'hôpital royal pour enfants de Melbourne, le fait justement remarquer, «les cas graves font une mauvaise éthique, tout comme ils font de mauvaises lois[54]».

Nous sommes tellement accoutumés à parler de la conception en termes de mère et d'enfant que l'absence de père est devenue un facteur qui ne mérite plus d'être pris en compte. En 1996, après que Mme Diane Blood, une veuve de 30 ans, s'est vue refuser par la Human Fertilisation and Embryology Authority (HFEA) l'autorisation d'être inséminée avec des spermatozoïdes de son mari comateux avant que ce dernier ne décède, elle a immédiatement porté l'affaire devant la Haute Cour. Le refus de la HFEA n'avait rien à voir avec une quelconque préoccupation pour le fait que l'enfant résultant de cette insémination n'aurait pas de père, il était basé sur ce qu'on pourrait qualifier de «détail technique» d'ordre éthique : M. Blood n'avait pas donné son consentement ! La préoccupation des responsables de la HFEA était justifiée. Ils ne voulaient pas créer un précédent en matière de prélèvement de matériel génétique sur des personnes mortes ou mourantes. Mme Blood, elle, présentait son propre argument, à savoir qu'elle aurait certainement été autorisée à disposer d'une insémination artificielle avec le sperme d'un donneur anonyme si ce dernier avait signé le formulaire de consentement, et qu'on lui refusait ce droit avec celui d'un mari bien-aimé décédé. Et elle ajoutait : «Il est de loin préférable pour un enfant de savoir que sa mère aimait son père, et que sa naissance a été désirée et planifiée[55].» Je partage la conviction de Mme Blood. Mais savoir si la société doit *délibérément* produire des familles monoparentales mérite d'être discuté. En ce sens, le cas de Mme Blood constitue un précédent.

Ce qui est intéressant, c'est que le centre de médecine reproductive de l'université de Bristol se montre quelque peu sceptique à propos de la conception posthume[56]. Lors d'une enquête auprès de 106 centres du Royaume-Uni possédant un permis de stocker des embryons et des spermatozoïdes, on a découvert que plus d'un tiers de ces organismes étaient opposés à l'utilisation posthume de matériel reproducteur. Cette minorité substantielle estimait qu'il ne faut pas aider une femme à mettre un enfant au monde en utilisant le sperme d'un époux ou d'un partenaire décédé. Bien sûr, étant donné les accidents et les vicissitudes de la vie, beaucoup d'enfants naissent après la mort de leur père ; d'autres ne le connaissent pas, et d'autres préféreraient ne pas le connaître. Mais créer délibérément une famille sans père est une autre histoire.

Une puissance sexuelle qui s'amenuise

Les hommes, pour la plupart, se sont toujours inquiétés davantage d'une éventuelle diminution de leurs spermatozoïdes ou de leur incapacité d'avoir une érection que d'une réalité beaucoup plus inquiétante, à savoir que la technologie et une profession médicale enthousiaste s'emploie à rendre leur rôle de procréateurs beaucoup plus marginal. Le lancement du sildénafil, mondialement connu sous le nom de Viagra, a fait suite à des enquêtes révélant que la dysfonction érectile, ou l'incapacité permanente d'avoir ou de maintenir une érection suffisante pour un rapport sexuel satisfaisant (autrement dit, l'impuissance), affectait près de 30 millions d'hommes aux États-Unis ; entre 3 et 9 % de la population suédoise mâle ; et 10 % des hommes adultes au Royaume-Uni – soit 2,5 millions d'hommes âgés de plus de 18 ans[57]. Le caractère généralisé du phénomène, connu par toute personne qui a lu la documentation médicale sur le sujet, a surpris les experts, tandis que la réaction du grand public reflétait les stéréotypes nationaux. Aux États-Unis, le Viagra a été accueilli par les hommes avec une sorte d'hystérie – hystérie à laquelle on a même donné un nom : la *viagramania*. Au cours des trois mois qui ont suivi l'autorisation, en mars 1998, de la mise en marché du produit aux États-Unis, 1,7 million de prescriptions ont été faites[58]. Au cours de la première année européenne du Viagra, 27 millions de comprimés ont été vendus. Depuis le lancement du produit, près de deux millions d'hommes, dans les pays européens les plus importants, ont demandé à être traités pour dysfonction érectile. En Grande-Bretagne, l'enthousiasme était tempéré par des préoccupations politiques concernant le coût du produit. Les politiciens se montraient très contrariés par les prévisions financières désastreuses qui circulaient. Le ministre de la Santé, Alan Milburn, a déclaré à la Chambre des communes qu'en dépit du fait que l'impuissance masculine était grave, voire dévastatrice, il avait décidé que les ressources des services de santé nationaux ne seraient pas gaspillées par l'utilisation d'une « drogue euphorisante », aux dépens de besoins plus réels[59]. Sa détermination a porté ses fruits : en octobre 1999, les données des services de santé nationaux indiquaient que 1,72 million de livres seulement avaient été consacrées à l'achat de Viagra (soit 32 000 prescriptions). Ce chiffre contrastait fortement avec les prévisions, qui faisaient état d'un montant initial de 1,2 milliard de livres. Un commentateur médical irlandais en a conclu que « la seule partie du corps que le mâle britannique veut garder raide reste sa lèvre supérieure[60] ».

En dépit du fait que le Viagra n'a aucun effet sur le désir charnel, les hommes, de la Sicile à Singapour en passant par Jakarta et Jérusalem, se sont emparés de la petite pilule bleue comme d'un « carburant pour fusée sexuelle », provoquant ainsi le plus grand bouleversement social qui ait eu lieu depuis le lancement de la pilule contraceptive[61]. En fait, si le sildénafil (appelé Viagra par le Dr Ronald Virag, l'homme qui a concocté ce remède contre l'impuissance) n'influe pas sur le désir sexuel, il agit, plus prosaïquement, sur la mécanique du pénis. Son effet primordial est d'inhiber la phosphodiestérase de type 5 spécifique de la guanosine monophosphate cyclique (GMPc). Pour être plus précis, le sildénafil amplifie l'effet du monoxyde d'azote en inhibant la phosphodiestérase de type 5 (PDE-5), l'enzyme responsable de la biodégradation de la GMPc dans les corps caverneux. Lors de la libération locale de monoxyde d'azote à la suite d'une stimulation sexuelle, l'inhibition de la PDE-5 par le sildénafil produit une augmentation de la concentration de GMPc dans les corps caverneux, d'où le relâchement des fibres musculaires qu'ils renferment et l'afflux de sang dans le pénis. D'ordinaire, la GMPc est libérée quand le cerveau envoie un signal au pénis, qui détend les tissus érectiles de celui-ci et dilate les artères. Le sang se précipite alors dans les corps caverneux, ce qui provoque l'érection du pénis. Une érection complète se produit quand les veines qui drainent habituellement le sang sont comprimées de telle sorte que le sang engorge le pénis. Chez les impuissants, les tissus érectiles ne se dilatent pas suffisamment pour comprimer les veines, car il y a inhibition de GMPc. Le sang se retire du pénis et l'érection disparaît. Le sildénafil agit sur la mécanique de l'activité sexuelle masculine et non sur sa psychologie.

La mécanique avait effectivement des ratés. Avant le Viagra, les hommes mettaient leur foi et leurs espoirs dans une armada de pilules, potions et gadgets divers, incluant les pompes péniennes, les injections dans le système vasculaire pénien de substances destinées à agir sur la GMPc et sur d'autres enzymes, les implants de prothèses et les chirurgies de revascularisation des artères pelviennes. Jusqu'à l'arrivée du Viagra, il n'existait aucune thérapie orale efficace. Les Américains dépensaient jusqu'à 700 millions par année pour leurs problèmes d'érection. Quant à la première estimation de la NHS, au Royaume-Uni, du montant qui allait devoir être consacré à ce dysfonctionnement – quelque 1,2 milliard –, elle était basée sur la supposition que la moitié des Anglais d'Angleterre croyaient que le fait de souffrir d'impuissance allait les obliger à prendre un ou deux comprimés par semaine.

La *viagramania* nous rappelle que la capacité d'avoir et de maintenir une érection définit l'essence même de la virilité – c'est du moins ce que pensent les hommes. Avant l'arrivée du Viagra, beaucoup d'hommes affligés de dysfonction érectile faisaient ce que font les hommes lorsqu'ils ont un problème personnel : ils n'en parlaient pas. Les hommes qui accordent une importance primordiale au contrôle se sentent particulièrement menacés quand leur pénis refuse de se dresser – d'où leur réaction massive lorsque le Viagra leur a promis de les remettre aux commandes de leur sexualité. Le fait qu'un grand nombre de femmes soient loin d'être aussi perturbées par l'impuissance masculine que les hommes ne le croient ne trouve aucun écho dans les discussions sur la dysfonction érectile. La relation des hommes avec la sexualité les concerne principalement ; leur partenaire ne joue qu'un petit rôle en la circonstance, ou pas du tout, et dans ce genre de scénario, elles ne sont bien souvent qu'un gadget sexuel destiné à les aider à déverser leur semence. Si la pornographie est, comme le suggère Germaine Greer, « une distorsion de la femme[62] », la préoccupation des hommes pour une sexualité définie par la taille, la vigueur et la robustesse de leur pénis est une forme de pornographie, une sexualité masturbatoire dans laquelle la notion de plaisir mutuel et d'intimité est d'une importance secondaire, ou même étrangère et menaçante. Une des caractéristiques de la pornographie est de susciter le plaisir grâce au fantasme de la mécanique de la sexualité mâle – excitation, engorgement, érection, éjaculation, épuisement, ennui. Les femmes n'entrent pas souvent dans cet univers, sauf en tant qu'objets. Certains hommes, dégoûtés par la facilité avec laquelle ils peuvent être excités sexuellement par des femmes, dirigent la haine qu'ils se portent vers ces mêmes femmes. Les hommes qui sont incapables de se masturber font de même. Le Viagra, comme tous les traitements de la dysfonction érectile, pénètre dans le domaine dans lequel les hommes se sentent le plus chez eux : la mécanique. Les hommes assimilent le pénis à la virilité, le stéréotype culturel de la sexualité masculine étant « un gros, vigoureux et infatigable phallus attaché à un homme très décontracté, possédant une parfaite maîtrise de soi, expérimenté, compétent et assez habile pour rendre les femmes qui l'approchent folles de lui[63] ».

« Avec son boulot dynamique, sa jolie femme et ses trois beaux enfants, le pilote de ligne James Williams estimait qu'il possédait tout ce qu'il avait toujours désiré... » C'est ainsi que commence un article de Rebecca English dans *Express*, intitulé : « J'ai tout perdu après une opération ratée[64] ». M. Williams avait consulté un chirurgien, car la peau de son pénis était trop tendue, ce qui le faisait souffrir pendant ses rapports sexuels. La chirurgie s'était très mal passée : la gangrène avait envahi son pénis et il avait dû subir cinq chirurgies réparatrices avant de se retrouver avec un organe « dans un état plus ou moins acceptable ». Williams avait ensuite souffert de dépression et de stress post-traumatique. Sa femme n'avait pas supporté l'épreuve. Le couple avait divorcé et Mme Williams avait trouvé un autre compagnon. James ne volait plus. Il en était réduit à travailler dans un bureau, car il avait perdu son permis de vol en raison de la détérioration de son état mental et physique. Son avocat avait déclaré : « C'est un fait patent que sa vie a été détruite. Cet homme n'a même plus de résidence ; il habite, çà et là, chez des amis ou des membres de la famille qui sont encore capables de supporter sa compagnie[65]. » Il ne fait aucun doute que ce sont les effets psychologiques de ses horribles expériences chirurgicales qui ont fait fuir sa femme et ses enfants – plutôt que les modifications survenues dans sa sexualité.

Les hommes accordent une importance majeure à la pénétration ; les femmes ne partagent pas nécessairement ce souci, en dépit de ce que les hommes croient, espèrent ou appréhendent. Les femmes ont besoin de plus de temps pour être physiologiquement stimulées ; leur érotisme est plus large, plus diffus ; elles aiment être caressées, embrassées, massées, étreintes. Ce sont ces gestes qui leur donnent les plaisirs charnels les plus intenses, non la pénétration directe. Les hommes se focalisent sur leur pénis, tout comme les femmes sur leur clitoris. Les hommes voient un pénis ; les femmes, l'homme derrière le pénis. Le fait que les hommes vieillissants ne voient dans la diminution de leur puissance sexuelle due à l'âge qu'une dysfonction érectile pure et simple est un exemple patent d'aveuglement. Ce sont les hommes qui prennent leur temps lors d'un rapport sexuel, qui prennent plaisir au rapport charnel sans pénétration et qui font tout pour stimuler la sensualité de leur partenaire qui sont considérés par un grand nombre de femmes comme ces athlètes sexuels que tant d'hommes rêvent d'être. L'obsession de la pénétration est en fait un des facteurs les plus importants dans la dysfonction érectile. Ces hommes obsédés sont si anxieux de « performer » qu'ils finissent par devenir impuissants. Le pire, c'est qu'ils se privent des préliminaires propres à faire du rapport sexuel un moment de joie et de plaisir, pour eux comme pour leur partenaire.

Mais les problèmes sexuels masculins ne se bornent pas à une absence d'érection. L'homme est également obsédé par la qualité de son sperme. Les hommes infertiles sont plus susceptibles que d'autres de souffrir d'une détresse psychologique s'exprimant par une baisse de l'estime de soi, une forte anxiété, des symptômes physiques d'inconfort et une mauvaise santé[66]. « C'est comme un sentiment intérieur d'inadéquation », explique un homme qui vient de découvrir que la qualité de son sperme ne répond pas aux normes. « Je me sens imparfait, incapable de faire ce que d'autres hommes semblent accomplir sans effort[67]. » Au début de l'année 1996, lorsque les auteurs de deux articles du *British Medical Journal* affirment que le nombre de spermatozoïdes est en baisse chez l'homme, ils provoquent un véritable tollé. L'un des articles fait état d'une enquête poussée auprès d'un échantillon représentatif d'hommes nés en Angleterre entre 1951 et 1973, chez lesquels on a relevé, sur une période de 11 ans, une détérioration progressive dans la concentration du sperme et une baisse de la quantité de sperme lors de l'éjaculation. Une étude plus courte a relevé, sur une période de 16 ans, une baisse importante du nombre de spermatozoïdes chez des donneurs de Toulouse, en France[68]. Ces articles ont exacerbé l'anxiété provoquée par une étude statistique complexe publiée au début des années 1990, qui révélait que la quantité générale de spermatozoïdes, chez l'homme, avait chuté de 50 % entre 1940 et 1990 – soit de 113 millions à 66 millions de spermatozoïdes par millilitre de sperme[69]. Si cette baisse perdure, le rôle masculin dans la reproduction sera vraiment menacé. La fertilité masculine commence à chuter lorsque la concentration de spermatozoïdes tombe en dessous de 50 millions par millilitre[70]. Il semble que les œstrogènes et les pesticides soient responsables de ce problème. En 1995, l'agence danoise de protection de l'environnement a publié un rapport sur les liens éventuels entre les substances chimiques présentes dans l'environnement, qui ont de sérieux effets œstrogènes, et la fréquence croissante du cancer des testicules et la quantité décroissante de spermatozoïdes[71]. Un autre polluant chimique est le DDT, dont on sait qu'il peut affecter le fonctionnement du testicule chez le fœtus mâle. En 1992, des pays comme le Brésil et le Mexique ont déversé 1 000 tonnes de DDT[72].

La publicité donnée à ces études professionnelles dans la presse populaire a été massive, et le lien possible avec les toxines environnementales a été adopté sans réserve par le grand public. Des articles subséquents dans des revues médicales ont exprimé des réserves concernant la méthodologie scientifique utilisée dans la plupart des études, mettant en doute le fait que la qualité et la quantité de sperme est en baisse. Selon les auteurs de ces articles, l'évaluation de la quantité de spermatozoïdes est sujette à des variations et à plusieurs facteurs physiologiques, incluant l'âge (ils diminuent tandis qu'augmentent les années), la fréquence des éjaculations (ils diminuent lorsqu'elles sont nombreuses), les changements de saisons (ils diminuent en été, remontent en hiver), la maladie et les différentes manières de récolter les échantillons de sperme[73]. Un analyste a fait remarquer que la grande majorité des hommes examinés lors d'une autre étude tout aussi importante venaient de l'Europe de l'Ouest et des États-Unis, des pays où, au cours des 50 dernières années, a eu lieu une importante révolution sexuelle au cours de laquelle « le tabou de la masturbation » a été totalement aboli[74]. Autrement dit, si la qualité de sperme est en baisse, cette diminution est due à des facteurs culturels et non biologiques. C'est vers cette explication qu'il faut se tourner. Les hommes s'inquiètent à propos de leurs performances au lit, en dépit, ou peut-être en raison d'un demi-siècle de libération sexuelle. Des critiques se sont interrogés sur le bienfait – mitigé, selon eux – que représente la supposée libération sexuelle pour la femme. D'une part, un plus grand nombre de femmes jouissent d'une vie sexuelle plus active et plus positive, ainsi que les hommes, d'ailleurs, qui sont entraînés eux aussi dans cette culture du plaisir sans culpabilité, mais, d'autre part, cette conscience sexuelle féminine plus large et plus complexe, conjuguée au fait que les hommes se disent qu'ils doivent leur procurer des relations sexuelles plus « inventives » et plus « réussies », est un lourd fardeau pour un grand nombre d'entre eux. Les hommes plaisantent beaucoup sur le sexe, mais ils en disent très peu sur leurs inquiétudes. Il y a un tabou sur l'exposition publique du pénis. Les hommes tentent constamment de se rassurer sur les capacités de ce dernier. Ils s'attendent à ce que leur partenaire leur dise que des détails comme sa forme et sa taille n'ont rien à voir avec une relation sexuelle réussie. Plus les hommes se définissent en termes de prouesses sexuelles, plus leur estime de soi risque de recevoir une sérieuse secousse. En ce début du XXIe siècle, il faut qu'ils réalisent qu'une relation sexuelle accomplie demande bien plus qu'un pénis turgescent et rapace.

Conclusion

Lorsqu'on sait que des gens peuvent lire sans sourciller ce passage d'un article de Robin Baker, on comprend à quel point les hommes peuvent être exclus du processus de procréation :

> Le joyau de la couronne de la reproduction est la chance qui nous est donnée de séparer entièrement la sexualité de la procréation. La sexualité peut devenir purement ludique, et la reproduction purement clinique, produit de la fécondation *in vitro*. De nos jours, plus d'un demi-million de personnes – la plus âgée a 22 ans – doivent leur origine à une boîte de Petri plutôt qu'à l'union de deux parents et, comme les premières hirondelles, elles sont les présages d'un nouvel été[75].

Les développements extraordinaires de la procréation assistée se sont déroulés à une telle vitesse que toute tentative d'évaluation critique et de remise en question peut sembler tiède ou maladroite. Des développements technologiques pourraient du reste rendre ces questionnements inutiles. Des méthodes plus sophistiquées pour stimuler une production insuffisante d'ovules, pour augmenter la quantité de sperme ou pour améliorer la qualité des spermatozoïdes permettraient un recours moins fréquent à l'insémination par donneur. Mais ce que le débat actuel ne fait que révéler avec la plus grande clarté est l'étendue du mépris dans lequel sont tenus les droits du père biologique de prendre ses responsabilités vis-à-vis de son enfant, et les droits de l'enfant de connaître l'identité de son père. Tout cela pour permettre à des êtres humains adultes et à des couples incapables d'exercer leurs « droits » d'avoir un enfant, de procréer à n'importe quel prix. Il faut reconnaître que Baker a dit honnêtement ce qu'il pensait de l'enfance et des relations familiales, à savoir que les parents seront bientôt remplacés par une boîte de Petri. La chose vous paraît invraisemblable? Prenez la peine d'y penser.

La paternité a déjà été remplacée.

Chapitre 6

ADIEU AU CHEF DE FAMILLE

L a quasi-inutilité de l'homme dans le processus de reproduction, le fait que sa force brute, autrefois nécessaire, soit progressivement devenue superflue, et le comportement de plus en plus affirmatif des femmes sont autant de réalités qui font la vie dure aux hommes. Leur confiance en eux est sérieusement ébranlée. En outre, ils ont dû faire face à un changement révolutionnaire auquel ils n'ont jamais pu s'adapter : le déclin de la famille nucléaire traditionnelle. Ce déclin – bien qu'il ne soit pas toujours reconnu comme tel – est sans conteste le plus grand de tous les dangers qui menacent la supériorité phallique. La mort du patriarche est bien plus qu'un changement structurel majeur dans la longue évolution des relations sociales et familiales. Le déclin de la famille nucléaire traditionnelle et l'apparition de foyers dont le chef est une femme créent un état de fait qui constitue l'antithèse pure et simple de la famille patriarcale. Alors que la famille, traditionnellement, était dominée par un homme, il y a de plus en plus de foyers dans lesquels on ne voit même plus l'ombre d'un homme.

Nous sommes tellement habitués à prêter une connotation différente à la sphère publique et à la sphère privée – les hommes bâtissant leur réputation et leur estime de soi en fonction de l'approbation publique; les femmes confinées et assimilées au privé – que nous risquons fort de sous-estimer l'importance de la relation entre masculinité et vie familiale. Une grande partie de l'estime de soi chez l'homme – et peut-être toute cette estime – découle de la réputation acquise *en dehors* du foyer, obtenue par le fait de gagner de l'argent, d'avoir une profession, de participer aux décisions qui changent le monde. Les historiens, les chercheurs en sociologie et les théoriciens de la psychologie ont tous contribué au renforcement de cette notion voulant que la sphère publique appartienne aux hommes, et la sphère privée aux femmes. L'affirmation sous-jacente reste la même: ce sont les actes de l'homme qui font l'homme. Mais la division entre la vie privée et la vie publique n'a jamais été absolue: les devoirs d'un homme envers sa famille ont toujours fait partie, fondamentalement, de son statut et de sa masculinité. L'homme qui n'était pas le maître de la maisonnée était porté en dérision par ses pairs. Le fait que sa vie privée et ses relations intimes soient chaotiques affectait la manière avec laquelle, dans un contexte social plus large, on le percevait et on le jugeait. Des analystes politiques ont toujours affirmé que les relations d'autorité à l'intérieur de la famille sont comme un microcosme de l'État[1]. Encore aujourd'hui, on continue à parler de l'influence de la vie privée des hommes politiques sur leurs activités publiques.

Les origines de la famille moderne remontent à la fin du XIVe siècle et au début du siècle suivant, où l'on voit l'émergence de l'enfant en tant que personne identifiable en raison de son statut et non, comme c'était le cas au Moyen Âge, en tant qu'homme ou femme miniature que l'on habille, traite et à qui l'on parle comme à un adulte[2]. Dans *The Family, Sex and Marriage 1500-1800*[3], un ouvrage monumental de Lawrence Stone, ce dernier relève les étapes – qui se chevauchent – au cours desquelles, bien que les relations entre la société et la famille ne s'altèrent que légèrement, le rôle de l'homme, lui, change à peine. À l'origine, l'union par le mariage de deux membres de la haute bourgeoisie ou de la classe moyenne a pour but de sceller des liens entre deux groupes proches. D'un point de vue sociétal, c'est un bon moyen de canaliser le désir sexuel, de s'assurer que les époux auront la progéniture souhaitée, et que cette dernière recevra l'éducation qui convient. Dans ce modèle familial, les enfants sont hélas privés d'une figure maternelle. Dès leur plus jeune âge, leurs velléités et rébellions prétendument coupables sont écrasées par une force brutale. Les pères de ces familles sont puissants et détiennent l'autorité. Cette position ne changera qu'à la fin du XVIᵉ siècle et au début du siècle suivant. Le type familial commence alors à céder la place à ce que Stone appelle « la famille nucléaire patriarcale restreinte ». L'obéissance passive au mari et au père, dans la maison, reflète et est le modèle de l'obéissance et de la soumission à un État de plus en plus puissant et centralisé. La démarcation entre la famille nucléaire et le réseau plus large de relations et d'amis devient plus marquée. Mais, tandis que le voisinage et les proches – ces unités d'influence – commencent, tout au long du XVIIᵉ siècle, à perdre du terrain, la famille nucléaire telle que nous la connaissons aujourd'hui s'installe. Hommes et femmes se choisissent mutuellement comme époux, plutôt que d'obéir aux désirs de leurs parents. Leurs motivations primordiales sont désormais une affection partagée et une union à long terme plutôt que des considérations économiques et des avantages sociaux pour eux et leurs descendants. Les deux parents consacrent plus de temps, d'énergie, d'amour et d'argent à l'éducation de leurs enfants. La maison devient un lieu privé, que l'on garde soigneusement à l'abri des regards indiscrets du voisinage.

C'est ainsi que se développent les quatre traits caractéristiques de la famille moderne : liens émotionnels plus forts entre les membres de la famille nucléaire (mère, père, enfants) aux dépens du voisinage et du groupe ; sentiment intense de l'autonomie personnelle et du droit à la liberté individuelle dans la recherche du bonheur ; affaiblissement du lien entre le plaisir sexuel, le péché et la culpabilité ; et désir grandissant d'intimité physique. En 1750, ce modèle familial est à son apogée dans les couches moyennes et supérieures de la société anglaise. Les sociétés du XIXᵉ et du début du XXᵉ siècle connaissent une diffusion plus large encore de cette idéologie familiale. Et tandis que cette dernière évolue, le pouvoir du patriarche se consolide.

La paternité, comme le fait remarquer John Demos, « a une très longue histoire et pratiquement pas d'historiens[4] ». La place des hommes s'est d'abord située dans la sphère publique et officielle. Mais, à la fin du XVIIᵉ siècle, l'homme s'empare d'une grande partie des responsabilités familiales et privées. Il devient pédagogue ; il apprend à ses enfants les rudiments de la lecture et de l'écriture. Il joue un rôle central dans les accords de fiançailles et les arrangements matrimoniaux de sa progéniture, approuve ou refuse un partenaire éventuel et, s'il y a union, se sépare d'une portion de ses biens afin d'assurer l'avenir du couple. L'autorité du père prévaut sur celle de la mère dans toute question domestique, pour la bonne raison que, dans ce domaine comme dans tous les autres, on est persuadé qu'il a reçu du Créateur une dose de raison supérieure à celle des femmes. Le rôle du père est de discipliner ses enfants : ne sont-ils pas venus au monde souillés par le péché originel ? Ne sont-ils pas tourmentés par des pulsions et des passions déraisonnables ? Leur pouvoir de raisonnement n'est-il pas défaillant ? Les enfants ont besoin d'être soumis à l'autorité morale et physique d'un être qui leur est supérieur. Le père est le mieux placé pour comprendre les jeunes et pour être leur modèle de conduite ; il leur montre comment se comporte un homme convenable. « Une fois passé l'âge de l'allaitement, écrit Demos, les pères entrent en scène, car les filles aussi bien que les garçons ont besoin de cette supervision masculine[5]. » Une image émerge des témoignages de l'époque, celle d'un homme de la classe moyenne qui prend sérieusement en main son rôle de père, un rôle qui n'exige pas qu'il établisse une démarcation entre ses responsabilités publiques et domestiques. Les traditions sociales et culturelles veulent que tous les hommes adultes deviennent des pères – et certains le sont à plusieurs reprises. On estime qu'un couple moyen a 8 enfants qui survivent à la petite enfance, et il arrive souvent qu'un homme ait plus de 60 ans quand son dernier enfant quitte le foyer. La paternité se prolonge ainsi dans la vieillesse.

La division travail/foyer

« L'effet le plus important de la modernisation sur la cellule familiale », explique Peter Laslett, un des plus grands historiens de la famille, « est sans aucun doute l'absence physique du père ou d'un autre pourvoyeur pendant ses journées de travail[6]. » Ce retrait commence insidieusement. Jusqu'en 1850, les hommes travaillent à la maison ou vivent à proximité de leur atelier[7]. Dans la seconde moitié du XIXᵉ siècle, la progression de ce qui va devenir un problème propre à la vie familiale moderne – la séparation entre foyer et travail et, avec elle, les prémisses de l'isolement du père et du déclin de la paternité – est bel et bien entamée. Au début, le rôle privé continue à paraître plus attrayant au père, surtout lorsqu'il le compare à sa vie publique. Des historiens ont démontré que le XIXᵉ siècle est le premier siècle dans lequel un nombre important d'hommes éduqués et financièrement à l'aise commencent à considérer le travail comme aliénant en raison de la pollution de l'environnement dans lequel ils évoluent, et des relations déshumanisées qui caractérisent les lieux de travail[8]. Les progrès technologiques et économiques de la révolution industrielle se font à un coût effarant, et l'une des conséquences de cette réalité, la séparation du lieu de travail et du lieu de résidence, est que les hommes voient désormais dans leur foyer un refuge qui leur apporte un soutien émotionnel et psychologique. « La vie familiale, écrit Tosh, qui permet à ces bêtes de somme et à ces machines à calculer de connaître un autre rythme de vie et des affections humaines, leur permet en quelque sorte de redevenir des hommes[9]. »

Le problème, pour le patriarche de la fin du XIXᵉ siècle, qui rentre pourtant régulièrement au foyer pour y trouver repos et satisfactions affectives, c'est que son autorité n'y est plus incontestée. Tout d'abord, il n'y passe que très peu de temps. En dehors de son travail, il aime fréquenter les clubs réservés aux hommes et s'adonner à des sports exclusivement masculins : il ne sait que choisir dans l'éventail de plus en plus large d'associations et de comités qui le font s'éloigner de ses responsabilités familiales. La profession de l'homme de la classe moyenne – son occupation durant la journée – l'appelle loin de chez lui, dans un lieu qui reste hors d'atteinte pour sa famille. De chaque côté de l'Atlantique, le pouvoir domestique passe doucement mais sûrement des mains du père dans celles de la mère[10]. Dans la première moitié du siècle, ce sont les pères que l'on félicite ou que l'on blâme pour les échecs ou les succès de leur progéniture ; ce sont les pères qui discutent avec leurs enfants adolescents ou en âge de se marier, qui les guident dans leur choix – ou posent un *veto* contre ce choix. À la fin de ce siècle, c'est le rôle de la mère qui devient prédominant. En 1847, une cour new-yorkaise déclare que «toutes choses étant égales, la mère est la personne à qui doit être confiée la garde de l'enfant». Et à la fin du siècle, la loi, en accord avec l'opinion publique, affirme la «prédominance maternelle dans l'éducation de l'enfant[11]». Entre 1880 et 1910, le nombre de femmes travaillant *en dehors* du foyer décroît de façon spectaculaire, en dépit du fait que la demande de main-d'œuvre féminine augmente durant cette période. Un grand nombre de femmes et de mères de famille commencent à consacrer toute leur énergie à leurs tâches domestiques et familiales. Les analyses des féministes orthodoxes décrivent ces femmes du XIXᵉ siècle comme des victimes de patriarches dominateurs. Pour Joanna Bourke, cette vision est par trop simpliste. L'historienne précise qu'il existait à cette époque des forces économiques importantes qui encourageaient les femmes à assumer à plein temps la charge de la maisonnée[12]. Avec l'émergence de la prospérité matérielle, les conséquences du travail ménager sur la productivité deviennent de plus en plus évidentes. Une consommation de plus en plus forte, dans le cadre familial, exige une augmentation des biens et des produits. Joanna Bourke explique que les familles de la classe moyenne commencent à manger de la viande et à consommer un éventail de produits variés, à vivre dans des maisons plus spacieuses pourvues de cuisines séparées, à recueillir les bienfaits d'une baisse du taux de la mortalité et à investir dans l'éducation de leur progéniture. Tout cela demande une présence à plein temps de la mère de famille dans la maison. Et dans la mesure où les femmes se marient plus jeunes et vivent plus longtemps que leur mari, les enfants deviennent plus importants pour les membres féminins de la maisonnée que pour les hommes. Les améliorations dans le domaine de la nutrition, des soins de santé, de l'éducation et un niveau de vie plus élevé font décroître la mortalité maternelle de façon spectaculaire. En conséquence, les femmes âgées ont plus de chances de dépendre de leurs enfants que les hommes. Les effets de ce courant, négatifs aussi bien que positifs, ne seront pleinement connus qu'un siècle plus tard.

À la fin du XIXᵉ siècle, la mère devient donc le premier parent – rôle que la femme occupera désormais. La séparation des sexes, dans les sphères publique et privée des familles de la classe moyenne et supérieure, est dès lors accomplie : la sphère de la femme est le foyer, celle de l'homme, les activités publiques. Bien sûr, la distinction n'est pas absolue. Des centaines de milliers de femmes – et d'enfants – travaillent dans les usines, les poteries et les filatures, et dans les ateliers de misère. D'autres continuent à se livrer à des activités traditionnelles comme le blanchissage et les soins aux enfants, et à occuper des emplois de domestiques. Si beaucoup d'hommes travaillent encore à la maison – relieurs, menuisiers, boulangers et tisserands –, la grande majorité est de plus en plus sollicitée pour occuper des emplois en dehors de la famille et de la maison. Le lieu de travail et le foyer acquièrent chacun leur atmosphère propre, leurs valeurs, leur style de travail, leurs relations, leurs failles et leurs avantages. Les historiens ne se sont pas encore mis d'accord sur l'ampleur exacte de l'immersion de l'homme, à la fin de l'époque victorienne, dans le foyer, mais il y a consensus sur le fait que le déchirement provoqué ensuite par la séparation entre le foyer et le travail aura un impact massif sur la paternité. Les éléments clés qui font d'un homme un père s'effacent – le père professeur, guide moral, compagnon et conseiller. Un nouveau rôle émerge : celui de soutien de famille. Avant la fin du XVIIIe siècle, le fait de « gagner le pain » de la famille était enchâssé dans un vaste ensemble dans lequel le travail public et le travail privé étaient inextricablement liés. Avec la révolution industrielle, le travail en usine et au bureau change la donne. « Aujourd'hui, écrit Demos, être un père signifie être séparé de ses enfants pendant une partie considérable de chaque journée de travail[13]. »

Au XXe siècle, la transformation du rôle du père se fait sentir fortement dans le foyer. Le père y garde une partie de son statut conventionnel de *pater familias*, mais il n'en reste pas moins qu'il cède petit à petit à sa femme quelques-unes de ses prérogatives. C'est elle qui devient la conseillère et le guide moral ; c'est elle qui prend les décisions. Une conviction s'installe : l'homme, en raison de sa biologie, est destiné à ne jouer qu'un petit rôle, ou aucun, dans l'éducation des enfants. Une telle certitude, comme Adrienne Burgess le fait très justement remarquer, repose sur la répugnance qu'éprouvent beaucoup de femmes à associer plus profondément leur conjoint à l'éducation des enfants, et sur celle de beaucoup d'hommes qui ne tiennent pas à s'engager davantage, comme si «un tel investissement risquait d'être une perte de temps[14]». Les hommes commencent à rechercher, à l'extérieur, un autre statut, et un autre sens à leur masculinité. Au cours des années 1960, la paternité en tant que condition sociale s'amenuise. L'autorité paternelle est réduite à deux tâches: chef de famille et gagne-pain[15]. Elle s'amenuise encore plus durant les années 1970. David Yankelovich commente une étude basée sur le point de vue du public à cette époque:

> Jusqu'à la fin des années 1960, être un homme véritable signifie être un bon pourvoyeur pour la famille. Aucun autre concept de la masculinité ne s'était jamais approché de cette définition. Les concepts de puissance sexuelle, de force physique ou de caractère (virilité), ou le fait d'être utile dans la maison sont relégués au bas de la liste des caractéristiques associées à la masculinité. À la fin des années 1970, cependant, la définition de l'homme véritable comme bon pourvoyeur passe de sa position de numéro un (86 % en 1968) au numéro trois, soit 67 %. Et l'érosion continue[16].

Pendant les années 1980 et 1990, avec l'émergence de ce qu'on appelle «l'homme nouveau», l'image du mari et du père de famille se redore quelque peu. Ce nouvel homme incarne les vertus féminines traditionnelles: douceur, absence d'agressivité, sensibilité et volonté – ou plutôt désir – de jouer un rôle plus déterminant dans le cadre familial. L'homme nouveau est censé s'acquitter de sa part de tâches domestiques: entretien de la maison, lessive, préparation des repas. Il doit aussi, de temps à autre, prendre congé du bureau ou de l'atelier pour rester à la maison afin de s'occuper d'un nouveau-né ou d'un enfant malade. Beaucoup d'hommes découvrent ainsi de nouvelles facettes de leur personnalité, de nouveaux besoins, de nouveaux désirs. Mais la structure de la société et surtout celles du travail restent imperméables aux souhaits des couples d'instaurer une politique profamiliale qui permettrait aux aspects intimes de la masculinité de se manifester. Quelques hommes décident de faire une croix sur leur carrière, tandis que la majorité, malgré le discours enthousiaste sur l'apparition de « l'homme nouveau », s'accroche à ses vieux poncifs. En même temps, les changements qui surviennent dans les structures familiales commencent à mettre en péril le rôle des hommes en tant que *pater familias*.

L'homme et le divorce

Au XXe siècle, un des bouleversements les plus spectaculaires dans la vie des citoyens des pays industrialisés est sans aucun doute l'escalade du divorce. Entre 1970 et 1996, le nombre de divorces double, ou presque. Le Royaume-Uni se place au deuxième rang dans le pourcentage des divorces relevés dans l'Union européenne, soit 2,9 % pour 1 000 personnes. Ce taux n'est dépassé qu'en Belgique.

La loi de réforme sur le divorce de 1969, qui voit sa pleine application en 1971, fait du divorce une rupture irrémédiable du mariage. En 1995, le nombre de mariages est le plus bas qui ait été relevé depuis 1926. En 1996, 8 % des naissances – soit un nouveau-né sur douze – sont inscrites par la mère seule, ce qui augmente de trois quarts le pourcentage de 1971. En 1995, en Angleterre et au pays de Galles, on enregistre 155 000 divorces, qui affectent un peu plus de 160 000 enfants, soit deux fois plus qu'en 1971. Trente pour cent de ces enfants sont âgés de 5 ans ou moins, 70 % ont 10 ans ou moins.

Quel que soit leur âge, la majorité de ces enfants finissent par *perdre tout contact régulier avec leur père naturel*. Neuf pères sur dix en instance de divorce quittent définitivement le foyer familial. Cinquante pour cent de ces pères ne voient leurs enfants qu'une fois par semaine, et un seul père sur vingt obtient la garde de l'enfant ou des enfants. Pour un nombre de plus en plus grand d'enfants qui grandissent dans les pays industrialisés, papa n'est même plus une vague figure occasionnellement présente dans le cadre familial ; ce n'est plus qu'un souvenir, souvent éliminé du portrait de famille.

On dit parfois que la famille possède une telle aura que la plupart des hommes en veulent au moins deux[17] ! Dans beaucoup de villes américaines, elle s'est pourtant pratiquement effondrée. Dans les foyers des quartiers pauvres, moins d'un enfant sur dix grandit avec un père à la maison. Les changements économiques et sociaux ont sérieusement aminci le lien qui existe entre la parenté et le couple, surtout pour l'homme. C'est plus souvent la femme qui élève les enfants seule. L'homme, lui, s'est enfui ou a été privé de son rôle nourricier, de ses responsabilités et du fardeau de la paternité.

Le phénomène de la famille sans père n'est pas apparu en quelques jours. Il a émergé lentement au début des années 1960, a pris de la vitesse vers la fin de la décennie, pour exploser au cours des années 1980 et 1990. En 1961, 38 % de tous les foyers britanniques sont « traditionnels », avec un couple élevant des enfants. Au début de l'année 1998, ce pourcentage est tombé à 23 %. Pendant cette période, la proportion des foyers composés d'un seul parent (habituellement la mère) et d'enfants dépendants diminue du tiers, pour tomber à 7 %[18].

La sagesse populaire considère le divorce comme un mal regrettable mais inévitable, une solution regrettable mais nécessaire au problème des conflits conjugaux irréversibles et, pour les conjoints dont la relation matrimoniale a échoué, une possibilité de recommencer à zéro. On pense que le divorce est un moindre mal pour les enfants, moins grave en tout cas que de voir leurs parents piégés dans un mariage impossible. Toutes les conséquences négatives du divorce – surtout la perte du père – sont considérées comme moins graves que le fait de vivre avec des parents qui ont peine à se supporter et qui ne restent ensemble que « pour le bien des enfants ». Et puisque la plupart des pères sont des parasites qui ne s'intéressent pas à leurs enfants, on se dit que l'impact du divorce sur ces derniers ne sera que temporaire. De toute façon, les pères finissent par s'en aller, avec ou sans divorce.

Devant l'augmentation apparemment irrépressible des divorces dans les sociétés occidentales, les psychologues, psychiatres, thérapeutes spécialisés dans les problèmes familiaux, politiciens et sociologues sont dépassés. Un grand nombre de ces experts sont submergés par la vague. En 1998, lorsqu'un rapport d'analyse portant sur plus de 200 études britanniques indique que des conséquences graves sont « loin d'être inévitables » pour les enfants de parents divorcés, certains y voient une preuve que le divorce peut aussi être sans danger.

En manchette, le *Daily Telegraph* déclare : « LA MAJORITÉ DES ENFANTS DU DIVORCE S'EN TIRENT BIEN[19] ». Le *Times* surenchérit : « LE DIVORCE PEUT APPORTER UN AVENIR MEILLEUR AUX ENFANTS DE PARENTS DÉCHIRÉS PAR DES CONFLITS[20] ». Le Dr Jan Pryor, de l'université d'Auckland, une des signataires du rapport de 1998, est citée dans l'article du *Times* : « Dans les pays occidentaux, la séparation et le divorce sont maintenant bien ancrés. Il serait stupide de gaspiller temps et énergie à vouloir empêcher des gens de se séparer. » Et pourtant, la conclusion de l'analyse de Jan Pryor et de son coauteur, Bryan Rodgers, est que les enfants de parents divorcés risquent d'avoir des problèmes de santé, des difficultés scolaires et d'apprentissage et des troubles du comportement.

Quelques mois plus tard, les mêmes journaux contestent les résultats d'un rapport, échelonné sur trois ans, de la fondation londonienne pour la santé mentale, dans lequel les conflits conjugaux et le divorce sont désignés comme les premiers responsables des troubles mentaux en Angleterre[21]. Il s'agit d'un ensemble de travaux importants qui critiquent la complaisance générale en matière de ruptures conjugales et familiales et qui en décrivent les effets immédiats et les conséquences à long terme sur les enfants.

Au Royaume-Uni, l'un des premiers rapports d'enquête – et l'un des plus complets – sur l'impact du divorce conclut que la « séparation conjugale est un processus dont les conséquences sont graves pour les enfants ». Les auteurs indiquent que les réactions les plus courantes de ces derniers devant le divorce sont la tristesse, la dépression et la colère contre un parent ou contre les deux[22]. Les plus jeunes ont tendance à s'accrocher à leurs parents ; ils ont des réactions régressives, comme mouiller leur lit. Les plus âgés s'éloignent d'une façon ou d'une autre du foyer et cherchent à créer ailleurs d'autres relations. L'analyse de Butler et Golding de l'enquête de cohorte* nationale de 1980 sur la santé et le développement, réalisée par le Medical Research Council, confirme la tendance aux réactions régressives chez l'enfant[23]. De 50 à 100 % des enfants dont les parents ont divorcé avant qu'ils

---

*   Enquête portant sur un groupe d'individus ayant vécu un événement semblable à la même époque. N.d.T.

n'atteignent l'âge de cinq ans sont plus susceptibles que d'autres de mouiller leur lit, de se souiller et de piquer des crises de colère. Les mêmes données proviennent d'une étude de cohorte de 1946, qui révèle que les enfants dont les parents ont divorcé avant qu'ils n'atteignent l'âge de six ans sont deux fois plus susceptibles que d'autres de mouiller leur lit[24]. En outre, 50 % des enfants de divorcés courent plus de risques que d'autres de devoir aller à l'hôpital pour l'un ou l'autre problème[25]. Aux États-Unis, selon les données de la seconde enquête nationale avec interviews sur la santé de l'enfant, les enfants de parents divorcés sont de deux à trois fois plus susceptibles que d'autres d'être renvoyés temporairement ou définitivement de l'école, et ils courent trois fois plus de risques que d'autres d'avoir besoin d'un traitement pour leurs problèmes émotionnels et comportementaux[26]. Une méga-analyse de plus de 50 études indique que le taux de fréquence de la délinquance juvénile dans les foyers brisés par une séparation ou un divorce est de 10 à 15 % plus élevé que dans les foyers intacts[27].

Il faut ajouter que ces effets désastreux ne sont ni temporaires ni de courte durée. Dans l'étude de cohorte de 1946, les sujets ont été questionnés, testés et examinés tout au long de leur enfance, ensuite à 21 ans, à 26 ans et à 31 ans et, en 1982, à 36 ans. Les constatations qui ont été faites lèvent le voile sur une réalité alarmante : les effets néfastes du divorce sur l'enfant, que ce soit sur sa santé, son comportement ou son statut économique, se prolongent souvent sur une période de 30 ans et plus. Les enfants dont les parents divorcent quand ils ont moins de cinq ans sont particulièrement vulnérables[28]. Les enfants du divorce s'en tirent beaucoup moins bien que les autres dans leurs études, et leur comportement laisse à désirer. En 1991, lorsque Elliott et Richards analysent les données des quatre premiers balayages de l'étude de 1958 (les enfants et adolescents interrogés ont 7, 11, 16 et 23 ans), ils remarquent que les enfants dont les parents ont divorcé entre deux analyses avaient déjà, lors du balayage *précédant* le divorce, de moins bons résultats dans plusieurs domaines que les enfants de parents restés ensemble[29]. Les signataires de l'analyse expliquent que des facteurs autres que le divorce peuvent intervenir : conflits entre les parents, classe sociale et âge de l'enfant au moment où la rupture a lieu. Ainsi, sur une période de 40 ans, le divorce, d'abord considéré comme un phénomène regrettable, douloureux et relativement inhabituel, devient «un événement si courant qu'il doit désormais être considéré comme une réalité faisant partie du vécu familial[30]». Et cette réalité s'installe en dépit de l'abondance de témoignages sur les conséquences néfastes du divorce, à court et à moyen terme, sur la santé physique et psychologique des enfants, de même que sur leurs études et leur comportement; et, à long terme, sur les adolescents, qui quittent souvent l'école avant d'avoir terminé leurs études. Les adolescentes, quant à elles, risquent de tomber enceintes. Ce qui peut mener à de précoces et trop brèves relations conjugales. Tous ces risques sont beaucoup plus élevés chez les enfants d'une famille disloquée que chez les enfants d'une famille intacte[31]. Ces effets destructeurs se prolongent dans la vie adulte, surtout chez les hommes. Dans une vaste étude faite par les sociologues Sara McLanahan et Gary Sandefur sur les conséquences du divorce aux États-Unis, les auteurs révèlent que les garçons adolescents vivant dans des familles brisées sont, au milieu de la vingtaine, plus désœuvrés que ceux qui vivent dans des familles où les deux parents sont présents. «Le fait de grandir avec un seul parent a des effets débilitants sur les jeunes, ce qui réduit leurs chances de trouver et de garder un emploi[32].» Il faut également tenir compte des effets secondaires de la rupture, qui peuvent se faire sentir chez les enfants et les petits-enfants des enfants du divorce.

Plusieurs développements économiques survenus après la guerre exercent une forte pression sur le consensus moral qui a appuyé jusque-là le mariage et la famille. Parmi ces changements, un développement économique accéléré, l'élargissement des prestations éducationnelles, l'instauration d'un contrôle des naissances efficace et accessible, et l'amenuisement de la discrimination exercée sur la famille monoparentale et les mères célibataires. Ces développements brisent le «contrat global» matrimonial. Le mariage, les rapports sexuels, la cohabitation et la procréation deviennent dès lors des activités séparées auxquelles on s'adonne quand on en a envie[33].

Un des facteurs qui contribuent au déclin de la paternité est le fait que la société accepte de plus en plus aisément le divorce et la maternité sans père. Mon pays, l'Irlande, en est un bon exemple: jusqu'au début des années 1960, y tomber enceinte hors du mariage est un déshonneur, sur le plan social autant qu'individuel. Trente ans plus tard, un bébé sur six est l'enfant d'une femme non mariée[34]. À la fin des années 1990, le chiffre passe de un à quatre (comme dans la plupart des pays européens). En Irlande comme ailleurs, l'idéologie des années 1960 – avec sa glorification de l'indépendance, de l'expression individuelle et de l'accomplissement personnel, et son peu de considération pour l'engagement familial et le sacrifice – fait naître de nouvelles exigences individuelles en matière de mariage et réduit la tolérance à l'égard des unions ratées. De plus en plus de mariages se défont. En 1995, lorsqu'un amendement constitutionnel en faveur de nouvelles dispositions beaucoup plus restrictives en matière de divorce est proposé, on estime qu'il y a de 70 000 à 80 000 couples séparés dans le pays. Les Irlandaises refusent de rester emprisonnées dans des unions qu'elles considèrent comme invivables.

L'élément le plus déterminant dans l'explosion des divorces survenue après 1960 dans un grand nombre de pays industrialisés est le changement d'idéologie concernant l'essence et la fonction de la famille. Le divorce est devenu un fait de la vie courante, et s'élever contre cette rupture si facilement acceptée est risqué. Les « libéraux » qui exposent leur inquiétude sur le sort des enfants du divorce, enfants qui souffrent des conséquences économiques et émotionnelles consécutives à la dislocation de leur famille et à l'éloignement, pour ne pas dire à la disparition, de leur père biologique, risquent d'être mis dans le même sac que les « conservateurs » qui endossent les « valeurs familiales » et se montrent ouvertement hostiles aux mères célibataires et tout à fait désireux de réaffirmer le stéréotype traditionnel de « la femme au foyer, l'homme dans l'arène publique ». L'un des premiers à prendre ce risque – et qui en sortira gravement atteint – est Daniel P. Moynihan, mieux connu aujourd'hui pour son titre d'honorable sénateur de la ville de New York. En 1965, Daniel Moynihan est secrétaire adjoint au ministère du Travail. Ses inquiétudes ont trait à certaines conséquences financières du divorce. Il publie un rapport sur la famille afro-américaine, qu'il termine en disant que la maternité sans père est un problème croissant dans les communautés urbaines démunies. Il ajoute que négliger ces problèmes pourrait réduire à néant une partie des progrès accomplis au début des années 1960 par le mouvement des droits civils. Moynihan attribue le chômage masculin – qui empêche les Noirs de se marier – au nombre grandissant de familles dont le chef est une femme, et il demande au gouvernement fédéral d'être plus actif dans la création de nouveaux emplois pour les Noirs[35]. Ces déclarations soulèvent une tempête de protestations. Les arguments de Moynihan en faveur d'une action plus efficace du gouvernement se perdent dans un tourbillon de critiques acrimonieuses. Il est accusé de blâmer les *femmes* pour des problèmes dont elles ne sont pas responsables.

Ceux qui critiquent les déclarations de Moynihan – j'en fais partie – se basent sur des témoignages substantiels concernant les problèmes associés à la mère monoparentale. Ils insistent sur le fait que beaucoup d'enfants se sortent très bien des problèmes liés à ce type de famille, et qu'un grand nombre de rejetons de familles intactes traversent leur enfance et leur adolescence avec grande difficulté. Ce qui n'est pas mentionné dans les généralisations de Moynihan, c'est que le problème n'a pas trait aux certitudes (cela n'a jamais été le cas), mais aux *probabilités*. Les familles monoparentales n'ont pas toutes des problèmes, et les familles classiques ne sont pas nécessairement un havre d'harmonie et de bien-être. Mais les probabilités, en matière d'équilibre, penchent en faveur de la famille composée de deux parents. Ne pas le dire par crainte de contrarier tel ou tel groupe de pression est une forme de lâcheté morale. (L'hostilité provoquée par toute référence aux conclusions des recherches sur l'impact négatif de la famille monoparentale reste intense : au début du nouveau millénaire, lors d'une discussion télévisée dirigée par Jon Snow sur l'avenir de la famille, le psychologue Oliver James fait une allusion discrète aux données existantes. Il est hué par l'assistance.)

Dans leur analyse de quatre enquêtes nationales, Sara McLanahan et Gary Sandefur s'emploient à établir l'impact du divorce sur les enfants. Les dommages subis par ces derniers sont-ils de nature purement économique ? Si cela est, disparaissent-ils lorsque le revenu est plus élevé ? Les enfants bénéficient-ils d'une situation plus confortable d'un point de vue matériel avec deux parents – même des parents antagonistes ? Ont-ils une vie plus heureuse dans une famille monoparentale, ou avec un beau-parent? Aucun des auteurs ne prêche pour sa paroisse, comme on peut s'en rendre compte si l'on prend la peine de lire leur ouvrage. Après un bilan minutieux et exhaustif des témoignages, ils en arrivent à cette conclusion très claire:

> Les enfants qui grandissent avec un seul parent biologique sont moins bien nantis, en moyenne, que les enfants qui grandissent avec leurs parents biologiques, indépendamment de leur race ou de leur éducation, ou du fait que leurs parents étaient mariés ou pas à leur naissance, ou du fait que le parent avec lequel ils vivent est remarié[36].

Le divorce est-il dommageable parce qu'il génère des problèmes financiers? Est-il la source de difficultés économiques, comme les critiques du divorce le prétendent si souvent, ou bien les mariages qui se terminent par un divorce sont-ils désavantagés au départ? Pour démêler les causes de ces problèmes financiers, McLanahan et Sandefur ont étudié un échantillon d'enfants afro-américains et blancs qui, à 12 ans, vivaient avec leurs parents. En raison d'informations disponibles sur le statut de ces enfants cinq années auparavant, ils ont divisé ces derniers en deux groupes – ceux dont les parents étaient restés ensemble; ceux dont les parents s'étaient séparés ou avaient divorcé dans le courant des cinq années. Les chercheurs ont ensuite comparé les moyens financiers de ces enfants à l'âge de 12 et de 17 ans. Ils ont découvert qu'il existait une différence entre les moyens des familles de Blancs et de Noirs, et entre les familles de Noirs où les parents étaient restés ensemble et celles où les parents étaient séparés ou divorcés. Ils ont également découvert que, indépendamment de la race ou du revenu, la perte financière causée par le divorce est considérable.

Un des facteurs qui contribuent au nombre plus élevé de mères seules et au déclin du père de famille est la diminution du salaire de l'homme par rapport à celui de la femme[37]. Il existe certes encore un fossé entre leurs salaires respectifs – les femmes gagnent moins que les hommes (cela reste un sujet de discussion et de conflit; voir le chapitre 4). Néanmoins, le fossé se rétrécit de manière irréversible depuis les années 1960. En 1959, par exemple, aux États-Unis, dans les emplois à temps plein, les femmes âgées de 25 à 34 ans gagnaient 59 % du salaire des hommes. En 1980, ce pourcentage s'élevait à 65 % et, en 1990, à 74 %. En deux décennies, les avantages économiques associés au mariage ont diminué de 15 %. La diminution du décalage entre les sexes est différente selon les groupes étudiés. Entre 1970 et 1990, le salaire des femmes change à peine, tandis que celui des hommes est à la baisse. Les hommes qui ont un métier non spécialisé ou semi-spécialisé deviennent plus pauvres. Leurs difficultés à trouver du travail augmentant, leurs perspectives de mariage sont de plus en plus compromises. Ils ne sont plus en mesure de tenir le rôle de mari et de soutien de famille. La situation est différente pour les hommes et les femmes qui ont fait des études universitaires. Entre 1980 et 1990, le salaire des universitaires grimpe de 17 %, celui des diplômés d'école secondaire de 5 %. Bien que les avantages économiques apportés au couple par ces universitaires et ces diplômés d'école secondaire s'amenuisent, la motivation financière, dans cette classe sociale, en faveur du mariage et de sa pérennité est plus forte que dans la classe ouvrière. Le fait que le taux de divorce aux États-Unis (et au Royaume-Uni) soit plus élevé chez les couples d'ouvriers que chez les couples universitaires corrobore cette thèse.

Une des convictions les plus répandues est que les enfants de parents antagonistes souffrent – que leurs parents soient divorcés ou vivent ensemble. Et si le divorce augmente les souffrances, dit-on, c'est en raison des problèmes financiers qui l'accompagnent. Si le gouvernement et la société agissaient de manière à assurer un soutien financier adéquat aux familles monoparentales et aux parents remariés, les conséquences négatives du divorce en seraient considérablement atténuées. Cet argument est renforcé par un fait établi : lorsqu'il y a divorce, le risque que les enfants britanniques et américains vivent dans la pauvreté double. Même lorsqu'elles travaillent à temps plein, la plupart des mères seules vivent sous le seuil, ou tout près du seuil de la pauvreté.

L'étude de McLanahan et de Sandefur n'en remet pas moins en question cette affirmation voulant que le manque d'argent explique l'impact négatif du divorce. Selon eux, en dépit du fait que le revenu des familles recomposées est de loin supérieur à celui des familles monoparentales, et presque similaire à celui des familles intactes, vivre dans une famille recomposée n'est pas préférable à vivre dans une famille monoparentale. Les pourcentages d'étudiants qui abandonnent leurs études et d'adolescentes qui tombent enceintes, par exemple, sont pareils dans l'une et l'autre famille. Les avantages économiques de la famille recomposée ne suffisent donc pas à compenser les désavantages sociaux et psychologiques des ruptures conjugales. McLanahan et Sandefur concluent leur analyse en ces termes :

> Le beau-père est moins susceptible que le père biologique de se consacrer au bien-être de l'enfant, et de surveiller le comportement de la mère à cet égard. Plutôt que de prendre sa part de responsabilités de parent, il est parfois en compétition avec l'enfant pour s'emparer du temps et de l'affection de la mère, ce qui augmente les tensions subies par la mère aussi bien que par l'enfant[38].

Mais pouvons-nous être absolument certains qu'il ne s'agit pas seulement d'une question d'argent ? Pouvons-nous être certains que les difficultés financières ne sont pas les raisons pour lesquelles les enfants qui vivent séparés d'un parent sont plus susceptibles d'abandonner l'école, d'être désœuvrés, d'avoir une mauvaise santé physique et mentale et de nouer des relations fragiles et éphémères – et, pour les filles adolescentes, de tomber enceintes ? Une analyse détaillée des résultats des quatre enquêtes faites sur ce sujet aux États-Unis indique que c'est l'écart entre les revenus des familles monoparentales et ceux des familles intactes qui est à la base d'environ 40 % des disparités en matière de résultats scolaires et universitaires. Mais les revenus *n'expliquent pas,* du moins dans une proportion aussi élevée, les différences de comportement entre les enfants de famille monoparentale et les enfants qui ont deux parents. Et les revenus ne constituent pas un facteur majeur dans les désavantages associés aux familles recomposées. Ce sont les pratiques parentales qui expliquent les différences dans le décrochage scolaire, le désœuvrement chez les garçons et, chez les filles, le risque de tomber enceintes.

En plus du bien-être économique, les enfants ont besoin de parents capables et désireux de leur consacrer du temps ; de les aider dans l'apprentissage de la lecture et dans leurs travaux scolaires ; de les écouter, de les consoler, de les défendre. Ils ont besoin de parents capables de superviser leurs activités sociales extrascolaires. « Nous pensons, écrivent McLanahan et Sandefur, que l'engagement et la supervision sont moins soutenus dans les familles monoparentales que dans les familles de deux parents. » Les chercheurs s'emploient à démontrer que leur doute est justifié. En général, les parents seuls sont moins proches de leurs enfants que les parents classiques. Bien que cette vérité soit désagréable à entendre, les enfants qui grandissent avec un seul parent courent plus de risques d'être désavantagés sur le plan de l'éducation et, arrivés à l'âge adulte, sur le plan de l'emploi, des relations personnelles et de leurs propres compétences parentales. Cette constatation se vérifie aussi bien pour les enfants de divorcés bien nantis que pour les enfants de divorcés pauvres. Mais la *cause* qui a provoqué la perte d'un parent change-t-elle le sort de l'enfant ? Après tout, le divorce – qui peut en tout état de cause être évité – n'est pas la seule cause de la perte d'un parent. Il peut aussi y avoir décès.

En 1879, à l'âge de 15 ans, environ 1 Américain sur 6 avait souffert de la mort de son père. Il faut noter qu'au tournant du siècle les veufs d'âge moyen dépassaient en nombre les divorcés de la même classe d'âge, dans la proportion de 20 pour 1[39]. Pour l'historienne Stephanie Coontz, les gens qui se font du souci à propos de l'absence du père font preuve d'ignorance historique. Elle prétend – et sa conviction a été adoptée avec soulagement par ceux qui souhaitent que le divorce soit plus volontiers accepté – que le divorce d'aujourd'hui fait à la famille ce que la mort faisait hier à cette dernière : il supprime le père. Le résultat est que « le nombre d'enfants qui passent aujourd'hui leur jeunesse dans des foyers monoparentaux est à peu près similaire à celui des enfants qui y vivaient au tournant du siècle[40] ». En fait, dans la mesure où, en 1900, beaucoup de familles élargies vivaient sous le même toit, moins de 10 % de tous les enfants vivaient dans un foyer dirigé par un parent seul – alors qu'il y en avait 27 % en 1992. Ce qui ne veut pas dire qu'on peut mettre le divorce et le décès sur le même pied. Des comparaisons ont été faites entre des enfants nés de parents célibataires, des enfants de parents divorcés ou séparés, et des enfants de veuf ou de veuve. Aux États-Unis, les conclusions de l'enquête nationale sur la famille et le foyer révèlent que les enfants nés d'une mère célibataire sont plus susceptibles d'abandonner l'école secondaire que ceux dont les parents ont divorcé, et que les deux groupes courent de plus grands risques d'avoir des déficiences sur le plan scolaire que ceux dont un des parents est décédé[41]. Mais, dans la réalité, le risque d'abandonner l'école secondaire est le même pour les enfants qui vivent avec un parent veuf que pour ceux qui vivent avec leurs deux parents. Un modèle similaire se dégage à l'égard de la grossesse chez l'adolescente.

Il n'est pas surprenant que la mort d'un parent soit moins désastreuse pour l'enfant que la perte d'un parent en raison d'un divorce. La mort est involontaire; le divorce est voulu par au moins un des parents. Cette distinction n'échappe pas à l'enfant. La mort d'un parent est généralement considérée comme une catastrophe et provoque un débordement d'émotion dans l'entourage. L'enfant est réconforté par les membres de sa famille tout au long du processus de deuil, au cours duquel le parent disparu est évoqué avec sympathie, fierté et affection. Le parent veuf partage le deuil de l'enfant. Ensemble, ils cultivent une image idéalisée du disparu ou de la disparue et, malgré la disparition physique de la personne, peuvent construire un lien étroit avec elle. En revanche, la perte d'un parent à la suite d'un divorce est un désastre pour l'enfant. Le point de vue de l'enfant et celui du parent avec lequel il vit sont presque toujours différents. Le parent veut aller de l'avant; l'enfant est déchiré entre sa loyauté envers ce dernier et sa loyauté envers l'autre parent qui est parti. Le parent pense aux défauts de l'ex-conjoint; l'enfant ne pense qu'à sa force et à ses qualités. L'empathie et la compréhension de la société envers un enfant qui a perdu son père ou sa mère par décès ne s'étendent pas à l'enfant qui a perdu un parent à cause d'un divorce. Comme Barbara Dafoe Whitehead le fait observer: «Un parent vivant absent ou indifférent peut être une source de tourment permanent pour l'enfant, alors qu'un parent mort ne l'est jamais[42].»

Lors de ma première rencontre avec David, je découvre un adolescent de 14 ans dont le père a quitté le domicile conju-

gal pour aller vivre avec sa secrétaire. David manque les cours, prend de la drogue et a eu par deux fois des démêlés avec la justice à la suite de comportements agressifs. Il a volé et démoli une voiture. Un jour, il a cassé une bouteille sur la tête d'un autre garçon. La colère de David envers son père est immense. Il refuse de le voir, l'insulte quand il le voit. Il va jusqu'à crever les pneus de sa voiture. Sa mère est également victime de ses accès de colère. L'attitude de David envers cette dernière oscille entre les démonstrations de tendresse et les reproches violents, ceux-ci consistant à accuser sa mère d'avoir provoqué le départ de son père.

Les troubles émotionnels de David contrastent avec ceux de Matthew, qui a également perdu son père. Il avait 12 ans quand son père est mort subitement d'une maladie coronarienne. Matthew traverse des moments de grande tristesse et de solitude, mais l'image qu'il garde de son père est positive. Elle lui fait chaud au cœur. Ses souvenirs et ceux de sa famille à propos de son père mort renforcent sa relation avec sa mère et avec ses frères et sœurs. Une décennie après le deuil, Matthew a une relation harmonieuse avec ses pairs. Les cicatrices de son deuil sont presque effacées. David, lui, reste extrêmement ambivalent en ce qui concerne son père, avec lequel il a quasiment perdu tout contact. Sa relation avec sa mère s'est améliorée, mais il lui arrive encore de l'accuser d'avoir poussé son père à partir. Ses contacts avec les femmes sont lourds de problèmes, qui proviennent principalement de sa tendance à interpréter toute critique et tout différend comme un rejet.

On estime que l'absence et la perte de revenus associées au divorce sont responsables de la moitié des désavantages qui accablent les familles monoparentales, mais une supervision et un engagement insuffisants de la part des deux parents, leur instabilité et le conflit endémique séparant ces parents divorcés sont responsables de l'autre moitié. Le manque d'argent, comme le démontrent McLanahan et Sandefur, n'est pas le seul déficit créé par les bouleversements qui affectent la famille. Le remariage, qui peut augmenter le revenu de la famille, peut aussi produire de nouvelles contraintes, ainsi qu'un changement de résidence qui peut détruire les liens des enfants avec leurs voisins et amis.

On pourrait penser que le fait d'avoir un beau-père bien disposé fait beaucoup pour soulager une partie des tensions associées au divorce ou au fait de vivre avec un seul parent, mais des chercheurs aussi bien que des analystes n'ont jamais pu confirmer ce changement positif. En fait, les constatations sont plutôt sombres. Les conflits entre parents et enfants sont nombreux dans les familles recomposées. Les beaux-pères ne s'engagent pas toujours vis-à-vis des enfants de leur conjointe et deviennent plus distants encore lorsque ces enfants ont un comportement antisocial. Les relations entre frères et sœurs se gâtent elles aussi, et celles des enfants respectifs des deux parents sont souvent antagonistes. Elles ne s'améliorent – légèrement – qu'avec le temps[43]. Plusieurs facteurs peuvent aggraver la situation de la famille où il y a eu remariage : les conflits persistants entre les parents biologiques ; le souvenir pénible de leur discorde conjugale avant leur divorce ; une acceptation difficile de la nouvelle autorité parentale ; et le désengagement de la mère et du beau-père, allant de pair avec un laisser-aller dans la surveillance des adolescents. Un psychiatre britannique a exposé franchement les résultats de ses recherches sur le divorce, le remariage et les enfants.

> Un certain nombre d'affirmations naïves sur les effets [positifs] du remariage n'ont jamais été confirmées. En général, à moyen terme, le remariage ne fait aucun bien à la santé psychologique des adolescents. [...] Le divorce en lui-même semble avoir un impact négatif sur le fonctionnement psychologique des adolescents[44].

Dans la majorité des cas, c'est la femme qui demande le divorce. C'est la femme qui demande la garde de l'enfant, et c'est à la femme qu'on l'accorde. Les trois quarts des jugements de divorce sont prononcés en faveur des épouses. La raison la plus courante, pour un jugement de divorce en faveur de la femme, est la conduite déraisonnable du mari – dénoncée par des épouses de toutes les classes d'âge. (La raison la plus courante, pour un jugement de divorce en faveur du mari, est l'adultère de la femme[45].) Dans une étude sur les ruptures familiales, 57 divorces, sur les 76 listés, ont été demandés par des femmes[46]. Cette proportion s'explique aisément. Au cours des 40 dernières années, les femmes sont devenues moins dépendantes de l'homme sur le plan économique. Elles sont plus à même de subvenir à leurs besoins en dehors du mariage[47], bien que, ainsi que McLanahan et Sandefur l'ont souligné, ce ne soit pas nécessairement le cas dans la pratique. Les femmes peuvent néanmoins se permettre d'être plus circonspectes dans le choix d'un mari, et elles ont la possibilité de se libérer d'une relation conjugale quelconque, insatisfaisante, ennuyeuse, abusive, ou carrément violente.

Comme le révèlent un grand nombre d'enquêtes, beaucoup de femmes divorcées – beaucoup plus nombreuses que les hommes – déclarent que leur existence est plus heureuse depuis leur divorce. Dans une de ces recherches, 80 % des divorcées – contre 50 % seulement des divorcés – disent qu'elles préfèrent vivre seules qu'en couple[48]. Les hésitations des hommes en la matière sont dues au fait que, pour un grand nombre d'entre eux, le divorce ne veut pas simplement dire être séparé d'une femme avec laquelle la vie est devenue impossible, mais être séparés d'enfants – souvent définitivement – dont ils n'ont jamais eu à se plaindre.

Même si les parents qui divorcent sont souvent désireux de mettre fin à tout dialogue, leurs enfants les obligent à rester en contact. La raison qui pousse le père et la mère à communiquer l'un avec l'autre a donc trait à leurs responsabilités parentales, et non à un désir d'entretenir une relation amicale[49]. Les attentes de la société et des instances légales, qui prônent, pour le bien des enfants, une relation civile, courtoise et constructive entre les divorcés, exigent beaucoup de deux adultes qui se sont quittés parce qu'ils ne pouvaient plus supporter la vie commune. L'état « après-divorce » exige une renégociation des frontières entre les divorcés, et entre le conjoint qui a quitté le foyer et ses enfants. Emery et Dillon exposent le problème dans des termes non équivoques :

> Les parents ne divorcent pas de leurs enfants. En conséquence,
> ils ne peuvent divorcer complètement. Les ex-époux doivent

donc redéfinir leur relation. S'ils veulent devenir de bons co-parents, leur tâche primordiale est de faire la différence entre leur rôle permanent auprès de leurs enfants et leur rôle d'époux qui ont mis fin à leur vie commune[50].

Malheureusement, cette redéfinition est rarement faite. Ce qui arrive beaucoup plus fréquemment est que l'un des parents, souvent le père, est écarté de son rôle de parent, qu'il perd en même temps que son rôle d'époux. Cet éloignement est parfois décidé par lui. Une des études les plus poussées sur le rôle du père après une séparation a été faite par Judith A. Seltzer[51]. Sa recherche, qui porte sur 1 350 cas, s'attarde particulièrement sur trois des responsabilités du père après un divorce : ses contacts avec sa famille, sa participation financière et sa participation à toute décision concernant l'avenir de l'enfant ou des enfants. Près de 30 % des enfants examinés dans le cadre de l'enquête n'avaient pas vu leur père du tout au cours de l'année qui venait de s'écouler, et un quart d'entre eux seulement voyaient leur père une fois par semaine. Les enfants dont les parents n'étaient pas mariés voyaient leur père moins souvent encore que les enfants de parents mariés. Les pères qui avaient été l'époux de la mère de leur enfant ou de leurs enfants envoyaient plus volontiers de l'argent pour les dépenses occasionnées par ces derniers, tout comme les pères qui étaient en contact régulier avec leurs enfants. Il y avait cependant une corrélation moindre entre ces contacts et la participation aux décisions concernant les enfants : la moitié (47,6 %) des pères qui voyaient souvent leurs enfants avaient des disputes fréquentes à leur sujet avec la mère, et leur influence dans les prises de décisions diminuait avec le temps. Judith Seltzer rapporte que deux conjointes interrogées sur trois, séparées depuis deux ans ou moins, ont déclaré que les pères avaient un pouvoir de décision concernant les enfants. Parmi celles qui étaient séparées depuis 10 ans ou plus, une seule femme sur trois parlait encore d'influence paternelle.

Des parents avec lesquels j'avais un dialogue très ouvert m'ont expliqué que, lorsque les parents divorcent, ils ne divorcent pas pour autant de leurs enfants. Et que les conflits persistent. Lorsque Edward s'est séparé d'Eileen, il a accepté qu'elle ait la

garde complète des enfants, tout en obtenant un généreux droit de visite. L'un des problèmes qui avait accéléré la détérioration de la relation du couple est qu'ils n'étaient pas d'accord sur l'éducation qu'il convenait de donner à leurs enfants. Edward avait des idées assez rigides sur la ponctualité, la propreté, les devoirs scolaires et l'utilisation des loisirs. Eileen avait une approche beaucoup plus souple, voire permissive. Si les conflits qui ravageaient le foyer lorsque Edward en faisait partie sont devenus moins fréquents (il n'y était physiquement présent que pour de courtes périodes), ils ont gagné en virulence, surtout lorsqu'il se trouvait dans la maison. D'autre part, les enfants n'avaient plus envie d'aller chez lui, ce qu'il a bien sûr interprété comme une preuve que son ex-femme montait les enfants contre lui. Ces derniers ont en fait appris très vite comment le manipuler et lui mentir – ce qui contrariait beaucoup la maman. Edward a fini par espacer ses visites. C'est alors qu'Eileen s'est rendu compte que son autorité sur ses enfants s'était évaporée. Elle avait si souvent pris leur parti et défendu leur point de vue que, lorsque le moment était venu de tracer des limites entre ce qu'elle pouvait tolérer et ce qui était intolérable, elle a réalisé qu'elle n'avait quasiment plus voix au chapitre. C'est à ce stade un peu tardif que son fils Mark, un adolescent, est venu à sa rescousse.

Les contacts qu'un père entretient avec ses enfants après un divorce sont associés, de façon positive, à son aide financière, mais cette aide n'est pas garante d'une participation importante dans le déroulement de leur existence[52]. Judith Seltzer conclut son rapport avec une observation déjà confirmée par d'autres enquêtes :

> Pour la plupart des enfants qui sont nés en dehors du mariage, ou dont les parents ont divorcé, le rôle du père est aussi bien défini par omission que par délégation [de pouvoirs][53].

Selon les résultats d'une enquête faite en 1991 au Royaume-Uni, 57 % seulement des ex-parents gardent le contact avec leurs enfants[54].

Il faut noter que, dans l'étude de Judith Seltzer sur l'engagement paternel, le degré d'éloignement des pères divorcés par rapport à leurs enfants s'appuie surtout sur les déclarations des *mères* : les données fournies par des mères vivant avec leurs enfants sont plus fiables que toute information soutirée à des pères vivant loin du foyer. « C'est un problème majeur lors des enquêtes, fait observer One Plus One, un organisme londonien. Ces hommes sont difficiles à joindre, et ils sont peu désireux de participer à des enquêtes de ce type[55]. »

Une autre étude, faite sur 3 ans et portant sur 136 enfants âgés de 9 à 12 ans, révèle que les garçons de famille recomposée qui ont gardé le contact avec leur père biologique ont un plus grand pouvoir d'adaptation sur le plan psychologique et moins de problèmes scolaires que ceux qui n'ont gardé qu'un contact limité avec leur père[56]. Cependant, la moitié seulement des enfants des familles recomposées maintiennent un contact régulier avec leur père biologique, comparés aux deux tiers des enfants vivant dans un foyer monoparental – mais les problèmes financiers de ces foyers compromettent dans une large mesure les avantages offerts par ces contacts plus étroits.

Parmi les conséquences les moins connues de l'escalade du divorce, on trouve ce que David Blankenhorn, un des avocats les plus acharnés des droits paternels, qualifie à regret de « père visiteur[57] ». Le père visiteur est une personne déplacée, qui s'efforce de ne pas devenir un ex-père, qui s'arrête mais ne reste pas, qui n'est plus l'homme de la maison, mais un visiteur qui y entre et en sort. Il se fait du souci, il essaie désespérément de rester en contact avec ses enfants. Les pères visiteurs sont nombreux. En 1990, sur les 10 millions de pères absents du foyer aux États-Unis, un peu plus de la moitié avaient droit de visite, et 1 homme sur 14 bénéficiait de la garde partagée. Blankenhorn estime qu'en 1990 il y avait entre quatre et six millions de pères qui ne vivaient plus avec leurs enfants, mais qui avaient le droit de les voir sur une base régulière ou occasionnelle. Le grand public et les instances politiques préfèrent de loin les pères visiteurs ; ils les approuvent et les encouragent. Ceux qui prétendent que le divorce n'est pas nécessairement un désastre pour les enfants défendent cette idée voulant que les pères divorcés qui restent en contact avec leurs enfants et participent aux dépenses du foyer participent à la prévention de la plupart des conséquences indésirables des ruptures conjugales. Le problème est que, dans la majorité des cas, l'idée même du père visiteur est un fantasme, pour la bonne raison que la plupart des mariages se sont brisés dans l'amertume, la culpabilité, la souffrance et une pléiade de récriminations. Le père s'en va et laisse les enfants à la mère. Pourtant, les partisans du divorce continuent à s'accrocher à cette notion selon laquelle les dommages causés par le divorce pourraient être évités si le processus de séparation était plus civilisé, et si, par l'entremise d'une médiation et de conseils adéquats, la même approche en matière de soins et d'éducation à donner aux enfants était partagée par les deux parties.

Certains espoirs reposent sur les arrangements « après divorce », où les parents prennent ensemble les décisions au sujet de leurs enfants en matière de santé, d'éducation, d'enseignement religieux, et même de lieu de résidence. C'est ce qu'on appelle la *garde partagée*. Une telle approche, très séduisante en théorie, exige que les parents mettent leur rancœur et leurs conflits de côté et sacrifient leurs intérêts personnels à ceux de leurs enfants. La garde partagée a été proposée dans le but de sauvegarder les intérêts de l'enfant. Il s'agit d'une tentative délibérée de prévenir la perte totale d'un des parents, généralement le père. La garde partagée reflète également cette idée voulant qu'il n'existe aucun décret de la nature disant que la femme est un meilleur parent que l'homme. Il y a des hommes qui expriment le souhait de rester en contact étroit avec leurs enfants ; il y a des femmes qui expriment le souhait de travailler en dehors du foyer ; il y a des parents qui partagent tous arrangements ayant trait aux soins et à l'éducation de leurs enfants.

Une recherche récente, cependant, confirme le fait que la garde partagée est lourde de problèmes. Chaque parent est tenu d'établir son programme et ses horaires en fonction de ceux de son ex-conjoint ou ex-conjointe. La garde partagée sous-entend un degré énorme de coopération et de communication entre des parents qui ont été si désappointés par leur vie de couple qu'ils en ont été réduits à mettre fin, en en payant le prix, à une relation personnelle et intime. La guerre qui mène au divorce prend rarement fin avec le divorce.

Dans une étude sur le sujet, une comparaison a été établie entre enfants de parents divorcés placés sous le régime de la garde partagée et enfants en garde unique[58]. La quantité d'amour positif et d'affection entre parents et enfants a été évaluée, de même que le niveau de désaccord des parents à l'égard de la garde des enfants. Les auteurs de l'étude ont découvert qu'un niveau élevé de désaccord entre les parents est associé à un niveau élevé de désaccord entre parents et enfants, quel que soit le type de garde. Le discours des enfants soumis au régime de la garde partagée est en fait *moins* positif envers les parents que celui des enfants placés sous la garde d'un seul parent. Un des travaux les plus audacieux et les plus controversés sur le sujet est l'étude réalisée sur une durée de 15 ans par Judith Wallerstein et Sandra Blakeslee. Les recherches portent sur 69 parents divorcés et sur les 131 enfants de ces couples[59]. L'étude démontre que, contrairement aux idées reçues, le divorce n'est pas une crise à court terme, mais une blessure chronique qui a un effet radical et profond sur la vie de toutes les personnes concernées. Deux ans après le divorce de leurs parents, les enfants en garde partagée voulue par les parents (et non décidée par le tribunal) ne sont pas mieux adaptés à la situation que les enfants vivant sous le régime de la garde unique. La garde partagée ne minimise pas les conséquences négatives du divorce au cours des années qui lui font suite, en dépit du fait que les pères qui partagent la garde des enfants sont considérés par ces derniers comme plus engagés envers eux.

Ces constatations seront récupérées – en fait, elles l'ont déjà été – par ceux qui y voient la preuve qu'il est tout à fait acceptable de confier la garde des enfants à un seul parent – en général à la mère. Puisqu'il ne semble y avoir quasi aucune différence dans la réaction des enfants, qu'ils voient leur père ou ne le voient pas, pourquoi changerait-on les choses? Cette position passe à côté du problème. Le divorce, dans la majorité des cas, éloigne le père, quels que soient les arrangements en matière de garde. Le père a certes droit de visite, et ses enfants vont chez lui, mais, comme Blankenhorn le dit clairement :

> Le régime des visites efface le père. Cet arrangement étouffe petit à petit la relation père-enfant. Le résultat ultime de ce régime de visite, qui nie la paternité, sera, purement et simplement, la fin de ce statut. Devant cette situation fausse, beaucoup de pères,

comme Frank Furstenberg et Andrew Cherlin le constatent, « commencent à se sentir comme des étrangers avec leurs enfants, comme s'ils étaient des imposteurs[60] ».

L'enquête de Furstenberg et de Cherlin sur les conséquences de la séparation des parents sur les enfants se termine sur cette conclusion : le régime de la garde partagée, instaurée pour atténuer les conflits entre les parents et pour permettre au père d'être plus présent et de participer davantage aux dépenses, a échoué sur toute la ligne.

Peut-être n'est-ce pas le divorce qui est à la base de tous ces problèmes, mais les conflits entre les parents, conflits qui précèdent le divorce et qui le provoquent. Lorsque les conflits sont endémiques, on peut dire que le divorce supprime l'atmosphère néfaste qui règne dans la famille, permet aux adultes de commencer une nouvelle existence, et donne aux enfants la possibilité de se développer dans un nouvel environnement moins tendu. Cette rationalisation pourrait s'intituler : « Le divorce pour le bien des enfants ». Elle a recueilli l'assentiment des auteurs d'un grand nombre de travaux. Lorsqu'ils ont commenté, durant les années 1980, une recherche américaine sur l'impact du divorce sur les enfants, Demo et Adcock ont mis l'accent sur le fait que « beaucoup d'études indiquent que l'ajustement des enfants au divorce est facilité lorsque le conflit parental est modéré avant et après le divorce[61] ». Pendant ce temps, Gable et ses collègues préfèrent conclure que ce sont les « relations conjugales et interpersonnelles avant et après le divorce, et non la rupture familiale, qui sont déterminantes dans l'apparition des problèmes de comportement et des difficultés d'adaptation des enfants[62] ».

Dans une enquête américaine récente portant sur 100 familles de divorcés avec des enfants d'âge scolaire, Abigail Stewart et ses collaborateurs affirment que l'image que la société se fait du divorce est exagérément négative, qu'elle stigmatise les parents et qu'elle n'accorde aucun crédit aux effets positifs qu'une séparation peut avoir sur les relations familiales[63]. Les chercheurs prétendent que le divorce est moins un événement malheureux qu'un processus de régénération familiale. Ils ajoutent que les enfants qu'ils ont observés pendant une période de 18 mois se sont bien « ajustés » à la séparation et au divorce de leurs parents. Les auteurs de cette étude longitudinale, subventionnée par le National Institute of Mental Health des États-Unis, affirment que beaucoup de familles trouvent les moyens nécessaires «pour faire la transition entre une seule famille et deux familles». Ils souhaitent que la société, plutôt que de décrire le divorce comme «un dernier recours douloureux pour des époux malheureux», s'emploie à le décrire comme «une possibilité de développer de nouveaux potentiels». Leurs conclusions, accueillies comme le parfait antidote au discours sinistre sur le divorce, découlent d'une enquête auprès de mères divorcées (peu de pères y ont participé). Elles sont basées sur une évaluation et un suivi de l'état des enfants sur une période relativement courte (18 mois au plus).

En Angleterre, quelques études seulement ont été consacrées aux conflits conjugaux, au divorce et à leurs conséquences sur les enfants. L'étude d'Exeter, dirigée par Monica Cockett et John Tripp, établit une comparaison entre les enfants de familles intactes et les enfants de divorcés. Les enfants du divorce sont classés selon leur situation au moment de l'étude : soit celle d'enfants d'une famille monoparentale, d'une famille recomposée, ou d'une famille «brisée à nouveau» (où le parent qui a la garde de l'enfant a connu une nouvelle rupture dans une nouvelle relation). Les familles intactes se divisent en deux groupes : le groupe «à conflits aigus» et le groupe «à conflits modérés». Les revenus les plus bas concernent les enfants du groupe des familles «brisées à nouveau»; les plus élevés, ceux des enfants du groupe des familles intactes «à conflits modérés». Ce qui offre particulièrement matière à controverse dans cette étude, c'est l'affirmation voulant que les enfants du groupe «à conflits aigus» vivant dans des familles intactes jouissent de meilleurs revenus que les enfants qui ont vécu un divorce. Cette affirmation suggère en effet que c'est la perte d'un parent, la séparation et le divorce en eux-mêmes qui créent les revenus les plus bas, plutôt que la présence des conflits. Bien qu'un barrage de critiques se soit élevé contre la méthodologie de l'étude d'Exeter, les constatations faites par ses auteurs n'en restent pas moins en accord avec les enquêtes qui ont révélé que les adultes qui ont divorcé plus d'une fois jouissent d'une moins bonne santé physique et mentale que ceux qui n'ont connu qu'un seul divorce[64]. L'étude d'Exeter et celle du National Institute of Mental Health des États-Unis pèchent par le fait qu'elles ne parlent pas du niveau de fonctionnement psychologique et social des adultes et des enfants auprès desquels l'enquête a été faite. Cette omission constitue une sérieuse faille dans ce genre d'études.

L'étude d'Exeter pose une question cruciale : est-il préférable, pour l'enfant de parents malheureux, amers et querelleurs, que ces derniers divorcent ou restent ensemble « pour le bien de l'enfant » ? Les constatations des auteurs indiquent que « rester ensemble » est peut-être la meilleure solution... pour les enfants. McLanahan et Sandefur partagent cette conviction, sauf s'il y a conflit permanent entre les parents et que ce conflit est caractérisé par une violence verbale et/ou physique. La séparation est alors préférable pour l'enfant. Mais, lorsqu'il s'agit de ce que l'on pourrait décrire comme un désaccord moins grave, moins explicite et moins physique, se caractérisant par une insatisfaction émotionnelle, de l'ennui, une absence d'affection mutuelle, de l'incompatibilité ou une baisse de l'attirance sexuelle – les raisons les plus courantes pour demander le divorce –, « l'enfant sera probablement plus heureux si ses parents arrivent à résoudre leurs différends de manière que la famille reste intacte – même si la relation des parents laisse depuis longtemps à désirer[65] ». Dans la mesure où la plupart des estimations indiquent que de 10 à 15 % seulement des mariages se soldant par un divorce étaient marqués par un certain niveau de violence, un nombre substantiel de mariages auraient mérité que l'on fasse de gros efforts pour les sauver. Mais, étant donné le scepticisme grandissant de tant de femmes à propos de l'idée même du mariage, et l'incorrigible tendance de tant d'hommes, après un divorce, à s'éloigner de leurs enfants et/ou à s'abstenir d'apporter une aide financière à leur famille, qui va consentir à faire de tels efforts ?

Si j'ai passé autant de temps, dans ce livre consacré à la masculinité en crise, à examiner le problème de la séparation et du divorce et l'impact de ces derniers sur les enfants, c'est parce que ce problème a une importance particulière pour l'homme. Il est prouvé que le rôle du père se fragilise fortement après une rupture conjugale. Alors que les enfants qui ne vivent pas avec leur mère sont presque aussi nombreux que les enfants qui vivent avec elle à affirmer qu'ils ont une bonne relation avec maman, on ne peut pas dire que ce soit le cas dès qu'il est question du père. Aux États-Unis, on sait que les enfants qui ne vivent pas avec leur père sont deux fois plus nombreux que ceux qui vivent avec lui à déclarer qu'ils n'ont pas une bonne relation avec papa. Plus de la moitié des enfants qui ne vivent pas avec leur père se plaignent de ne pas recevoir l'affection paternelle dont ils ont besoin[66]. Mais les pères divorcés qui restent proches de leurs enfants et font tout pour les voir régulièrement ne sont pas toujours payés de retour. Contrairement à ce à quoi l'on pourrait s'attendre, il semble que la fréquence des visites n'atténue pas le sentiment de rejet éprouvé par les enfants. Et pourtant, dans la mesure où ils s'emploient activement à garder un contact régulier avec leurs enfants, un grand nombre d'hommes divorcés ou séparés finissent par passer beaucoup *plus* de temps avec eux que des pères de familles intactes avec les leurs. Ce qui importe à l'enfant, comme il est démontré dans l'étude de Wallerstein et de Blakeslee, n'est pas la quantité d'heures passées avec l'enfant, mais leur qualité :

> Quand le père est considéré comme un être compétent et pourvu de valeurs morales et que le garçon se sent aimé et accepté par lui, on peut se dire que la santé psychologique de ce dernier sera vraisemblablement bonne. L'ajustement psychologique de l'adolescent d'une famille de divorcés est grandement facilité par la perception qu'il a de son père, autrement dit quand il peut déclarer : « Mon père est un homme, mon père s'occupe de moi ; il m'encourage, il me respecte[67]. »

Mais que font les pères qui s'éloignent de leurs enfants ou qui sont chassés de la famille ? Quel est le sort de ces pères absents ? Beaucoup se remarient ou cohabitent avec une autre femme, et fondent une nouvelle famille. Certains s'éloignent, fuyant ainsi des devoirs et des responsabilités pour lesquelles ils ne sont pas faits – pour l'une ou l'autre raison. D'autres disparaissent, amers, blessés par ce qu'ils considèrent comme une culture hostile qui favorise les mères au détriment des pères en matière de garde, de droits de visite, d'éducation et de décisions parentales. Quant aux lois, qui sont différentes selon les instances juridiques, on peut dire qu'elles ne facilitent pas la vie des pères.

Conclusion

Au cœur du débat sur la présence ou l'absence paternelle, on retrouve souvent cette idée voulant que le père n'ait pas grande importance. Un grand nombre de pères en sont du reste arrivés eux-mêmes à cette conclusion. D'autres, cependant, souffrent en raison des stéréotypes qui font d'eux des êtres inutiles, indifférents et irresponsables. Certains chercheurs, notamment David Popenoe[68], affirment que les deux facteurs qui contribuent à la disparition du père de famille contemporain sont, d'une part, la croissance exponentielle des divorces et, d'autre part, l'augmentation du nombre de mères célibataires. Aux États-Unis et au Royaume-Uni, ainsi que dans une grande partie de l'Europe occidentale, les chances de survie d'un premier mariage sont de 50 % environ, et le taux des naissances en dehors du mariage se situe entre 25 et 30 % de toutes les naissances. En Irlande, si l'on prend toutes les familles avec enfants de moins de 15 ans, on constate que le pourcentage de familles monoparentales est passé de 7 % en 1981 à 11 % en 1991, et à 18 % en 1996 – augmentation généralement due aux ruptures conjugales et aux naissances hors mariage[69]. Le déficit de la paternité dû aux naissances hors mariage est presque égal, dans beaucoup de sociétés, à celui qui découle du divorce. Souvent, les enfants dont les parents divorcent savent déjà ce que c'est que de perdre contact avec leur père. Pour la majorité de ces enfants, le père disparaît du tableau dès les prémisses du divorce. Il y a également dévaluation culturelle du rôle du père. Il y a 30 ans, il était encore universellement admis que les enfants avaient besoin d'un père aussi bien que d'une mère. Le fait qu'un certain nombre d'hommes ne désiraient pas devenir pères ; que beaucoup de pères étaient inadéquats, d'une manière ou d'une autre, parfois négative et destructrice ; et que des pères refusaient de reconnaître leur paternité et d'assumer leurs responsabilités, n'invalidait pas une conviction commune, à savoir que le père est un personnage important dans la vie et le développement de l'enfant. Ce n'est plus le cas aujourd'hui, où la notion de famille sans père est de plus en plus largement acceptée, voire préconisée. Il est pourtant prouvé que l'enfant paie un prix douloureux pour le divorce de ses parents et pour la perte de son père. Aujourd'hui, ce prix énorme est payé par un grand nombre d'enfants. Cette réalité ne peut être ignorée. L'on sait désormais, et cette certitude est entière et incontournable, que deux parents, le père et la mère, valent mieux qu'un, et que la société a le devoir de faire tout ce qui est en son pouvoir pour protéger et soutenir les parents, pour les aider à rester ensemble.

Mais les faits n'en restent pas moins dérangeants, en tout cas pour les hommes. La plupart des demandes de divorce sont faites par des femmes. Beaucoup d'hommes ne s'acquittent pas de la pension à payer à leur famille. Et un grand nombre d'entre eux affichent leur indifférence plutôt que leur engagement envers leurs responsabilités paternelles. Certains hommes, qui commencent leur vie « après divorce » avec les meilleures intentions du monde et un grand désir de respecter leurs engagements, finissent par se laisser aller, soit parce que les contacts avec leurs enfants s'estompent, soit parce qu'ils prennent une autre conjointe et fondent une nouvelle famille.

Les contempteurs de la paternité ont-ils raison ? Le père est-il une menace plutôt qu'un soutien ? Ne serait-il pas préférable d'admettre que le rôle du père est devenu, comme d'autres rôles masculins, inutile, et que la femme, avec l'aide d'un donneur de sperme, de services sociaux adéquats, d'améliorations judicieuses dans le domaine de l'emploi et du soutien généreux de ses consœurs, peut très bien se débrouiller seule ? Mais, si les hommes ont encore un rôle de père à tenir, alors il est grand temps qu'ils expliquent ce que cela représente à leurs yeux. Il est grand temps qu'ils jouent ce rôle comme ils le doivent. À quoi servent les pères ? Qui sont-ils ? Qu'apportent-ils à la société dont la société ne pourrait se passer ?

Les questions qui se posent ne concernent pas seulement les hommes en tant qu'individus, elles concernent aussi les institutions créées et dominées par les hommes. Car ces institutions – cabinets ministériels, banques, salles de conseil, instances diverses, syndicats, clubs et confréries où les politiques sont élaborées et mises en application – ont une influence sur nos vies et les façonnent.

Peter Jones, directeur d'hôpital qui travaille selon un horaire flexible afin de s'occuper de ses enfants le soir, a donné sa propre réponse :

Je veux être avec eux. [...] J'ai décidé en toute conscience que je ne me tuerais pas au travail et que je n'abandonnerais pas mes enfants [...]. Ce fut une décision consciente. [...] Et ce n'est pas le nombre d'heures qui compte, c'est ce qu'on en fait quand on est là[70].

Alors, que font les pères... quand ils sont là?

Chapitre

LE PÈRE

out enfant a besoin d'un père aimant et attentionné. Au premier abord, cette nécessité semble évidente, mais elle n'a pas encore été démontrée. Des études sur le sujet sont en cours. En revanche, la documentation ayant trait aux sciences sociales et aux études sur la famille abonde d'analyses diverses démontrant l'importance cruciale de la *mère* dans le développement psychologique, et même physique, de l'enfant. Ces recherches rassemblent un matériel divers : images vidéo illustrant des interactions entre mères et bébés ; études sur le développement de la vocalisation chez le petit enfant ; analyses du lien entre les interventions de la mère et les aptitudes de l'enfant à la lecture ; et évaluation des conséquences du stress et des troubles psychologiques maternels sur le développement et la santé de l'enfant. Une telle préoccupation pour le rôle et l'importance de la mère n'est pas sans périls pour cette dernière. Dans la mesure où on lui attribue le rôle primordial dans le développement harmonieux de l'enfant, c'est elle, et non le père, que l'on accuse lorsque les choses tournent mal. Avec le développement des sciences du comportement, on a du reste vu apparaître ce qu'un chercheur a appelé « la mère coupable[1] ». À la fin d'un compte rendu sur des articles parus dans un journal médical en 1970, en 1976 et en 1982 – articles dans lesquels les causes de problèmes émotionnels étaient analysées –, Caplan et McCorquodale déclarent :

> L'image prédominante dans les 63 articles parus dans les journaux en question (où les auteurs abordent l'impact des problèmes pathologiques de la mère ou du père sur les enfants et les raisons pour lesquelles seul le père, ou seule la mère, a bénéficié d'un traitement, et où ils font le décompte du nombre de mots utilisés pour décrire la mère, comparé au nombre de mots pour décrire le père) est celle de « mère coupable[2] ».

Les auteurs documentent, chez l'enfant, plus de 70 troubles mentaux dont la mère serait responsable, dont la schizophrénie, l'anorexie, la dépression, l'énurésie, le comportement suicidaire, l'absentéisme scolaire, l'autisme et l'alcoolisme. Des recherches faites dans le même domaine ont convaincu quelques analystes influents que le père ne jouait aucun rôle dans ces problèmes. Mais il y a très peu d'études sur le sujet. En 1997, par exemple, lorsque le journal scientifique *Demography* propose de consacrer une édition spéciale aux « hommes dans la famille », l'éditorialiste invitée, Suzanna M. Bianchi, explique qu'« une des questions dont nous avons longuement discuté était de savoir s'il existait suffisamment de recherches sérieuses sur la démographie sociale concernant les hommes pour faire un numéro spécial[3] ». Il n'est pas surprenant que quelques biologistes enthousiastes en aient conclu que la contribution des pères à la famille se limitait quelque peu au don de sperme pour la survie de l'espèce.

Depuis une quarantaine d'années, on a beaucoup parlé, débattu et contesté le concept de « dépression anaclitique* », et en particulier ses effets sur le développement physique, psychologique et social de l'enfant. Lorsqu'on parle de « dépression » provoquée par le départ du père, on fait surtout allusion aux conséquences financières de cette perte pour la famille. La valeur intrinsèque du père, sur le plan psychologique ou autre, n'est pas prise en considération.

---

* Arrêt de développement survenant pendant la première année de la vie chez l'enfant brusquement séparé de sa mère. (*Petit Robert*)

Dès les débuts, les discussions sur la psychologie de la famille ont été fortement influencées par la psychanalyse. Selon un des principes essentiels de Freud, c'est la relation mère-enfant qui établit le modèle et le style qui va présider aux relations de l'adulte. Le père de la psychanalyse affirme :

La relation à la mère est unique, sans équivalent ; elle s'installe de façon permanente, et pour toute la durée de la vie, comme le premier objet amoureux, et le plus fort, et comme le prototype de toutes les relations amoureuses à venir[4].

Freud était sans doute influencé par son propre vécu. Sa mère, femme dominatrice, était, semble-t-il, entichée de son aîné, son « Sigi en or », comme elle se plaisait à l'appeler. Plus tard, Sigmund Freud déclarera que « lorsqu'un être a été l'enfant chéri et sans rival de sa mère, il ressent toute sa vie ce sentiment de triomphe et cette certitude du succès qui apportent souvent le succès lui-même[5] ». Freud avait une vision plus ambivalente de son père, Jacob. Un de ses souvenirs d'enfance les plus marquants est une histoire que ce dernier lui a racontée lorsqu'il avait 10 ou 11 ans. La scène est la suivante : un jour où Jacob, tout jeune homme, se promène, un chrétien balaie son chapeau d'une chiquenaude et l'envoie dans la rue en lui disant : « Hors du trottoir, juif ! » Lorsque Freud demande à son père comment il a réagi, ce dernier lui répond : « J'ai sauté dans la rue et j'ai ramassé mon chapeau. » Sigmund est choqué par l'attitude de son père ; il ne ressent que mépris pour cette couardise et ce comportement si peu héroïque. Il imagine ce juif peureux rampant devant un gentil qui le tyrannise et cette image le remplit de honte[6].

Quelle qu'en soit la raison, Freud a beaucoup plus de considération pour les mères que pour les pères. La mère est au cœur de ses théories sur l'importance des premières années de l'enfant dans la formation de la personnalité de l'adulte. Il admet néanmoins que l'influence et les pourparlers du père peuvent transformer la relation mère-enfant en relation triangulaire. Il reconnaît le rôle joué par le père lorsqu'il aide l'adolescent qui mûrit à se détacher de sa mère. Mais il est davantage intéressé et préoccupé par l'attachement mère-enfant et son influence déterminante sur le développement de l'adulte. John Bowlby, psychanalyste anglais très influencé par les idées de Freud, est convaincu lui aussi de l'importance des premières années dans le développement harmonieux du bébé et de l'enfant. Dans son rapport de 1951 à l'Organisation mondiale de la santé[7] (OMS), il déclare que les enfants ne devraient pas être « privés » de leur mère pendant la période critique de la petite enfance et de l'enfance, lorsque se noue ce premier lien. Au départ, son rapport fait suite à une demande de l'OMS, qui souhaite avoir une évaluation des conséquences néfastes possibles sur la santé mentale des enfants qui, étant « devenus orphelins, ou qui sont séparés de leur famille pour d'autres raisons, requièrent un placement dans un foyer d'accueil, une institution ou un autre type d'établissement[8] ». Bowlby affirme que l'amour et le dévouement maternels sont aussi vitaux pour le développement harmonieux de l'enfant que les vitamines et les protéines pour sa santé physique. Il va plus loin encore lorsque, en bon disciple de Freud, il déclare :

> Chez le jeune enfant, la privation prolongée de soins maternels peut avoir des conséquences graves et d'une portée considérable sur son caractère et, partant de là, sur toute son existence[9].

La conviction de Bowlby s'est construite alors qu'il étudiait le comportement d'enfants séparés de leurs parents et confiés pour une courte durée à un hôpital ou à une institution, d'enfants placés à long terme dans un orphelinat ou dans un hospice pour enfants trouvés et de jeunes singes rhésus séparés de leur mère et élevés en isolement. En même temps, le psychanalyste lisait des études dans lesquelles la délinquance juvénile et certains problèmes de comportement sont associés à l'une ou l'autre forme de séparation durant l'enfance. Dans ses écrits subséquents, Bowlby modifiera son point de vue et prendra en compte l'influence d'autres personnages faisant partie de la vie de l'enfant, mais sans pour autant minimiser le rôle crucial de la mère. Lorsque le père est là, c'est généralement pour avoir un rôle de soutien. Bowlby admet que le père peut devenir plus présent à mesure que l'enfant grandit, mais il ajoute qu'étant donné les exigences de ses occupations professionnelles on ne peut s'attendre à ce qu'il exerce sur l'enfant une influence comparable à celle de la mère. Robert Karen, qui fait un compte rendu très clair et tout à fait impartial des travaux de Bowlby, écrit :

> Pour Bowlby, ce bourreau de travail dont l'activité professionnelle était toute sa vie et dont les rares manifestations de mauvaise humeur étaient provoquées par l'irruption de ses enfants dans cette vie, il semblait sans doute inconcevable qu'un père puisse être engagé plus intimement envers sa progéniture. En conséquence, sa présence ne pouvait être une source de sécurité[10].

Les convictions tenaces de Bowlby concernant le rôle de la mère l'exposaient aux féroces critiques d'un grand nombre de féministes, qui craignaient que ses affirmations ne soient utilisées (en fait, elles l'étaient) pour combattre l'indépendance croissante des femmes, militer contre leurs activités hors du foyer et décourager le recours aux services de garde, comme les crèches et les maternelles[11]. Ce qui était beaucoup moins controversé, et souvent presque ignoré, c'était le peu de cas que Bowlby faisait du rôle du père. Il y a 30 ans, dans la documentation concernant les sciences sociales et psychologiques, l'éducation de l'enfant ne concernait que la mère. Soit les auteurs d'études utilisaient le terme « maternage », soit, comme l'a fait remarquer un critique, « on se rendait vite compte que tous les sujets étaient des femmes, même si le titre référait aux parents[12] ». Tandis qu'études et recherches passaient lentement aux mains des scientifiques et des universitaires, ce rejet du père a commencé à alimenter une conviction et son corollaire : le père n'a pas grande importance, et le fait qu'il soit absent des analyses ne fait que refléter la supposition voulant qu'il soit quasiment inutile dans l'éducation et le développement de l'enfant.

Dans son compte rendu d'un des ouvrages les plus polémiques qui aient été écrits sur le sujet : *Baby Wars : Parenthood and Family Strife* (La Guerre des bébés : parents et querelles familiales), de Robin Baker et Elizabeth Oram[13], Kathryn Holmquist, journaliste irlandaise, pose cette question cruciale :

Lorsque l'on prive l'homme de la possibilité de fournir un apport financier, que lui reste-t-il à offrir? Des recherches indiquent que les mères seules se débrouillent très bien lorsqu'elles ont une ressource monétaire. Pour encourager le bien-être de ces familles monoparentales, nous devons réorganiser les lieux de travail, ici en Irlande, de manière qu'ils leur soient plus favorables et permettent aux mères de bien gagner leur vie. [...] Or, si l'on considère les préjugés qui perdurent contre la mère célibataire, des attentes de ce genre semblent encore utopiques. Le fait que ce sont les hommes qui font les politiques n'arrange rien, dans la mesure où il est peu vraisemblable qu'ils prennent le risque de démontrer leur inutilité en encourageant les femmes qui travaillent à avoir une famille prospère dont elles seraient le seul chef[14].

Bien que Kathryn Holmquist soit une journaliste talentueuse et généralement bien informée, elle commet cette erreur courante qui consiste à affirmer que les conséquences négatives de la famille monoparentale sont dues à des difficultés financières et seraient évitées si l'on se débarrassait carrément des hommes afin de permettre à un plus grand nombre de femmes de travailler. Quant à l'« ostracisme » qui, selon elle, frappe les mères seules, il n'empêche pas le pays d'avoir le taux le plus élevé de familles monoparentales en Europe – plus élevé qu'en Belgique, aux Pays-Bas, en Allemagne, au Luxembourg, en Suisse, en Italie, en Espagne, au Portugal et en Grèce.

Bien qu'un grand nombre de chercheurs soient convaincus que les pères ont un rôle important à jouer – les enfants de mères seules, comme nous l'avons vu dans le chapitre précédent, sont singulièrement désavantagés –, les enquêteurs se montrent davantage désireux de tirer au clair le rôle potentiel de la pauvreté, d'une instruction médiocre, des conflits qui persistent après le divorce et d'un système qui ne procure pas un appui à la famille que d'analyser et de comprendre ce qui fait que les *pères* sont soit importants, soit inutiles. Un des problèmes majeurs, dans cette interrogation, est que la source la plus courante d'informations sur le père est la mère (en partie parce que le père est difficile à trouver!). Qu'ils soient riches ou pauvres, mariés ou pas, plus de 40 % des hommes qui ne vivent pas avec leurs enfants ne mentionnent même pas, lors d'enquêtes nationales, qu'ils sont pères. Et les enquêtes nationales sur la famille et la démographie, la principale source d'informations sur la famille, s'intéressent rarement aux hommes qui ne vivent pas avec leur femme et leurs enfants. Les enquêteurs négligent même ceux qui vivent en famille. Ce n'est qu'en 1995 que le président américain de l'époque, Bill Clinton, fait passer un décret-loi qui va donner au père un poids égal à celui de la mère lors des enquêtes et de l'établissement de politiques familiales. Le ministère de la Santé et des Affaires sociales des États-Unis se penche depuis peu sur les moyens à employer pour consolider les droits de visite et le rôle du père dans le choix du programme d'éducation de ses enfants. En 2000, pour la première fois, les hommes ont été inclus dans l'enquête nationale sur la croissance de la famille.

Ceux qui croient que le père a un rôle à jouer savent, la plupart du temps, de quel rôle il s'agit. Pour les groupes religieux, le père doit être un guide. Certaines personnes le voient en « papa poule ». On s'attend à ce que le père soit sportif, qu'il enseigne la discipline à son ou ses fils, qu'il soit tendre et attentionné envers sa ou ses filles, qu'il résolve les tensions qui le tiraillent tandis qu'il s'efforce de gagner de l'argent tout en étant disponible pour sa famille. Est-ce ce qu'il *fait*, ce qu'il *dit* ou ce qu'il a dans son portefeuille qui lui confère son importance ? Est-ce le simple fait qu'il soit là ? Quel que soit son rôle, il va devoir le jouer dans un monde qui a fondamentalement changé. Les transformations qui sont survenues dans la vie au foyer, les relations personnelles, les structures familiales, les exigences professionnelles – et dans la notion même de « soutien de famille » – entraînent une redéfinition du rôle du père. Ainsi que l'a résumé un vieil analyste du rôle paternel :

> Les hommes peuvent soit devenir des pères engagés, soit, comme le font un nombre croissant d'hommes, répudier l'idée même de la famille et faire de leur mieux pour réussir dans le monde extérieur. Mais, quoi qu'ils fassent, ils ne sont plus les maîtres de la maison, et ils ne le seront probablement plus jamais[15].

La plupart des hommes, non mariés ou divorcés, qui quittent leur famille le font quelques années après la naissance d'un enfant. Ces hommes sont-ils insensibles ? Sont-ils incapables de prendre leurs responsabilités ? d'exprimer leurs sentiments ? Ou, comme Kraemer le suggère, préfèrent-ils tenter leur chance dans le monde extérieur ? Il arrive aussi que l'homme soit chassé par une femme en colère, une femme qui le trouve inutile, une femme qui a acquis la certitude qu'elle va pouvoir s'en tirer seule. Dans la mesure où, traditionnellement, les hommes sont considérés comme les soutiens de la famille, les chercheurs ont tendance à ne voir que le montant de leur chèque de paie et oublient qu'ils ont aussi un cœur. Ils voient, d'un côté, une femme dévouée et attentive ; de l'autre, un parasite et un incapable.

Les médias présentent le père «comme un "héros" ou comme un "vaurien", sans prendre la peine de réfléchir à ce qu'est la paternité[16]». Les vauriens, ce sont bien sûr les pères – dont le nombre n'arrête pas de croître – qui vivent séparés de leurs enfants. Entre un et six ou sept pères ne vivent pas avec leurs enfants dépendants[17]. En 1996, en Angleterre, 8 % environ de tous les actes de naissance (51 000 naissances ; 22 % de ces naissances chez des couples non mariés) ne font pas état de l'identité du père[18]. Aujourd'hui, un sentiment prévaut, à savoir que les hommes sont inadéquats en tant que pères. Ce sentiment est accompagné d'une tendance de plus en plus forte à les dépeindre comme peu disposés à prendre leurs responsabilités paternelles. Mais pourquoi tant d'hommes, au début du XXIe siècle, s'éloignent-ils de leurs enfants – ou acceptent-ils qu'on les en éloigne[19] ?

La paternité est l'expérience la plus courante chez l'homme adulte. Plus de 90 % des Britanniques adultes se marient, et plus de 90 % des couples ont un ou plusieurs enfants. La manière avec laquelle ces pères se comportent à la maison, expriment leurs sentiments envers leurs enfants et veillent à leur développement varie considérablement d'un ménage à l'autre. En dépit de ceux qui affirment le contraire, il est de plus en plus évident que le père a un véritable rôle à jouer auprès de l'enfant et que ce rôle, comme celui de la mère, a des aspects à la fois positifs et négatifs.

L'enfant en manque de père

Pour certains – notamment le psychanalyste allemand Misterlich[20] –, le fait que les pères aient des difficultés à parler avec leurs enfants de la nature de leur occupation professionnelle crée, dans la psyché de ces derniers, une sorte de vide qu'ils remplissent de fantasmes hostiles sur le mauvais père dont le travail est mauvais. Ce qui résulte de cet état de choses est un « manque profond », une « faim du père », caractérisée par le désir ardent d'avoir un bon père, ou du moins un père satisfaisant. Un tas de problèmes découlent, dit-on, de ce manque. Les enfants qui grandissent sans père sont plus susceptibles de rater leurs examens ou même d'abandonner l'école[21] ; d'avoir des troubles émotionnels et comportementaux nécessitant l'intervention d'un psychiatre[22] ; de tomber dans une dépendance à l'alcool et aux drogues[23]. Les garçons adolescents qui font des tentatives de suicide viennent souvent d'une famille dont le père est absent[24]. Des études statistiques font état d'une plus grande fréquence de tentatives de suicide chez les adolescents dont les parents sont séparés ou divorcés que chez les adolescents des groupes de contrôle[25]. Les garçons qui grandissent sans père ont différents problèmes, notamment dans le domaine de la sexualité, de l'identité sexuelle, du travail scolaire, de la sociabilité et du contrôle de l'agressivité[26]. Une deuxième conséquence d'une enfance et d'une adolescence sans père est que l'enfant – en particulier le fils – qui grandit sans contact réel avec son père le voit nécessairement par les yeux de sa mère. Ce manque le prive du sentiment d'être un homme. Le manque de père rompt si brutalement la transmission naturelle du modèle du « père présent » que beaucoup de garçons et de jeunes hommes privés de père « affrontent un avenir dans lequel les pressions sociales et l'apprentissage en vue de devenir des pères compétents et responsables s'amenuisent graduellement[27] ».

La profonde aspiration du fils abandonné envers son père absent est un thème répandu, sinon universel, dans la littérature et les religions du monde entier. Dans la chrétienté, l'image dominante est Jésus, qui n'a jamais eu de père humain, n'est jamais devenu père lui-même et est mort sur la croix en pleurant son abandon par le plus puissant de tous les pères. L'*Hamlet* de Shakespeare, *L'Odyssée* d'Homère, l'*Ulysse* de Joyce, l'histoire biblique de Joseph illustrent le terrible destin du fils séparé de son père. Mais ce n'est pas tant l'histoire du père absent que du père violent qui a exercé l'influence la plus puissante sur la psychologie moderne. Laïos, le père du petit Œdipe, ordonne la mort de son enfant, car un oracle lui a prédit que son fils le tuerait et épouserait sa mère. Le bébé est abandonné sur le flanc d'une montagne. Le roi de Corinthe le recueille et l'élève. Plus tard, devenu adolescent, Œdipe rencontre un vieil homme qui refuse de lui céder le passage alors qu'ils se croisent sur un pont étroit. Œdipe tue le vieil homme, dont il ignore qu'il est son père, Laïos. Quelque temps après, lorsque Œdipe sauve la ville de Thèbes en donnant la bonne réponse à la devinette que pose le Sphinx, les habitants de Thèbes le proclament roi. Jocaste, la reine, devient son épouse. Œdipe découvre alors que Jocaste est sa mère.

Pour Freud, qui crée ce qu'il va appeler le complexe d'Œdipe, le mythe révèle le désir inconscient du fils de tuer son père et d'épouser sa mère. On sait, d'autre part, que l'histoire d'Œdipe est plus sombre que ne le révèle l'interprétation de Freud. En fait, la légende d'Œdipe raconte une monstrueuse agression paternelle. La tragédie débute avec un père, Laïos, qui ordonne que son fils soit tué. Cet ordre illustre le conflit intense et potentiellement destructeur qui s'élève entre deux générations – conflit très bien illustré par l'épisode du pont, lorsque le jeune Œdipe et le vieux Laïos s'y affrontent. L'histoire personnelle de Laïos est tout aussi tragique. Tout comme Hamlet, Laïos a été privé de ses privilèges par son oncle. Il s'est réfugié chez le roi Pélops, dont il a séduit le plus jeune fils. Pélops a alors prédit à Laïos qu'il serait tué par son propre fils. Rappelé à Thèbes, Laïos a épousé Jocaste, est devenu roi et a conçu un fils sans le savoir – Jocaste l'avait soûlé et avait ensuite profité de lui. Laïos a alors ordonné que l'on supprime ce fils en l'exposant*. Jocaste a d'abord accepté ce verdict, puis elle s'est ravisée. Imbriquées dans ce mythe tragique, on retrouve les préoccupations fondamentales et les angoisses d'aujourd'hui : maltraitance

---

* Exposer un enfant : l'abandonner afin qu'il soit la proie des intempéries et des bêtes sauvages. N.d.T.

d'enfants, sévices sexuels, violence paternelle acceptée et cautionnée par la mère, jalousie et vengeance familiales, humiliation sexuelle de la femme par l'homme.

Les textes narratifs de la Bible sont peuplés de pères, mais peu d'entre eux sont de bons pères. Adam, Noé, Isaac, Jacob, Abraham, Moïse, Saul, David et même Salomon sont des ratés dans des aspects essentiels de leur rôle de père. Ils sont apparemment différents du Dieu du Nouveau Testament. Mais le Dieu du Nouveau Testament n'en personnifie pas moins un grand nombre des tensions et des contradictions qui, sous une forme humaine, tourmentent les pères qui veulent être de bons parents. D'un côté, le père céleste est aimant, clément, attentif au bien de ses enfants : il pourvoit à leur pain quotidien et leur pardonne leurs offenses. D'un autre côté, il se comporte comme un juge omnipotent et féroce qui sépare implacablement le bon grain de l'ivraie, accueille dans son paradis ceux qui lui ont obéi, et condamne à la damnation éternelle ceux qui ont transgressé ses lois.

Dans une analyse brillante des archétypes du père, Henry Abramovitch met l'accent sur la force avec laquelle les thèmes de la mort et de la continuité, de la séparation et de la réconciliation, du rejet et de l'acceptation sont mêlés dans la relation père-fils[28]. Dans l'histoire de Jacob et de Joseph, par exemple, Jacob, qui croit que son fils Joseph a disparu pour toujours, sombre dans un profond chagrin. Joseph se trouve dans un pays d'où il lui est impossible de faire savoir à son père qu'il est en vie. Il y devient un personnage important. Lorsqu'ils se retrouvent enfin, père et fils tombent dans les bras l'un de l'autre. Joseph pleure « longtemps », et Jacob déclare : « Maintenant, je peux mourir, car mes yeux t'ont vu en vie. »

Les pères d'aujourd'hui gardent en mémoire le souvenir de leurs géniteurs et se souviennent de ce que ces derniers leur ont apporté, en bien ou en mal, en tant que pères. Mais ils éprouvent aussi le désir et le besoin d'être des pères justes, sages, accessibles et dévoués ; des pères aimants, sérieux et bons. Certains pères s'efforcent de ressembler à leur propre père ; d'autres se conduisent tout à fait différemment. Et pendant ce temps, autour d'eux, la discussion continue afin de savoir ce qui fait d'un père un bon père, et si être l'un ou l'autre type de père change quelque chose à l'opinion que l'on se fait d'eux.

Ce qu'offre le père

Le bilan des années 1980 en ce qui concerne le degré de participation des pères dans la vie de leurs enfants indique que les effets de cette participation sont minimes[29]. Cependant, des recherches récentes semblent démontrer que les enfants en âge préscolaire dont les pères sont attentifs et accessibles (et s'acquittent de 40 % des tâches familiales) sont plus doués, font preuve d'une plus grande empathie envers les autres, sont plus sûrs d'eux et moins influencés par les stéréotypes masculins et féminins[30]. Des témoignages prouvent que ces effets positifs se manifestent très tôt. Par exemple, le degré de participation paternelle au cours du mois qui suit la naissance du bébé est fortement associé au fonctionnement cognitif de l'enfant d'un an[31]. Les recherches ont également démontré qu'il existe une relation positive importante entre l'engagement du père et l'intelligence, l'intellect et la maturité sociale de l'enfant de six ou sept ans[32]. Un tel engagement est lié de façon significative, chez l'enfant et l'adolescent, à une série d'éléments positifs, comme le contrôle de soi, l'estime de soi, la joie de vivre et la sociabilité. Plus étonnant encore, on a découvert que le fait d'avoir un père attentionné n'entraîne pas chez l'enfant un comportement masculin stéréotypé, mais le contraire. Ce qui veut dire que les enfants qui ont un père qui participe de façon positive à leur existence deviennent des adolescents *moins* influencés par les idées traditionnelles et stéréotypées sur les sexes, sur les ménages où les deux parents travaillent et sur le partage des soins aux enfants[33].

Mais comment pourrait-on séparer l'engagement de la mère de celui du père ? Le dévouement du père qui semble engagé de façon si positive envers ses enfants n'est-il pas intimement lié à la mère dévouée et engagée avec laquelle il vit ? Une analyse minutieuse des résultats de l'enquête nationale américaine sur la famille – dans laquelle la participation positive de la mère a été évaluée dans le cadre du milieu ethnique, des revenus et de la classe sociale – a révélé que, pour les filles autant que pour les garçons, l'engagement très positif du père est associé de façon significative aux aptitudes sociales, comme la capacité de s'entendre avec l'entourage et de prendre des responsabilités, et l'obéissance aux parents[34]. En conséquence, les garçons ont moins de problèmes de comportement, et les filles sont plus indépendantes – soit plus enclines à explorer de nouveaux domaines, à être actives et engagées sur le plan social. Cette analyse confirme que la participation positive du père a, sur l'enfant, des effets bénéfiques tout à fait indépendants des effets découlant de la participation de la mère.

Vers la fin des années 1930, Sheldon et Eleanor Glueck, de l'école de droit de Harvard, ont entamé une étude portant sur 500 garçons délinquants et 500 non délinquants. Le couple a suivi ces sujets sur une période de 25 ans. Parallèlement, des travailleurs sociaux, des médecins, des criminologues, des psychanalystes et des psychologues notaient leurs observations sur ces 1000 jeunes citadins[35]. Après ces 25 années, le psychologue George Vaillant a pris le relais et a suivi les adultes et parents qu'étaient devenus les garçons observés par les Glueck[36]. Enfin, en 1982, c'est le professeur John Snarey qui s'est intéressé aux fils et filles de ces hommes. L'étude complète, qui s'étale sur quatre générations, offre une perspective unique sur la nature et le statut du père aujourd'hui[37]. Snarey parle de «pères génératifs», soit les pères qui contribuent au cycle des générations et le renouvellent par le truchement des soins qu'ils apportent en tant que pères de sang (générativité biologique), pères nourriciers (générativité parentale) et pères culturels (générativité sociétale). Ces concepts s'inspirent fortement du modèle de développement humain de la personnalité d'Erik Erikson. Erikson, le premier professeur en développement humain à l'université Harvard, considère la générativité comme la première tâche développementale de l'adulte. Dans le modèle théorique d'Erikson, «générativité opposée à stagnation» constitue la septième étape dans le développement de la personnalité. La séquence complète comprend huit étapes. Chaque étape de développement se termine par une crise, un tournant, une période cruciale où vulnérabilité et nouvelles potentialités se côtoient. Les deux premiers tournants psychologiques, «confiance fondamentale opposée à méfiance» et «autonomie opposée à sentiment de doute», surviennent au cours des deux premières années de la vie. «Prise d'initiative opposée à sentiment de culpabilité» survient pendant la petite enfance; «ingéniosité opposée à sentiment d'infériorité», plus tard durant l'enfance; «sens de l'identité opposé à confusion identitaire», pendant l'adolescence; et «intimité opposée à isolement», pendant les premières années adultes. Puis vient la tâche psychosociale de la «générativité opposée à stagnation», qui survient au milieu de l'âge adulte, avant l'étape finale caractérisée par la crise de l'«intégrité personnelle opposée à désespoir»[38]. La tâche psychosociale de l'adulte – établir l'harmonie entre générativité et stagnation – sous-entend la nécessité de «donner une priorité raisonnable à la procréation, à la productivité et à la créativité, opposées au dénigrement personnel et à l'égocentrisme[39]».

«Générativité» signifie toute activité positive tournée vers l'extérieur qui contribue à faire naître une génération d'idées, de produits, d'œuvres et d'individus plus accomplis. John Kotre s'est emparé du concept de générativité et l'a élargi en quatre catégories[40]. Tout d'abord, la *générativité biologique,* qui comprend la procréation, la protection et l'éducation de la progéniture. Ensuite, la *générativité parentale,* qui comprend les activités éducationnelles et les soins entourant l'enfant, et le fait de l'intégrer dans la famille et de le lui faire connaître. En troisième lieu, la *générativité technique,* qui comprend l'enseignement, l'apprentissage et la transmission de l'expérience et des connaissances. Enfin, la *générativité culturelle,* qui comprend la création, la régénération et la préservation d'un système de symboles qui va passer du parent à l'enfant, puis à l'adolescent et au jeune adulte. Le modèle d'Erikson fait écho au postulat de Freud et de Tolstoï selon lequel les deux fonctions principales de l'humain adulte sont d'aimer et de travailler. Erikson va plus loin encore quand il dit que, lorsque la vie d'un être humain se caractérise par un degré élevé d'amour et d'empathie tourné vers l'extérieur – soit la capacité de s'intéresser à la société et à d'autres personnes – et par un travail accompli – soit la créativité et la productivité –, cette vie est en parfaite corrélation avec le degré de maturité de son développement personnel.

S'inspirant des théories d'Erikson, Heath a suivi un groupe d'hommes depuis leur entrée dans un établissement d'enseignement supérieur jusqu'au milieu de leur vie adulte[41]. Il a découvert que la paternité avait suscité chez ces hommes une meilleure compréhension de soi, une volonté de comprendre les autres et une capacité d'analyser et d'exprimer leurs propres sentiments. Ces hommes qui étaient heureux d'être pères étaient souvent désireux « de servir leurs semblables ».

> Ils avaient été élus à un poste de direction dans leur commu-
> nauté ou dans leur compagnie au cours des dix années précé-
> dentes. [...] Le fait qu'ils aimaient leur rôle de parent – un des
> rôles les plus exigeants et les moins égoïstes qu'un adulte puisse
> assumer – témoignait de leur caractère généreux et altruiste.
> Avec un tel caractère, il n'y avait pas un grand pas à franchir
> avant qu'ils n'offrent leur contribution à une famille plus large :
> leur communauté[42].

Lorsque les épouses de ces hommes sont entrées dans la cinquantaine, Heath a demandé à ces dernières d'évoquer leurs parents. Les femmes dont la carrière professionnelle était réussie, contrairement à celles dont la réussite était plus modeste, ont répondu que leur père, lorsqu'elles étaient enfants, attendait beaucoup d'elles, les avait fortement encouragées dans leurs études et les avait poussées à faire du sport. Ces pères avaient manifestement valorisé leur fille, participant activement à leur éducation et les aidant à faire leur entrée dans le monde. En outre, ils leur avaient donné d'excellents conseils :

> Ils avaient expliqué à leur fille comment obtenir un emploi, com-
> ment se préparer pour une entrevue, comment s'habiller pour la
> circonstance, comment s'entendre avec les hommes et avec leurs
> employeurs, comment affronter les critiques, comment recevoir
> les encouragements, comment lire les pages financières des jour-
> naux, comment demander une augmentation, comment inves-
> tir leur argent pour en tirer des dividendes ou pour constituer
> un capital, comment conclure des alliances[43].

Snarey explique que, d'après la terminologie eriksonienne, ces pères ont fourni à leurs enfants les trois types de générativité parentale : aide au développement intellectuel/scolaire, au développement social/émotionnel et au développement physique/sportif. Tout comme les individus étudiés par Heath, ces hommes ont tiré parti des exigences et des responsabilités de leur fonction de père. La paternité a eu un impact extraordinaire sur eux. Contrairement à ce que beaucoup d'hommes croient (et quelques femmes aussi), le père qui met sa famille au premier plan ne met pas sa carrière en péril. La paternité rehausse la capacité de l'homme de se comprendre en tant qu'adulte, d'éprouver de l'empathie pour ses semblables et de se dévouer pour d'autres personnes. Les effets bénéfiques d'une paternité active sur le père ont été récemment évalués. Analysant des modèles de comportement paternel pendant quatre décennies de vie masculine, Snarey a découvert que les hommes qui avaient un rôle actif dans la maison étaient, lorsque leurs enfants atteignaient l'âge adulte, de meilleurs organisateurs, des *leaders* dans leur communauté et des modèles. En outre, la qualité des soins et le temps qu'ils avaient consacré au développement social et émotionnel de leur progéniture avaient préservé leur stabilité et leur satisfaction conjugales. Plus les pères avaient participé à l'éducation de leurs enfants jusqu'aux débuts de l'âge adulte, plus ils s'étaient épanouis dans leur vie conjugale.

La longue étude de 35 ans faite par Georges Vaillant sur des universitaires a également démontré que la satisfaction éprouvée par des pères dans leur rôle paternel était souvent associée à un dévouement et à un engagement dirigés vers l'extérieur (du foyer). D'après lui, les hommes qui sont devenus, selon le terme d'Erikson, les plus génératifs – autrement dit, ceux qui prenaient le plus de responsabilités envers d'autres adultes, avaient plaisir à accomplir leurs tâches professionnelles et aidaient leurs semblables à s'épanouir – étaient ceux qui avaient apprivoisé très tôt leurs émotions et avaient su préserver la stabilité de leur couple[44].

Ces constatations contredisent catégoriquement les idées reçues voulant que la réussite dans la carrière et l'engagement vis-à-vis de la famille entrent nécessairement en conflit. En fait, il existe des études importantes qui témoignent du fait que les hommes adultes dont les succès professionnels sont médiocres font preuve de comportements génératifs très insuffisants.

Michael est un homme marié dans la cinquantaine. Il a quatre enfants. Il s'est hissé jusqu'au poste de directeur dans une com-

pagnie pétrolière dans laquelle il est entré peu après son mariage. Au cours des premières années – la période où ses enfants sont nés –, Michael passait de longues heures au bureau, quittant la maison très tôt le matin et rentrant très tard le soir. Il travaillait souvent les fins de semaine. Ses heures de travail étaient truffées d'activités sociales et récréatives associées à sa profession, comme le golf, les sorties et les conférences. Lorsqu'il est promu à un poste afférant aux relations humaines et personnelles, Michael commence à se rendre compte qu'il passe trop peu de temps avec sa famille et qu'il souffre des tensions permanentes provoquées par ses efforts afin de concilier les exigences du bureau et de la maison. Autour de lui, des collègues souffrent de stress associé aux mêmes problèmes. Michael décide alors de changer de style de vie. Il réorganise son horaire, passe un moins grand nombre d'heures au bureau et travaille avec plus d'efficacité durant les heures où il s'y trouve. Il joue moins souvent au golf, élimine pratiquement toutes les sorties professionnelles, et n'assiste plus aux conférences qui ont lieu les fins de semaine. Sa santé s'améliore d'une façon spectaculaire. Irritabilité, tensions, sommeil agité et excès d'alcool, problèmes pour lesquels il a déjà consulté un psychiatre, disparaissent. L'évaluation de fin d'année de son travail est la plus positive qui ait jamais été faite depuis qu'il fait partie de la compagnie. Ses collègues le félicitent pour son engagement envers sa fonction, son écoute à l'égard des problèmes des employés et son habileté à instaurer une atmosphère agréable et propice au travail. Sa femme, elle, est heureuse qu'il ne soit plus simplement un père visible ; elle voit maintenant en lui un papa patient, réceptif et attentionné.

Ces constatations renforcent également l'affirmation – controversée – voulant que la vie de famille soit une force civilisatrice pour l'homme. Le sociologue David Popenoe le dit clairement : « Chaque fois que des groupes importants d'hommes jeunes et sans attaches sont rassemblés quelque part, la probabilité de désordres sociaux augmente considérablement[45]. » David Blankenhorn, président de l'Institute for American Values, se montre tout aussi convaincu : « Dans toutes les sociétés, la paternité dans le cadre de la famille est la prescription la plus sûre, et celle sur laquelle on compte le plus, pour socialiser les hommes[46]. » Gore Vidal ne le nie pas, mais il se montre très peu enthousiaste lorsqu'il évoque certains effets secondaires possibles du mariage. Dans un article provocateur, il déclare que, dans les sociétés où l'on estime nécessaire de forcer les hommes à faire un travail qu'ils n'ont pas envie de faire, on les pousse à se marier jeunes, « car l'époux sait que, s'il perd son emploi, sa femme et ses enfants auront faim eux aussi. Cette sinistre certitude encourage à la docilité[47] ». Ce commentaire acide est une variante de la représentation imagée de Cyril Connolly, pour qui un landau d'enfant dans le couloir signifie avenir compromis. Et pourtant, devant la nature et l'ampleur de la violence masculine, tout le monde ne partage pas le mépris de Gore Vidal pour la docilité masculine. Certains pensent que les jeunes hommes qui ont souffert de l'absence d'un père et les hommes peu désireux de s'engager dans une relation intime se sentent si peu sûrs d'eux-mêmes et si démunis devant les femmes qu'ils finissent par les éviter ou par les brutaliser. Les jeunes hommes qui se coupent ainsi de toute relation avec les femmes sont plus que susceptibles que d'autres de prouver leur virilité par des délits et des voies de fait, et de violenter ces femmes qui représentent la facette féminine de leur être, cette facette dont ils ont honte, qu'ils détestent, qui leur fait peur[48]. Au Royaume-Uni, la voix d'A. H. Halsey est une des plus énergiques dans la mise en garde contre l'émergence de ce nouvel homme :

> [Un nouvel homme qui serait] très peu socialisé et qui n'aurait qu'un faible contrôle sur lui-même dès qu'il serait tenu d'assumer des responsabilités inhérentes au couple et à la paternité [...] n'éprouverait pas, comme son père, son grand-père et les générations précédentes d'hommes de sa famille, la nécessité de se conduire comme un adulte responsable dans une communauté active[49].

Des témoignages convaincants renforcent l'idée voulant que les hommes qui ont été privés de l'influence d'un père risquent davantage de tomber dans ce qu'on appelle un «comportement masculin surcompensatoire». Ce qui, pratiquement, veut dire : atteinte à la propriété, maltraitance d'enfants et violence familiale[50]. Une masculinité aussi agressive, caractérisée par les efforts désespérés de l'homme qui veut prouver sa virilité à tout prix, découle de sa peur primaire d'avoir une attitude féminine. Les hommes provenant de familles où le père était faible ou absent n'ont pas eu de modèle familial stable et durable, dans lequel chaque membre s'efforçait de préserver l'intégrité et la stabilité de la famille dans son ensemble. Les jeunes hommes qui proviennent d'un milieu instable et imprévisible ne voient pas les avantages, sur le plan de la reproduction, qui découlent du choix avisé et réfléchi d'une bonne conjointe et de la décision d'attendre le bon moment pour avoir des enfants. Au lieu de cela, ils se livrent à une compétition sexuelle à court terme avec leurs pairs, déployant dans le processus un comportement agressif, exhibitionniste et exploiteur.

L'absence, dans la maisonnée, d'une figure masculine adulte forte a des conséquences particulières pour les mères qui élèvent des fils adolescents trop sûrs d'eux et physiquement agressifs. Psychiatres, psychologues et travailleurs sociaux connaissent bien les tensions qui agitent les garçons adolescents quand, après la séparation de leurs parents, leur mère doit chausser les souliers du père. Dans un article sur un cas amplement couvert par les médias, en Angleterre, soit le meurtre d'une mère seule par son fils de 18 ans, Lisa Jardine, qui enseigne l'histoire de la Renaissance à l'université de Londres, déplore que les mères abandonnées soient souvent blâmées pour le comportement agressif de leurs adolescents[51]. Lisa Jardine fait remarquer que les garçons qui vivent avec une mère seule sont beaucoup plus susceptibles que les filles de se livrer à la violence. Des études révèlent que les fils de pères absents ont des difficultés à contrôler leur comportement agressif et impulsif[52]. Parmi les nombreux rapports sur l'escalade de la violence domestique (incluant la violence contre les femmes perpétrée par leur conjoint), on note un nombre croissant d'épisodes au cours desquels la mère est battue par son fils. Si le fils a 18 ans, il est traité comme un adulte et la loi peut lui interdire de voir sa mère. S'il n'a pas atteint l'âge de la majorité, aucune action n'est prise, et la mère reste sans protection contre un adolescent brutal extrêmement difficile à contrôler, légalement aussi bien que physiquement. Lisa Jardine déplore le fait que le meurtre d'une mère par son fils ait débouché sur une chasse aux sorcières menée par les médias, ceux-ci laissant entendre, de façon assez sordide, qu'une déficience maternelle était la cause du meurtre. L'analyse plus nuancée et plus délicate de Lisa Jardine reflète une réalité de plus en plus évidente : l'importance de l'exemple, du contrôle et de la discipline paternelle dans la socialisation de l'adolescent ; et l'impact, sur la mère seule, de l'absence d'un homme adulte dans la maison.

Pères, fils et filles

On sait maintenant que l'influence du père sur sa fille et sa contribution à son développement sont plus fortes et plus déterminantes pendant l'adolescence de cette dernière, alors que l'influence et la contribution au développement du fils se font sentir plus tôt chez ce dernier. Pendant ses premières années de développement, le garçon doit se séparer de sa mère et s'identifier à son père – son parent du même sexe. C'est une étape de sa maturation sexuelle. Tout comme les filles, les garçons ont d'abord une relation intime et physique avec leur mère, relation qui s'inscrit dans le cadre familial. Mais, à un certain âge, le fils doit se redéfinir en tant que membre de l'autre sexe et se préparer au rôle d'homme et de père, souvent parmi des hommes. S'il bénéficie de l'affection de son père, de ses conseils éclairés, son épanouissement dans ce nouveau rôle n'en sera que plus facile. Le soutien du père dans le développement physique, sportif, intellectuel et émotionnel du fils facilite, pour ce dernier, la transition de l'enfance à l'adolescence – ce qui va permettre au fils adulte de se tourner spontanément vers son père chaque fois qu'il aura besoin de conseils. David Guttmann appelle ce passage de la mère au père le « baptême crucial », grâce auquel le fils se redéfinit lui-même comme fils de son père, après avoir été celui de sa mère[53]. Les fils de pères physiquement et/ou psychologiquement absents ne peuvent faire cette transition. Ces fils, psychologiquement parlant, ne peuvent se séparer de leur mère. Bien sûr, ils quittent le nid, rencontrent des filles, puis une femme, mais, dans la mesure où ils n'ont pas pu développer un sentiment de maturité masculine, ils apportent avec eux, lorsqu'ils se marient, leur dépendance à la mère et leur identification de fils plutôt que d'homme indépendant. Dès lors, ils ne voient en leur conjointe qu'un substitut de leur mère[54].

> Lorsque Mary et James sont venus me voir, leur sujet de plainte mutuel tournait autour de l'idée que Mary se faisait d'un époux. Elle était persuadée que James souhaitait qu'elle se conduise comme sa mère [à lui]. Avant la naissance de leurs trois enfants, Mary s'employait effectivement à satisfaire tous les besoins de James, mais, une fois les enfants présents dans la maisonnée, les choses ont changé. En fait, elle s'attendait à ce que James prenne sa part des tâches domestiques : faire les courses, conduire les enfants à l'école, faire la lessive, sortir les poubelles. James n'a pas répondu à ces attentes. Il avait plus ou moins bien accepté l'arrivée des enfants (il avait eu une aventure à la naissance du premier, avait été malade à la naissance des deux autres) et il était jaloux de l'attention que Mary leur portait. Des disputes éclataient souvent à propos des enfants, et avec eux. Au cours des premières sessions exploratoires, il est apparu que James avait une idée bien arrêtée de ce que sa femme devrait être, soit une émule de sa propre mère, qui s'était entièrement consacrée à lui et à ses deux frères. Son père, un éditeur très occupé, avait passé une grande partie de sa vie à l'extérieur de la maison et n'avait pas participé à l'éducation de ses enfants. En bref, James trouvait difficile de voir sa femme avoir avec ses enfants la même relation qu'il avait eue avec sa mère. En épousant Mary, il avait simplement transféré sur elle sa dépendance à sa mère.

L'identification primaire de la fille, elle, reste attachée à la mère pendant toute l'enfance. L'affection et le soutien du père ne détachent pas la fille de son identification à la mère, mais les émotions bonnes et rassurantes qu'il lui procure durant l'enfance et la petite enfance renforcent sa confiance en elle et son autonomie. C'est au cours de l'adolescence que le père joue le rôle le plus crucial dans le développement de sa fille, à cette époque où elle se sépare dans une certaine mesure de sa mère. Ces constatations ont été faites grâce aux premières recherches de Hetherington, qui indiquent que l'aspect négatif de l'absence du père n'affecte vraiment la fille qu'à l'adolescence[55].

En général, les pères encouragent leurs filles à l'autonomie en les invitant à se joindre à eux dans des activités sportives. Les mères peuvent également être sportives, bien évidemment, mais quand l'invitation vient du père elle encourage la fille à s'aventurer hors de l'orbite de la mère pour se lancer dans le monde extérieur. Des études ont révélé que le désir du père de s'engager dans le processus au cours duquel sa fille va découvrir son potentiel joue un rôle important dans l'avenir de cette dernière. Un chercheur influent, L. Tessman, le résume en ces mots :

> Plus marquante que sa vague fierté [celle du père] de la voir réussir est sa volonté de s'investir dans le processus. [...] La fille qui met l'accent sur la place tenue par son père dans le plaisir qu'elle a à à faire son travail fait habituellement état [...] de sa manière de la traiter comme une personne intéressante [...], de la confiance de son père dans ses capacités et dans l'autonomie dont elle fait preuve lors de leurs activités conjointes [...] et de sa capacité [à lui] de s'enthousiasmer quand ils font de nouvelles découvertes au travail ou dans leurs loisirs[56].

Tessman a questionné des étudiantes très douées du Massachusetts Institute of Technology. Le père idéal, pour ces jeunes filles, est celui qui encourage, qui stimule, qui participe aux activités et qui, en outre, est un compagnon enjoué et agréable[57].

Un père contribue à la réussite scolaire de son fils en veillant soigneusement à son développement social, émotionnel, physique et intellectuel. Autrement dit, le père doit partager les activités sportives de son fils, l'encourager à être assidu à l'école et à construire son autonomie. En suivant des enfants des années 1930 jusqu'à l'âge adulte et jusqu'à leur vie de parents, les Glueck, Vaillant et Snarey ont été en mesure de jeter un éclairage précis sur les conséquences de l'influence

232

paternelle. Leurs recherches ont démontré que c'est par leur influence et leur attitude que les pères apprennent à leurs fils à devenir des pères – ou qu'ils les rendent incapables de l'être. Paradoxalement, les hommes qui ont eu des relations distantes et peu démonstratives avec leur père durant leur enfance, par exemple, s'efforcent souvent de procurer à leurs enfants et à leurs adolescents un niveau de soutien émotionnel au-dessus de la moyenne. Quant aux hommes qui ont subi des châtiments physiques ou des menaces, ils sont très susceptibles de contrebalancer cette calamité par leur propre conduite envers leurs enfants. Snarey résume très bien cette problématique :

> Le flot intergénérationnel qui porte une paternité réussie semble répondre à deux modèles principaux : a) la reproduction, dans laquelle un homme reproduit les forces positives des soins paternels qu'il a reçus ; b) le remodelage, dans lequel un homme rectifie les failles et les limites des soins paternels qu'il a reçus[58].

Ces reproductions et ces remodelages ne sont pas toujours positifs. Certains hommes répliquent à la violence et à l'agressivité qu'ils ont endurées en adoptant un modèle de discipline punitive et de contrôle autocratique. D'autres affrontent les séquelles qu'ils conservent en raison de l'absence de leur père pendant leur adolescence en développant une intolérance devant toute rébellion et tout désaccord de leur conjointe et de leurs enfants. Ce qui est néanmoins rassurant, dans les conclusions des travaux de Snarey, c'est que beaucoup d'hommes évitent de reproduire les faiblesses et les comportements pathologiques de leur père et trouvent des moyens moins brutaux et plus appropriés pour imposer à leur famille une discipline et un dialogue positifs.

Le père et l'engagement

Deux points de vue sur l'ampleur ou l'insuffisance de l'engagement du père contemporain envers ses responsabilités domestiques ont été précisés[59]. Le premier, qui accorde la primauté au principe d'*équité*, prend comme vérité indémontrable mais évidente l'assertion voulant que les hommes participent très peu à la vie familiale et laissent le gros des responsabilités domestiques aux mains de leur conjointe. Un tel point de vue fait ressortir la nécessité de convaincre les hommes d'assumer leur part de responsabilités et de partager, sur une base égalitaire, les diverses tâches et exigences de la vie familiale. Le second point de vue, celui du *développement*, met l'accent sur l'expérience et les qualités dont l'homme a besoin pour réussir sa transition entre l'état de jeune adulte et celui de parent. Les femmes ont certes un « avantage biologique » sur les hommes dans cette transition ; la grossesse et l'accouchement leur donnent l'évidente possibilité d'établir une relation émotionnelle (un attachement) avec leur progéniture. Les femmes sont également mieux préparées en raison de leur propre développement, au cours duquel les attentes et les contributions de la société les ont formées au rôle de mère qui élève, prend soin et éduque.

Pour les hommes, en revanche, la transition vers la vie de famille est difficile, non parce qu'ils sont immatures (certains le sont) et ont tendance à exploiter les femmes, mais parce que leur énergie et leur capacité de prendre soin sont détournées de leurs relations les plus intimes en faveur de la société et du travail. En fin de compte, les hommes prennent soin de la génération qui les suit par le biais de leur travail et de leur engagement social – c'est ce que la société attend d'eux, c'est de cela qu'elle leur est reconnaissante. La capacité des hommes de prendre soin de leurs enfants et leurs motivations en la matière sont plus fortes à la naissance de ces derniers[60]. Kevin McKeown et ses collègues affirment que « plus ce lien et cet attachement sont forts à cette période, plus il est vraisemblable que l'homme focalisera sa capacité d'engagement familial dans une participation active dans la vie de ses enfants, qui durera toute sa vie[61] ».

Bien que les tâches de l'homme et de la femme débordent souvent du rôle classique auquel les rattache leur sexe, ils n'ont pas abandonné entièrement leur rôle familial traditionnel[62]. C'est à partir du moment où l'homme devient père que la division entre les rôles apparaît. Jusqu'aux années 1960, très peu de pères étaient acceptés dans la salle d'accouchement – j'en ai personnellement fait l'expérience. Quand ma femme a commencé à avoir des contractions, je suis resté auprès d'elle jusqu'à ce qu'on me montre fermement la porte de la chambre en m'enjoignant de rentrer à la maison. Je suis cependant arrivé à faire promettre à l'infirmière de m'appeler lorsque la naissance serait imminente. Le matin, lorsque l'hôpital m'a annoncé que j'étais père d'une petite fille, j'ai demandé pourquoi on ne m'avait pas téléphoné. « Nous nous sommes dit que vous aviez besoin d'une bonne nuit de sommeil », m'a répondu l'infirmière.

Il a fallu attendre les années 1970 pour que la situation change des deux côtés de l'Atlantique. En 1972, aux États-Unis, un père sur quatre environ assiste à la naissance de son enfant[63]. En Angleterre, où les responsables des maternités opposent une certaine résistance au désir des couples d'être ensemble, la tendance s'installe plus lentement[64]. Le professeur Norman Morris est l'un des premiers obstétriciens à encourager cette pratique. En 1960, il déclare : « Si un homme veut être auprès de sa femme pendant le travail, je n'ai pas le droit de le lui interdire. J'encourage fortement les maris à être présents, à la condition qu'ils soient informés de ce qui les attend[65]. » Cet avertissement reflète l'inquiétude d'un médecin qui craint que les forces du père ne le lâchent devant les souffrances, le sang et les épreuves physiques qui entourent l'accouchement. Nonobstant leur nature « délicate », les deux tiers des maris anglais, à la fin des années 1980, sont auprès de leur femme pendant toutes les étapes de la naissance de leur enfant. C'est ce que révèle Charlie Lewis après une enquête faite à Nottingham auprès de 100 pères de bébés de 1 an[66]. Un grand nombre d'entre eux avouent avoir été inquiets. La plupart ont été encouragés par leur femme à assister à l'accouchement. La majorité trouve l'expérience positive. Un des pères dit avoir été surpris par la dure épreuve, mais il ajoute :

> À la fin, j'ai eu l'impression d'avoir une grosse journée de travail derrière moi ; j'étais absolument lessivé, mais je ne manquerai certainement pas ça la prochaine fois[67].

Est-il un tant soit peu reconnu que la présence ou l'absence du père lors de l'accouchement a une importance quelconque pour les parents et pour l'enfant ? La plupart des hommes qui ont assisté à la naissance de leur enfant décrivent leur allégresse et leur fierté ; certains pleurent de joie. Des études sur le sujet parlent de l'extrême douceur du père, de ses préoccupations pour le nouveau-né. Dans l'une de ces études, le terme « fascination » est utilisé pour décrire l'attitude du père, qui ne cesse d'aller vers le berceau du nouveau-né pour le regarder, le toucher, le prendre dans ses bras, le caresser, tout en admirant ses traits si différents de ceux des autres bébés – et en se montrant ravi de sa ressemblance avec lui, son père[68] ! Quinze pères à qui l'on a donné leur enfant immédiatement après une césarienne ont été filmés[69]. Ces hommes se conduisent « exactement comme une mère le ferait dans la même situation[70] », touchant le bébé, lui murmurant des mots doux, le regardant dans les yeux. Un lien si immédiat est sans doute important pour la relation père-enfant à long terme, et bien sûr pour la relation père-mère. Mais rien n'a été démontré. Les témoignages, pour émouvants qu'ils soient, ne prouvent rien. Les auteurs d'une étude portant sur 45 bébés nés par césarienne racontent que la moitié des bébés ont été confiés à leur père pendant 10 minutes, tandis que les autres étaient placés en incubateurs, les pères étant simplement autorisés à les voir et à les regarder, sans les toucher. Trois mois plus tard, les pères qui avaient tenu leur bébé dans les bras étaient plus inquiets pour leur enfant que les autres[71].

Dans l'étude de Lewis, on ne relève qu'une légère corrélation entre la présence du père à la naissance et sa participation aux soins lorsque l'enfant et la mère rentrent à la maison. C'est la mère qui nourrit le bébé, le change, le lave, et qui se lève la nuit. Ce n'est que lorsque la mère travaille que le père participe aux tâches. Lewis note cependant que les mères (et les pères aussi) identifient ces activités comme des tâches exigeant des compétences maternelles. (Lorsque les mères nourrissent leur enfant au sein, cette façon de voir les choses est bien sûr tout à fait justifiée.)

La disponibilité du père à la maison n'est certes pas encore considérée comme acquise. Il est vrai qu'au milieu du XXe siècle la vaste majorité des pères ne participaient pas aux activités familiales quotidiennes. Pour Scott Coltrane, chercheur qui évalue la participation de l'homme dans les travaux domestiques, il est très difficile de se faire une idée sur le sujet, car les hommes ne sont pas censés avoir de responsabilités dans les soins quotidiens aux enfants[72]. Il existe peu d'études sur les interactions père-enfant durant cette période, et aucune information fiable sur le niveau de participation paternelle dans les tâches ayant trait aux soins à la progéniture. Une étude souvent citée suggère que les pères consacrent en moyenne 1 heure par semaine, ou moins, aux soins aux enfants, alors que les mères leur consacrent une moyenne de 40 heures par semaine[73]. D'autres études révèlent que, bien que les pères aident souvent la mère, peu d'entre eux prennent la responsabilité entière et régulière de l'une ou l'autre tâche spécifique ayant trait aux enfants[74]. En 1965, aux États-Unis, les constatations faites par John Robinson concernant la participation des hommes dans les corvées ménagères indiquent que les maris consacrent un peu plus d'une heure par semaine à la préparation des repas – comparée aux huit heures par semaine de leur femme ; qu'ils participent, dans une proportion de 10 % par rapport à leur femme, aux tâches d'après-repas, comme la vaisselle ; et qu'ils se consacrent, à raison de 5 % seulement par rapport à leur femme, à l'entretien du ménage. Ils font rarement la lessive et le repassage, ne sacrifiant à ces tâches que cinq heures par année – comparées aux cinq heures par semaine de leur épouse. Les femmes accomplissent ainsi 90 % des tâches familiales et ménagères[75].

À l'heure qu'il est, ces études sont sans doute dépassées. Une enquête américaine du Census Bureau (organisme responsable du recensement) révèle que les pères contribuent, à raison de 25 % du temps nécessaire, aux soins quotidiens aux enfants d'âge préscolaire, de 11 % aux soins aux enfants d'âge scolaire dont la maman travaille, et de 5 % aux soins aux écoliers dont la mère travaille à temps plein[76]. Plusieurs facteurs restent les mêmes : la femme américaine passe un moins grand nombre d'heures au travail (à l'extérieur) que son mari ; les maris consacrent un moins grand nombre d'heures que leur femme aux tâches ménagères ; au total, le nombre d'heures de travail au foyer reste le même[77]. Après avoir examiné ces chiffres, Snarey fait remarquer que la raison pour laquelle le père consacre un plus grand nombre d'heures aux tâches familiales quand son épouse travaille à temps partiel est que les deux parents se relaient auprès des enfants, alors que, lorsque les deux parents travaillent à temps plein, ils ont recours à un système beaucoup plus structuré, incluant la crèche, les gardiennes, etc.[78]. Douze pour cent seulement de pères disent assumer « toutes ou presque toutes » les responsabilités concernant les enfants malades qui doivent rester à la maison, et 28 % déclarent qu'ils prennent « toutes ou presque toutes » les responsabilités en matière de discipline. Les femmes sont d'accord avec ces évaluations[79]. L'augmentation du nombre de familles où les deux parents travaillent est certainement la cause de l'augmentation du nombre d'heures passées par les pères auprès de leurs enfants. Les plages de temps où les pères assument seuls la responsabilité des enfants a presque doublé dans ces familles, contrairement aux familles où seul le père travaille[80]. Il est prouvé également que le temps consacré par les pères à des tâches spécifiques de soins aux enfants augmente. Une étude – réalisée il est vrai dans des familles moins traditionnelles[81] – indique que la participation des pères dans certaines tâches, comme donner le bain à l'enfant, lui faire la lecture ou l'emmener en promenade, représente un total de 2,25 heures par jour, ce qui est loin des 2,25 heures par semaine, comme l'indique une autre étude (pour les mêmes tâches)[82].

« Qu'attendons-nous des pères d'aujourd'hui ? » demandent les chercheurs d'un centre (Family Policy Studies) de Rochdale, en Angleterre[83]. La plupart des pères estiment avoir un rôle de pourvoyeur. Les mères, par contre, aimeraient que les pères soient plus engagés envers leur famille. L'étude de Rochdale démontre qu'« engagement » ne veut pas seulement dire partager certaines activités avec les enfants et développer une relation avec eux, mais « être là », « être disponible ». La présence du père à la maison complète la famille, certes, mais il faut aussi qu'il participe aux interactions familiales, à la discipline, et qu'il soit là en cas d'urgence. Il y a une grande confusion entre le fait d'être simplement disponible, la participation sur un plan pratique, et l'engagement psycho-émotionnel. Beaucoup de pères contemporains ont bien compris qu'ils doivent passer plus de temps avec leurs enfants, mais ils ne savent pas trop de quoi ce temps doit être fait, ni comment l'utiliser. Certains assimilent même ce type de participation à un modèle paternel « féminin ». L'étude de Rochdale démontre que de longues heures de travail appauvrissent considérablement les relations familiales – il est assez malaisé d'avoir une relation avec quelqu'un qui n'est pas là ! –, mais elle révèle également que les effets négatifs du travail sur la qualité des relations familiales peuvent être neutralisés, à condition d'y mettre du sien. Quelques-unes des personnes questionnées considèrent l'absence relative du père comme moins importante que la personnalité de ce dernier et la relation du père et de la mère. En outre, la mère est parfois très peu désireuse de voir le père participer aux activités familiales. Certaines personnes nient le fait que le travail du père nuit à son rôle dans la famille moderne. Et elles prétendent qu'il est possible d'éliminer les différences entre les sexes en matière de partage des tâches.

Mais y a-t-il vraiment un changement dans le comportement des pères vis-à-vis de leurs enfants ? Selon certaines études, l'engagement du père, en matière de temps passé auprès des enfants, a évolué de façon positive, aux États-Unis, entre 1924 et 1977, et entre le milieu des années 1960 et le début des années 1980[84]. Une comparaison plus récente corrobore le renforcement de la responsabilité paternelle depuis la fin des années 1970[85]. Cela ne veut pas nécessairement dire que, dans l'ensemble, les enfants bénéficient d'autant ou de plus d'attention de la part de leurs parents. La participation plus soutenue des pères dans les soins aux enfants pourrait témoigner du fait que la participation des mères qui travaillent est moins importante. Une inquiétude très sérieuse est apparue : à l'heure où les pères sont enfin convaincus des bienfaits, pour eux, pour leur conjointe et pour leur progéniture d'une plus grande participation dans les soins et l'éducation aux enfants, le spectre des sévices sexuels les fait parfois hésiter à se rapprocher de leurs enfants, en particulier de leurs filles. Ils se montrent beaucoup plus prudents que par le passé dans la manière de manifester leur affection. On ne sait pas encore clairement si les révélations, au cours des récentes années, d'agressions sexuelles et physiques commises par des hommes sur des enfants ont eu un impact sur la participation aux soins quotidiens donnés par les pères à leurs enfants.

Le père protecteur

D'après les estimations concernant la terrible épidémie d'agressions sexuelles sur des enfants qui sévit de nos jours, 95 % des auteurs de sévices contre des filles et 80 % des agressions contre des garçons sont des hommes[86]. Cette épidémie a installé un climat général dans lequel le simple fait de murmurer que l'homme est le protecteur de la famille soulève huées et railleries. Bien que beaucoup d'hommes considèrent encore la protection de la famille comme une des tâches essentielles du père, il semble que les travailleurs ne partagent plus du tout cet avis. Dans *Fatherhood Reclaimed*, Adrienne Burgess raconte une anecdote concernant un groupe de travailleurs sociaux chevronnés à qui l'on montre une affiche représentant un homme qui serre un enfant contre sa poitrine. Une des mains de l'homme maintient l'enfant. Le but de l'affiche est de persuader les jeunes hommes de ne pas se précipiter trop vite dans la paternité. Lorsque les travailleurs sociaux demandent où se trouve l'autre main de l'homme, les publicitaires comprennent qu'il y a un petit problème. Pour les travailleurs sociaux, cette image d'un homme jeune avec un petit enfant évoque tout autre chose que la paternité : elle évoque l'agression sexuelle. (La réponse souhaitée était que l'affiche en noir et blanc insistait trop sur les charmes de la paternité, ce qui en faisait un outil inefficace pour la campagne[87].)

L'accroissement de l'inquiétude provoquée par les sévices sexuels masculins coïncide avec le désir croissant, dans la société, de démolir l'idée que se fait l'homme, en particulier l'homme jeune, des soins aux enfants, dans lesquels il voit une occupation féminine. Les images de magazines qui montrent de jeunes hommes à la poitrine nue tenant un enfant dans leurs bras musclés[88] traduisent le besoin que ressentent certains pères de donner l'impression qu'ils sont de bons pères et passent beaucoup de temps en public avec leurs enfants.

Un autre exemple est donné par Adrienne Burgess : celui d'un groupe de travailleurs de services familiaux australiens à qui l'on demande quel est le pourcentage de pères qui agressent sexuellement leurs propres enfants. La réponse est effarante : 25 % ! Alors que le pourcentage est de 2 % environ. Cette erreur est très préoccupante, car elle contribue au renforcement d'un stéréotype négatif qui peut laisser croire que tous les pères sont des agresseurs réels ou potentiels. L'erreur est toutefois compréhensible étant donné l'escalade incroyable des agressions sexuelles. Selon des données d'études faites aux États-Unis, la maltraitance physique d'enfants a augmenté de 58 %, et les agressions sexuelles de 300 %, entre 1980 et 1986[89]. Une enquête nationale irlandaise révèle que 6 % des citoyens affirment avoir été victimes de sévices sexuels pendant leur enfance[90]. Les pères étaient les agresseurs dans 35 % des cas, les mères dans 3 % des cas. Les autres agresseurs étaient des membres de la famille immédiate ou des individus faisant partie de l'entourage familial. Cette étude, comme bien d'autres, ne fait pas la distinction entre les pères biologiques et les pères non biologiques. D'autre part, lorsque ce sont les pères biologiques qui s'en prennent à leurs enfants, il semble que les risques soient plus grands pour ces derniers lorsque le père est absent du foyer que lorsqu'il y est présent[91]. C'est l'absence des pères et la présence de plus en plus fréquente de beaux-pères, de concubins, d'amants et d'autres hommes de passage qui augmentent les risques pour les enfants[92]. Une enquête faite auprès d'un millier de mères de San Francisco, prises au hasard, révèle non seulement que la fréquence des agressions sexuelles commises par les beaux-pères est beaucoup plus élevée que celle des agressions commises par les pères biologiques, mais que la nature de l'agression est plus grave[93]. Une étude précédente faite au Royaume-Uni ne corrobore que partiellement cet état de choses. Michael Gordon, de l'université du Connecticut, et Susan J. Creighton, de la société nationale pour la prévention contre la cruauté envers les enfants, se sont penchés sur 188 cas d'agressions sexuelles de pères sur leur fille, répertoriés de 1983 à 1985 dans le registre de cet organisme[94]. Les pères non biologiques y occupent évidemment une place énorme parmi les pères agresseurs, mais, dans cette étude, ils ne font pas partie de ceux qui pratiquent des formes d'agressions graves.

Les agressions sexuelles augmentent considérablement lorsque les pères biologiques s'éloignent de la famille. Une des constantes les plus significatives, non seulement dans les agressions sexuelles, mais dans la négligence et la maltraitance physique et émotionnelle (encore plus fréquentes), est l'éclatement de la famille. En 1981, 43 % des enfants qui ont été maltraités aux États-Unis vivaient dans une famille monoparentale dont le chef était la mère, comparés aux 18 % d'enfants maltraités dans le reste de la population[95]. Plusieurs facteurs expliquent cette disparité. Les enfants de familles monoparentales bénéficient d'une supervision moindre, et celle qu'ils reçoivent est probablement insuffisante. Dans la plupart de ces familles, il n'y a pas de père pour protéger. Il ne faut pas oublier que, à travers les siècles, la protection des filles par le père contre les prédateurs sexuels a toujours été un rôle paternel reconnu par la culture. Les mères seules doivent souvent se reposer sur un pourvoyeur qui n'est pas le père biologique de leurs enfants. Une étude faite en Iowa sur les agressions sexuelles révèle que les garçons engagés pour garder des enfants à la maison sont cinq fois plus susceptibles de les agresser que les filles qui gardent – même en tenant compte du fait que la garde par des garçons est beaucoup moins courante[96].

Le problème majeur, dans l'évaluation de l'ampleur des sévices sexuels contre les enfants, c'est que toute recherche, à peine entreprise, est récupérée et exploitée par des groupes de pression dont les membres défendent une idéologie. Le crime commis contre l'enfant est décrit, par les plus extrémistes des membres de ces groupes, comme la conséquence inévitable de la présence du père au foyer. Cette vision des choses va de pair avec la conviction que les sévices sexuels contre les enfants, en particulier contre les filles, représentent «une amplification des normes familiales patriarcales, et non une entorse à ces normes[97]». La présence des pères au foyer est donc considérée comme la cause du désastre. Pour répondre à cette affirmation, certains membres du mouvement pour les droits des pères vont jusqu'à prétendre qu'avoir un père qui maltraite est mieux que de ne pas en avoir du tout! Des études soutiennent les deux points de vue – beaucoup d'hommes se servent des problèmes entourant la garde des enfants pour continuer à harceler et à intimider leur ex-conjointe, mais il y a aussi des hommes qui maltraitent leur conjointe et qui sont malgré tout de bons pères. Tout cela est extrêmement compliqué. Kathleen Sternberg a incontestablement raison quand elle affirme que les intérêts de l'enfant seraient bien mieux servis si ceux qui prônent diverses solutions «se montraient plus ouverts devant le caractère complexe de la violence et devant son impact sur les relations familiales[98]».

Une réalité doit être soulignée: alors que les agressions sexuelles les plus effarantes ont été commises par des pères biologiques, les pères, à une majorité écrasante, *n'agressent pas* leurs enfants. En outre, de nombreux témoignages démontrent que la présence du père biologique au foyer n'augmente pas, mais *réduit* les risques de telles agressions.

Le père pourvoyeur

Comme nous l'avons vu, un grand nombre de pères définissent la paternité comme le fait de subvenir aux besoins de leur famille. C'est l'une des justifications utilisées par les pères qui travaillent au-dehors. Les mères, quant à elles, ont davantage tendance à parler de facteurs sociaux pour expliquer leur volonté d'aller travailler à l'extérieur : sortir de la maison, avoir un travail agréable, se faire des amis, acquérir une plus grande indépendance, réussir. Pour beaucoup d'hommes, même ceux qui sont malades, handicapés, au chômage ou mal payés, le fait d'être incapables de pourvoir aux besoins de leur famille est une grave atteinte à leur confiance dans leurs capacités d'être de bons pères. Comme nous l'avons vu dans le chapitre 4, lorsqu'il s'agit d'occuper de bons emplois, les femmes sont en tête. Selon Suzanne Franks, l'économie capitaliste moderne crée de plus en plus d'emplois dans lesquels on préfère voir des femmes[99]. Comme elle l'affirme avec sa causticité habituelle :

> L'image stéréotypée du lieu de travail moderne, ce sont des rangées de femmes pourvues d'écouteurs qui, dans un centre d'appels pour la clientèle, répondent aux questions des clients ou vendent des services. Fini l'image d'hommes en salopette qui fondent de l'acier ou extraient du charbon des mines.

Suzanne Franks cite des déclarations d'économistes qui prédisent que l'homme finira par être forcé d'accepter des postes de moindre envergure, moins bien rémunérés et moins avantageux, et que le « salaire minimum accepté », soit le salaire sous lequel ils n'ont jamais voulu travailler, va diminuer. La notion de « travail féminin », qui se perd tout doucement, va disparaître. Il n'est pas surprenant que tant de jeunes hommes appréhendent le mariage et la paternité. Ils ont l'impression qu'ils seront incapables de trouver le type d'emploi qui leur permettra de remplir les obligations qui, pour eux, sont inséparables de la paternité, soit subvenir aux besoins de leur famille. Le problème est désespéré pour ceux qui manquent d'instruction et d'aptitudes. Et cela ne risque pas de s'améliorer. Pour les hommes qui continuent à investir une large part de leur identité dans leur occupation professionnelle (voir chapitre 4), les perspectives sont de plus en plus sombres.

Les problèmes de l'homme au travail sont généralement associés à la disponibilité, au salaire et aux conditions de travail, au stress rattaché à la profession, et à la nécessité d'avoir des aptitudes professionnelles, une formation et de l'expérience. Dans le *Voices initiative* du gouvernement britannique, une des consultations les plus exhaustives qui ait été faite auprès des femmes dans tout le Royaume-Uni pendant la première moitié de l'année 1999, beaucoup de femmes font remarquer à quel point le fait de travailler pour gagner sa vie est encore le point de référence lorsqu'on parle de masculinité[100]. Il faut souligner que le rapport commence par une protestation féminine classique et bien compréhensible :

> Le fait que l'on accepte de travailler pendant d'aussi longues heures que les hommes fait partie de cette culture « macho » qui ajoute aux frustrations des femmes – surtout quand elles doivent rentrer tard à la maison. Et c'est toujours l'homme qui a la voiture.

Le rapport change ensuite d'optique et suggère qu'il serait peut-être possible de convaincre les « employeurs mâles » de ne pas attribuer seulement aux femmes le désir d'avoir des heures de travail flexibles. Mais je ne crois pas qu'un *Voices* qui enquêterait auprès de 30 000 hommes au lieu de 30 000 femmes livrerait autant d'insatisfactions sur les aléas du travail. Le problème est que les hommes, largement responsables de la manière avec laquelle le travail est structuré et organisé, sont emprisonnés dans le concept d'une masculinité imprégnée de sueur, d'efforts et de dévouement. Le seul fait d'envisager une vie plus équilibrée – comme le font les femmes de l'enquête de 1999 – équivaut à proposer une sorte d'examen public et radical de ce qu'est l'homme du XXIᵉ siècle. Ce qui est quasi inconcevable. Mais si les hommes veulent faire la transition entre le patriarcat et l'égalité des sexes, ils devront pourtant soumettre le déséquilibre actuel entre leur vie privée et leur vie publique à une réévaluation et à un changement radical.

Les hommes doivent également se pencher sur ce qu'ils apportent à leurs enfants en tant que pères. La valeur du père moderne a beaucoup moins à voir avec le fait de gagner de l'argent pour subvenir aux besoins de sa famille qu'avec le fait de posséder des qualités qui se traduisent par la volonté de participer, la constance, la conscience et l'affection[101]. La *participation,* c'est le temps consacré aux enfants pour jouer avec eux, les aider dans leurs travaux scolaires, leur parler et les écouter, s'intéresser à leurs problèmes, partager leurs intérêts, que ce soit dans la lecture, la télévision ou le sport. Cette participation exige un engagement sous une forme structurée englobant des activités au cours desquelles père et enfants réalisent quelque chose ensemble ; une accessibilité qui indique à l'enfant que son père est proche et disponible ; et une responsabilité, qui revêt une forme plus routinière : donner de l'argent de poche, rassurer, veiller au bien-être physique de l'enfant. La *constance* est extrêmement importante : pour grandir dans l'harmonie et la confiance, l'enfant a besoin de savoir qu'il peut se reposer sur son père ; il a besoin de savoir que son père est une personne stable en qui il peut avoir confiance. C'est la constance émotionnelle, plutôt que le fait d'être physiquement présent, qui est cruciale. Les auteurs d'une étude longitudinale sur la paternité, s'étalant sur 11 ans, ont conclu que « les pères qui maintiennent un lien émotionnel étroit et stable avec leurs adolescents protègent ces derniers de la délinquance[102] ». La *conscience,* elle, concerne l'importance que les pères donnent à leurs enfants en tant qu'individus à part entière. Certains enfants ont l'impression que leur père les connaît à peine. Ils ont peur de n'être qu'une représentation de l'individu que leur père souhaite qu'ils deviennent.

Stephen vient me voir, car sa mère le croit déprimé. Il s'est toujours bien débrouillé à l'école, mais pendant sa première année d'université il a perdu son énergie ; il est devenu apathique, renfermé. La réussite sociale de ses parents en impose – sa mère est une travailleuse sociale haut placée, son père est juge. Lors de notre première rencontre, Stephen se plaint de ne pas avoir de but dans la vie. Il pense qu'il souffre de fatigue chronique. Il affirme qu'il est le seul responsable de ce qui lui arrive. Il est dérouté quand je lui demande ce que ses parents pensent de son état. Il se contente de répondre qu'il doute fort que ces derniers aient la moindre idée de ce qu'il ressent, car, selon lui, ils ne savent pas grand-chose de leur fils.

Au cours des séances suivantes, Stephen admet avoir le sentiment que ses parents, en particulier son père, ne s'intéressent pas à lui. Son père ne s'intéresse qu'à ses travaux et à ses résultats scolaires. Stephen ne se souvient même pas d'un simple geste d'affection de son père ; jamais celui-ci ne lui a demandé son avis sur l'un ou l'autre sujet. Le père reconnaît qu'il a peu de temps à consacrer à son fils, son travail étant accaparant. Il en sait très peu sur les intérêts de Stephen, sur ses passe-temps et ses amis. Mais il insiste sur le fait que son fils n'a jamais manqué de rien et qu'il a reçu une excellente éducation. Selon lui, un père ne doit pas être jugé sur ses démonstrations sentimentales, mais sur ce qu'il apporte à ses enfants pour leur fournir un bien-être physique. La mère de Stephen prend le parti du père. Elle considère que Stephen nie ses propres responsabilités et qu'il rejette sur ses parents sa propre incapacité de prendre sa vie en main.

Au cours des séances en famille, les parents finissent par évoquer leur propre éducation, qui semble avoir fortement encouragé leur sens de l'indépendance et leur a appris à contrôler leurs émotions.

Stephen semble tirer parti de ces révélations ; il sait maintenant ce à quoi ses parents accordent le plus d'importance dans l'éducation. Il sait aussi qu'il ne partagera jamais leurs idées sur le sujet. Reste à voir comment il se conduira avec ses enfants lorsque, à son tour, il deviendra père.

L'*affection* sous-entend la formation de liens intimes et s'exprime par le toucher, les encouragements, le réconfort et la reconnaissance des qualités de l'enfant. La capacité ou l'incapacité d'un père de prendre soin de ses enfants dépend énormément de ce que son propre père lui a donné – et de la manière avec laquelle les soins et l'affection ont été dispensés. La discipline est au cœur de ces soins. Le père reste celui qui fait régner la discipline dans la famille. Des problèmes apparaissent, cependant, lorsque la discipline est appliquée sans conscience, sans constance et sans véritable affection. Lorsqu'un père croit que son seul rôle consiste à imposer sa discipline, les conséquences de ses actions peuvent être catastrophiques. Le père efficace est celui qui est capable d'exprimer ses inquiétudes, sa confiance, voire son admiration envers ses enfants, *et* qui, en même temps, établit clairement les limites entre ce qui, dans leur conduite, est acceptable ou inacceptable. Des liens étroits et stables entre le père et les enfants permettent à la discipline de régner sans que le père ait jamais recours à la menace ou à la violence physique. Par contre, dans les familles où le père est distant, inconscient ou indifférent, la discipline est difficile à instaurer et les affrontements verbaux et physiques sont monnaie courante.

La conclusion qui se dégage de toutes les recherches est que le père est important pour l'enfant. Mais les raisons pour lesquelles il est important ne correspondent pas nécessairement à l'idée que la plupart des pères se font de leur importance ! L'appauvrissement émotionnel et psychologique qui résulte de la perte du père en dit très long sur l'importance de la paternité. Or ce qui découle, en fin de compte, de toutes les réflexions qui ont été faites sur le sujet, c'est que ce qui est important pour la santé, le bien-être et le bonheur de l'enfant «n'est pas d'avoir un père riche ou pauvre, mais d'en avoir un[103]».

Conclusion

Les hommes ont certes un rôle à jouer en tant que pères. Ils peuvent aider leurs fils à devenir des hommes meilleurs ; leurs filles à se sentir bien dans leur peau. Ils peuvent protéger leur famille et leur communauté des déprédations commises par des hommes insociables et sans attaches. Ils peuvent protéger et donner de façon plus compétente et plus efficace que ne l'ont fait leur propre père. Et ils ont la possibilité, en devenant père, de développer et de cultiver leur empathie, leur altruisme, leur sensibilité et leur capacité d'exprimer leurs émotions. Il faut le dire et le redire encore, car, dans le monde actuel, l'image de l'homme en tant que père n'est pas une belle image. Aux États-Unis, un psychiatre, auteur d'ouvrages sur les problèmes de la famille, décrit en ces termes l'image télévisuelle du père contemporain :

> Le papa des séries télévisées et des messages publicitaires est assez stupide. Il n'est pas tout à fait là, comme s'il lui manquait un morceau. Les spécialistes de la paternité, de nos jours, disent qu'il est délibérément ridiculisé, qu'on en fait un personnage archaïque, idiot. [...] Les femmes, elles, sont pratiques, logiques, et les enfants sont pleins de bon sens. Mais, même quand papa est un bon gars, il est un peu ringard[104].

Cette image ne devrait pas exister. Le père « bien » existe, même s'il n'est pas plus facile d'être un père bien que d'être un homme bien. Un père bien est un père qui est raisonnablement présent à la maison, qui protège ses enfants de tous les dangers, qui les aide à relever des défis et à exploiter leurs possibilités. Les suggestions qui suivent sont simples, mais leur simplicité est trompeuse. Au cœur de la relation d'un père avec ses enfants repose la notion d'attachement dont parlait Bowlby, il y a bien longtemps, au sujet de la mère. Sebastian Kraemer a très bien décrit cet attachement :

> Un attachement sûr est comme un élastique invisible qui peut se tendre et se détendre selon le besoin que l'on a d'être protégé. Quand on est malade ou que l'on souffre, quand on est fatigué ou effrayé, on court vers la personne auprès de laquelle on se sent en sécurité ; quand tout va bien, on peut s'en éloigner pour explorer le monde alentour. Cette stratégie s'applique à chacun de nous, mais surtout aux petits enfants[105].

Comment être un meilleur père

Le père doit être un modèle

Le père est un modèle. C'est sa façon d'agir qui va apprendre à ses enfants comment on doit se conduire quand on est adulte. S'il résout les problèmes par la discussion et le dialogue, ses enfants feront de même quand ils seront grands. S'il tente de les résoudre en manifestant sa mauvaise humeur, ses enfants feront vraisemblablement de même.

- Les enfants apprennent davantage des actes de leur père que de ses paroles.
- Le père qui traite ses enfants avec amour et respect fera de ses filles des jeunes femmes et des femmes qui voudront être traitées de la même manière par les jeunes hommes et les hommes qu'elles rencontreront.
- Le père qui enseigne à ses fils qu'un homme doit être attentionné et juste, qui est un ami pour eux et les traite avec respect fera de ses fils des hommes qui auront une attitude positive envers les femmes.

Le père au travail et au foyer

Travailler est fatigant, stressant et parfois angoissant. Mais il n'est jamais justifiable ni sage de faire subir fatigue, stress et tracas à ses enfants.

- Le père doit prendre le temps nécessaire pour « recharger ses batteries ».
- Le père doit prendre soin de sa santé.
- Le père doit laisser les tracas du travail au travail.

Le père doit exprimer son affection

C'est en participant à leur vie que le père prouve à ses enfants qu'il les aime.

- Le père participe aux activités pour lesquelles ses enfants souhaitent sa présence.
- Le père prend ses enfants dans ses bras et leur dit qu'ils sont formidables.
- Le père aide ses enfants dans leurs devoirs scolaires.
- Le père fait du sport et joue avec ses enfants.
- Le père assiste aux événements scolaires et aux réunions de parents ; il va voir ses enfants faire du sport, de la musique, il assiste aux spectacles auxquels ils participent, etc.
- Le père connaît le nom des amis et des professeurs de ses enfants.

Le père et le couple

Être un parent signifie que l'on fait partie d'un couple. Les enfants ne sont pas heureux avec des parents qui se critiquent et s'humilient. Le père ne doit jamais oublier qu'il doit :

- respecter la mère de ses enfants ;
- éviter de se disputer avec elle en présence de ses enfants ;
- essayer de résoudre ses problèmes de couple ;
- avoir recours aux conseils d'un professionnel si sa relation de couple se détériore.

Le père doit consacrer du temps à ses enfants

Le temps que le père consacre à ses enfants est un excellent investissement pour leur avenir. Le père montre à ses enfants qu'il les aime lorsqu'il participe à leurs activités sportives et à leurs loisirs, et quand il éveille leur intérêt pour ses propres passe-temps. Les enfants grandissent vite, et les pères attendent parfois trop longtemps avant de s'intéresser à eux. Ils s'aperçoivent alors que leurs enfants ne sont plus du tout des enfants !

- Le père et les enfants doivent partager au moins un repas chaque jour.
- Le père doit bavarder avec ses enfants.
- Le père doit s'intéresser aux idées de ses enfants et éviter de les critiquer.
- Le père doit féliciter ses enfants de leurs succès.
- Le père doit encourager ses enfants et les aider à prendre des décisions[106].

Même si l'on reconnaît l'importance et la valeur du père – beaucoup, n'en doutons pas, resteront sceptiques –, comment réagir devant le fait qu'un grand nombre de femmes préfèrent avoir un enfant sans être obligées de s'engager auprès du père ? Comment accepter le fait que beaucoup de femmes divorcent et préfèrent affronter seules les aléas et les dangers de l'existence que de rester en couple et d'être victimes d'agressions et de violence ? Pourquoi des femmes luttent-elles pour subvenir aux besoins de leurs enfants sans la participation financière, émotionnelle et sociale de l'homme avec qui elles les ont conçus ?

Il est prouvé que les hommes sont capables de s'engager envers leur femme et leurs enfants. Il est également prouvé que cet engagement est crucial pour la santé et la vitalité de la famille. Alors *pourquoi* les hommes ne s'engagent-ils pas davantage ? Pourquoi, au lieu de cela, un si grand nombre d'entre eux manifestent-ils une telle indifférence et une telle incompétence à l'égard de leurs responsabilités paternelles ? Pourquoi, si le mariage et la vie de famille sont si bénéfiques pour eux, en font-ils un tel gâchis ? Qu'est-ce qui fait de l'homme un personnage si peu séduisant pour la femme qu'elle n'en veut ni comme époux, ni comme amant, ni comme conseiller, ni comme compagnon ? Et que reste-t-il du pouvoir phallique maintenant que tant et tant de femmes voient dans le fait d'aimer un homme et de vivre avec lui beaucoup trop de risques pour que le jeu en vaille la chandelle ?

Chapitre 8

L'HOMME ET L'AMOUR

J'aime les femmes, j'aime leur compagnie, j'admire la franchise avec laquelle elles expriment leurs émotions. J'ai grandi avec deux sœurs et, en dépit de mes années d'études dans un collège de jésuites non mixte, les influences majeures de mon enfance ont été féminines. C'est peut-être pour cela que je me sens, à plusieurs égards, plus à l'aise en compagnie de femmes qu'en compagnie d'hommes (le nombre de mes amis masculins est plutôt limité). Des hommes de ma connaissance partagent ces sentiments. D'autres, bien sûr, préfèrent et recherchent la camaraderie masculine, que ce soit au travail ou dans les clubs qu'ils fréquentent, sportifs ou autres.

Mais les hommes, y compris moi-même, ne se contentent pas d'aimer les femmes. Car ces femmes, qui sont nos collègues, nos amies, nos amantes ; ces femmes que nous trouvons désirables, attirantes, stimulantes, nous en avons peur. Parfois même nous les haïssons, nous les marginalisons, nous les dénigrons, nous les enfermons dans des stéréotypes. Nous nous efforçons sans cesse de les dominer, d'exercer un contrôle sur elles. L'appel qui nous est fait à nous, les hommes, en ce début du XXIe siècle, à nous détourner de la violence, à entrer en contact avec nos émotions, à exprimer nos peurs et à admettre nos inadéquations, cet appel est voué à l'échec s'il est fait essentiellement par des femmes. Pourquoi? Parce que, mis à part une minorité d'entre nous, nous sommes effrayés devant les changements à accomplir pour détruire le patriarcat. C'est pourtant de cela qu'il s'agit. Les hommes devront se sauver eux-mêmes. Ils ne peuvent pas compter sur les femmes pour le faire.

La peur des femmes

La peur des femmes et de la féminité n'est pas un phénomène contemporain. Ce n'est pas un sous-produit de l'ascension du féminisme et des attaques implacables contre le patriarcat. Elle remonte à la mythologie grecque (et certainement plus loin encore), où la cruauté meurtrière des sirènes, des harpies, des furies et des gorgones faisait tristement contrepoids au charme et à la gentillesse des muses. Cette cruauté meurtrière ne se cantonne pas non plus à la mythologie grecque. En Inde, la déesse Kali danse sur les corps d'hommes sacrifiés. Samson, juge d'Israël qu'aucun homme n'a réussi à vaincre, est privé de sa chevelure, siège de sa force, par Dalila, et Judith décapite Holopherne après l'avoir séduit. Bennett Simon, psychanalyste et historien de l'époque classique, pense que ces mythes et ceux qui leur sont apparentés incarnent un fantasme enfantin de la mère : la « mère phallique[1] », femme puissante, dangereuse et pourvue de seins et d'un pénis. À travers les âges, les hommes ont lutté contre leur peur en la justifiant. Pour eux, les femmes ont toujours été inquiétantes, destructrices, malveillantes. C'étaient des sorcières, des vampires, des succubes insatiables – bref, des incarnations de tout ce qui les épouvantait.

Lorsqu'en 1925 Freud examine la source de l'hostilité masculine envers les femmes, il l'attribue à la peur de la castration. Son analyse, malheureusement, est à la fois méprisante et humiliante. C'est l'anatomie, affirme-t-il d'abord (et avec raison), qui dicte la relation entre l'homme et la femme. Son article intitulé « Quelques conséquences de la différence anatomique entre les sexes » fournit des indications révélatrices sur l'idée qu'il se fait de la femme. Freud prétend que, lorsqu'un petit garçon entrevoit pour la première fois les parties génitales d'une fille, il ne ressent rien de particulier. Ce n'est que plus tard, « lorsqu'une menace quelconque de castration s'est imprimée en lui » (une conséquence du besoin de se séparer de la mère, par exemple), qu'il en arrive à croire à la réalité du danger. Cette angoisse de castration conditionne de façon permanente les relations du garçon avec les femmes, à cause de « l'horreur ressentie devant la créature mutilée, ou du mépris triomphant à l'égard de cette créature[2] ». Dans un article subséquent sur la sexualité féminine, écrit en 1931, il revient au même thème. Il y affirme que ce qui reste, chez l'adulte mâle, de l'angoisse éprouvée par le garçon lors de la découverte des parties génitales de la femme « est, dans son attitude envers les femmes, un certain besoin de dénigrer[3] [...] ». La petite fille, quant à elle, se conduit différemment. Lorsqu'elle voit le pénis du petit garçon, elle sait immédiatement à quoi s'en tenir. Autrement dit : « Elle l'a vu, elle sait qu'elle n'en a pas, et elle en veut un. » Et Freud d'ajouter :

> C'est ici que ce qu'on a appelé le complexe de la masculinité des femmes bifurque. S'il n'est pas surmonté assez vite, il peut être à la source de grandes difficultés dans le développement normal de leur féminité. L'espoir d'obtenir un jour un pénis, en dépit de tout, et de devenir ainsi un homme subsiste jusqu'à un âge très avancé et peut susciter des comportements étranges, sans nécessité apparente. [...] Une fois la femme consciente de cette atteinte à son narcissisme, elle développe et conserve, comme une cicatrice, un sentiment d'infériorité. Lorsqu'elle dépasse sa première tentative d'expliquer son absence de pénis comme une punition personnelle et réalise que ce caractère sexuel est universel, elle commence à partager le mépris des hommes pour un sexe [le sien] très inférieur à tous égards et, ne fût-ce qu'en conservant cette opinion, elle s'obstine à vouloir être comme un homme[4].

Il est vrai, reconnaît Freud, que tous les individus, « en raison de leurs tendances bisexuelles et de leur double héritage », possèdent des caractéristiques masculines et féminines. Mais les dégâts sont faits. Ce sont les femmes qui sont responsables de leur sentiment d'infériorité. La faute incombe aux femmes, et non aux siècles de domination et de contrôle masculins. Et quelle est la cause de tous les malheurs de la femme ? La blessure infligée à son narcissisme, due au fait qu'elle ne possède pas l'instrument du pouvoir phallique, le pénis. En dépit des déclarations récentes de certaines féministes, qui apprécient les idées généralement éclairées de Freud sur les femmes (idées qui lui sont venues avec l'âge), l'insistance que le père de la psychanalyse accorde à l'importance de l'envie du pénis dans la compréhension de ce que sont les femmes reste sans équivoque. En décrivant quelques-unes des conséquences de cette envie, Freud se place dans les rangs de ceux qui ont toujours prétendu que l'infériorité des femmes est un caractère biologique. Selon lui, dans la mesure où le développement psychologique des femmes diffère de celui des hommes, « le niveau de ce qui est normal [pour les femmes] sur le plan de l'éthique est différent de ce qui est normal pour les hommes ». Et il va plus loin :

> Les traits de caractère que les critiques de chaque époque ont porté au désavantage des femmes – soit qu'elles ont un sens moindre de la justice que les hommes, qu'elles sont moins susceptibles de se soumettre aux grands enjeux de l'existence, qu'elles sont plus aisément influencées dans leurs jugements par des sentiments d'affection et d'hostilité – pourraient être dus dans une large mesure à la modification dans la formation de leur surmoi auquel nous avons fait allusion précédemment. Nous ne devons pas nous laisser détourner de telles conclusions par les dénégations des féministes, qui désirent ardemment nous amener à considérer les deux sexes comme parfaitement égaux en valeur et en statut[5].

Freud répète que tous les individus, « du fait de leurs tendances bisexuelles et de leur double héritage », ont en eux des caractéristiques féminines et masculines, et il ajoute que la masculinité et la féminité pure « restent des constructions théoriques d'un contenu incertain ». Son article baigne, en grande partie, dans cet état d'esprit qu'il appellera plus tard la « projection », ce mécanisme mental de défense grâce auquel les pulsions et les idées insupportables pour le moi sont projetées sur une autre personne. Ce qui est projeté ici est l'angoisse masculine – angoisse à propos du fondement véritable de la supériorité phallique, soit de la puissance sexuelle et biologique masculine. Or, dans une volte-face adroite, la projection est attribuée à la *femme* et décrite comme une angoisse féminine due à l'envie du pénis ! La caractéristique la plus surprenante de l'article de Freud est le désintérêt total de ce dernier à l'égard de l'asservissement social et individuel séculaire des femmes, désintérêt qui s'explique si l'on pense à l'affirmation implicite du psychanalyste sur le caractère inévitable de l'infériorité féminine. L'explication psychologique de Freud, énoncée pendant les années 1920 et 1930 dans une série d'articles et lors de conférences, s'ajoute aux explications biologiques de la médecine souvent répétées à la même époque (voir le chapitre 4).

Une des relations homme-femme que Freud exempte de son analyse pessimiste des relations entre les sexes est celle qui unit la mère à son fils. Il la décrit comme «la relation parfaite et la moins ambivalente de toutes les relations humaines», affirmation dont Peter Gay, un de ses biographes, dit qu'elle ressemble beaucoup plus à un désir qu'à une déduction valable tirée de données cliniques[6]. Les sentiments d'une mère envers son fils sont souvent altérés par des attentes irréalistes, de profondes déceptions, des peurs intenses et des exigences émotionnelles hors du commun. Dans les efforts du jeune garçon pour satisfaire sa mère, on peut voir les ferments des difficultés que l'homme adulte va connaître dans ses rapports avec les femmes. Freud se montre étonnamment productif et inventif dès qu'il est question d'analyser la relation d'un fils avec son père, d'une fille avec ses parents, de frères avec leurs sœurs, et l'impact plus important encore que peut avoir la société sur le développement psychologique de l'individu. Mais, en ce qui concerne la relation du fils avec sa mère – autre que le désir œdipien éprouvé pour elle –, il reste relativement silencieux. Si, dans son article de 1931 sur la sexualité féminine, il parle des sentiments ambivalents du garçon par rapport à sa mère, c'est uniquement pour affirmer que les hommes les affrontent en « reportant toute leur hostilité sur leur père » (c'est ce qu'il a fait lui-même, semble-t-il).

Il revenait à une des premières femmes psychanalystes, Karen Horney, de contester l'analyse phallocentrique freudienne de la relation entre les sexes. Au cours de l'année qui suit l'article de 1925, Horney publie son propre article, intitulé « The flight from womanhood » (Fuir devant la féminité), qui constitue une protestation contre ce que sa biographe Susan Quinn décrit comme « l'image sans joie du vécu féminin dépeinte par la psychanalyse[7] ». Dans cet article, Horney réplique à l'obsession freudienne pour l'envie du pénis chez la femme en suggérant une envie équivalente chez l'homme pour la matrice de la femme :

> Quand on commence, comme je l'ai fait, à analyser les hommes après avoir longtemps analysé les femmes, on découvre [chez les hommes] l'intensité assez surprenante de [leur] envie de grossesse, d'enfantement et de maternité, aussi bien que de seins et de succion[8].

Peut-être la dépréciation de la féminité est-elle tout simplement suscitée par le dépit ? Saupoudrant un peu de sel sur la plaie vive de la prétention mâle, Horney ajoute :

> N'est-ce pas la force énorme des impulsions masculines vers le travail créatif dans tous les domaines, due précisément au sentiment que l'homme a de ne jouer qu'un rôle limité dans la création de vies humaines, qui le pousse sans cesse à cette surcompensation dans ses accomplissements ?

Pour Horney, l'insatisfaction des femmes ne reflète pas l'envie du pénis, mais les désavantages réels éprouvés dans leur vie sociale. Exposée dès la naissance à sa supposée infériorité, la femme ne dispose pas de moyens efficaces pour sublimer ses sentiments, étant donné que, selon Horney, « toutes les professions sont prises par les hommes ». Le contrôle et l'assujettissement des femmes ont des conséquences prévisibles non seulement pour les femmes en général, mais pour les femmes qui sont mères. En conséquence, on peut s'attendre à ce que la femme en colère et pleine de ressentiment qui élève un jeune garçon reporte sur lui les insatisfactions que son mari, son père et son frère lui apportent, et qu'elle élève cet enfant avec l'idée qu'il va la venger de ces hommes. Des mères ambitieuses, intelligentes, talentueuses, mécontentes du statut inférieur et des contraintes sociales qui découlent de la maternité enchaînée au foyer, cultivent chez leurs fils (et chez leurs filles) l'ambition et le désir de dominance. Les mythes et la tragédie grecque, dans lesquels Freud a emprunté son complexe d'Œdipe, sont riches de thèmes sur la mère qui se sert de son fils pour se venger de son époux. Le fils devient alors un objet qui permet à la mère d'exprimer sa rage contre un mari et un père qui n'ont pas répondu à ses attentes. Ce fils devient le plus grand espoir de la mère, un substitut de phallus, qui peut procurer à cette femme la fierté et le prestige que son mariage ne lui a pas apporté. C'est ce fils qu'était Freud pour sa mère.

Pourtant, chaque garçon doit négocier la séparation d'avec sa mère sous peine d'être « émasculé » – et de devenir « un petit garçon à sa maman ». Un fils qui reste, au-delà de l'enfance, dans le giron de sa mère se castre lui-même. C'est lors du processus de séparation que sont semées quelques-unes des graines de la peur et de la colère masculines contre les femmes – peur et colère qui ne sont pas, en dépit des déclarations de Freud, tournées contre le père. Consciemment ou pas, cette peur et cette colère entretenues par les hommes seront dirigées contre les femmes.

Pour le petit garçon et la petite fille, la vie commence par une grande intimité physique et psychologique avec la mère. Les problèmes d'identité qui jalonnent leur enfance sont radicalement différents : la fille s'identifie à la mère ; le garçon se définit comme masculin lorsqu'il se sépare d'elle. Selon la critique féministe Nancy Chodorow, l'intégration au cœur de l'identité masculine est difficile :

> Un sentiment précoce, non verbal, inconscient et presque somatique d'identité première avec la mère – sentiment sous-jacent de féminité – met au défi et mine continuellement, presque imperceptiblement et parfois sans répit le sentiment de masculinité. En raison de cette unité première et de cette identification à la mère [...], l'identité masculine du garçon et de l'homme [...] constitue un problème[9].

Si l'on se base sur ce point de vue, les garçons et les hommes, consciemment ou pas, doivent combattre cette identification première et intime à la mère qui menace leur identité masculine et affecte leur moi. C'est là que germe le besoin des hommes d'éviter l'intimité et l'ouverture affective. Dans la mesure où il a dû s'éloigner de l'intimité et du caractère intuitif de la relation mère-fils, le petit garçon se protège de la souffrance des séparations futures en édifiant autour de lui une barrière protectrice de contrôle émotionnel. S'il est privé d'un guide adulte, en particulier si son père est absent ou incapable d'assumer son rôle d'éducateur et de soutien physique et psychologique, l'adolescent fera face à d'énormes difficultés lorsqu'il voudra créer et maintenir des liens émotionnels et des relations hétérosexuelles épanouies. De telles relations sont susceptibles de rouvrir la blessure causée par la séparation d'avec la mère, ce qui peut pousser l'homme à rechercher des substituts émotionnels à l'amour de cette dernière (problématique que j'ai abordée au chapitre 7[10]).

Cela veut-il dire que la peur et même la haine des femmes est un phénomène inséparable du développement précoce physique et psychologique de tous les hommes? Cela veut-il dire que les hommes sont condamnés à la misogynie? Des analystes contemporains influents, comme Adam Jukes et Dorothy Dinnerstein, semblent le croire[11]. Ils vont même plus loin. Selon eux, une fois que l'enfant mâle découvre que son désir de posséder sa mère oralement et de façon génitale ne sera pas comblé, et que l'image qu'il a d'elle, «madone» ou «princesse», s'est transformée en «sorcière» ou en «putain», il renonce à elle et la dévalue, ainsi que la féminité dans son ensemble. Le sadisme devient alors la pulsion maîtresse sous-tendant toutes les relations avec les femmes.

Il y a malheureusement quelque vérité dans cette vision déprimante, mais ce n'est qu'une partie - certes bien regrettable - de toute l'histoire. L'homme classe les femmes par catégories - bonnes ou mauvaises, saintes ou pécheresses, madones ou putains -, mais la division n'est jamais établie en faveur de l'une ou de l'autre. Les hommes devraient reconnaître leur ambivalence par rapport à la Mère plutôt que de se borner à leur vision sentimentale ou amère. Il serait bon qu'ils examinent ce que Horney et d'autres ont décrit, soit l'envie et la peur de l'homme devant l'identité et la créativité biologiques de la femme.

Une autre source de peur et d'hostilité, chez l'homme, à l'égard des femmes a trait à la capacité de ces dernières d'éveiller son désir sexuel. Au milieu de XVIe siècle, Montaigne, philosophe français, déplore la « désobéissance de ce membre [viril] qui se dresse si inopportunément alors que nous ne le voulons pas, et qui si inopportunément se rétracte lorsque nous avons le plus besoin de lui[12] ». Il y a un passage, dans l'*Orlando* de Virginia Woolf, dans lequel le héros-héroïne songe à l'effet que son splendide mollet nu fait sur les hommes. Un marin, sur le mât d'un bateau, sursaute si violemment qu'il glisse et ne se rattrape qu'à la toute dernière extrémité. « Si la vue de mes mollets signifie la mort pour un brave et honnête homme qui, n'en doutons pas, a femme et famille, je dois, en toute humanité, les garder couverts », conclut Orlando.

> Et elle se mit à penser à cette chose étrange qui nous arrive, quand toute la beauté de la femme doit rester couverte sous peine de faire tomber un marin d'un mât. « Maudits soient-ils », dit-elle, réalisant pour la première fois que, en d'autres circonstances, on lui aurait enseigné cela durant son enfance, c'est-à-dire les responsabilités sacrées de la féminité[13].

Les « responsabilités sacrées de la féminité », qui comprennent le contrôle de pulsions masculines qui, sans cela, resteraient incontrôlables et incorrigibles, procurent, lorsqu'elles ne sont pas respectées, une justification à ces hommes qui considèrent alors chaque femme comme une putain potentielle, une putain qui possède le pouvoir sexuel de les ennoblir ou de les dégrader. L'utilisation stupide et routinière, par certains hommes, de mots grossiers comme chatte, con, minette, touffe pour nommer les parties génitales féminines – ces gros mots et obscénités qui rabaissent la femme au niveau d'objet de mépris et permettent aux hommes de les dénigrer et de les humilier – ne fait que refléter la peur et l'hostilité ancrée du mâle envers le pouvoir sexuel féminin. Ce qui est désiré est détesté, car ce qui est désiré exerce une tentation terrible, tenace, insistante et irrépressible et pose un défi immense au besoin qu'a l'homme de contrôler. L'attirance masculine vers la pornographie est un bon exemple de la manière avec laquelle les hommes retournent leur dégoût d'eux-mêmes contre les femmes. Le raisonnement voulant que la pornographie « fasse partie de la violation des droits de la femme et de son exploitation en tant que classe[14] » n'a plus à être développé, mais, comme l'explique Deirdre English, critique féministe, l'exploitation va dans les deux sens :

> En fait, dans la mesure où il y a si peu de femmes pour cela [mais des centaines de milliers d'images d'elles], le sentiment le plus écrasant est celui de l'exploitation commerciale du désir sexuel masculin. Il est là, ce désir, terriblement désespéré, tourmenté, dégradant pour celui qui l'éprouve, pour celui qui mendie un soulagement et se jette sur n'importe quel substitut, en payant pour lui. Les hommes qui vivent pour cela sont pitoyables, et leur comportement maladroit prouve qu'ils le savent très bien. Si, en tant que femme, vous pouvez vous distancier [...], vous verrez à quel point ils sont pathétiques[15].

Pathétiques. Les hommes le sont parfois et ne le savent que trop. Ils ne savent que trop à quel point leur libido fait souvent d'eux des esclaves. Les journaux à potins et les actualités télévisées parlent quotidiennement de ces hommes, anonymes ou célèbres, qui risquent de saboter une vraie relation personnelle, leur réputation et les accomplissements de toute une vie pour une expérience sexuelle presque inévitablement éphémère. Les hommes asservis à la sexualité éprouvent un dégoût d'eux-mêmes et un dégoût de celles en qui ils voient la cause de leur dégradation : les femmes. Les hommes savent qu'ils ont besoin des femmes, qu'ils dépendent d'elles. Mais, pour certains d'entre eux, pour un grand nombre d'entre eux (pour tous ?), l'acceptation de la dépendance adulte vis-à-vis de la femme est honteuse, car elle a l'allure d'un retour à l'impuissance du petit enfant. Ce dégoût varie d'un homme à l'autre. Ce qui semble tristement évident, c'est que les hommes ne diffèrent les uns des autres que par le *degré* de leur hostilité et de leur ressentiment envers les femmes. Et non en raison de ce qu'ils font ou ne font pas.

Les hommes et le besoin d'exercer un contrôle

De plus en plus souvent, dans ma vie d'homme et dans mon cabinet de psychiatre, je me surprends à me demander – à l'opposé de Freud, qui se demande ce que veulent les femmes – pourquoi les hommes ont un tel besoin de prendre le contrôle sur tout ce qui les entoure. Peut-être la réponse se trouve-t-elle dans la nature de la sexualité masculine, soit dans la réaction pénienne anarchique à des stimuli érotiques et dans les pulsions sexuelles qui dominent l'existence de l'homme jeune. Une grande partie de la sexualité masculine est associée au désir – ou plutôt au besoin – d'exercer un contrôle, de maîtriser et de posséder l'autre tout en ayant l'air de céder, de se rendre, de capituler. Un des impératifs biologiques de la virilité est le besoin de l'homme de prouver sa virilité aux femmes. L'homme croit qu'il *doit* accomplir des exploits pour s'affirmer. « L'idéal de l'efficacité, explique Horney, est un idéal typiquement masculin. Il est orienté vers l'action matérialiste et mécanique[16]. » Pour le psychologue Liam Hudson, il est dans la nature de l'homme d'adopter un mode « instrumental » dans sa manière de s'adresser au monde qui l'entoure.

> Chaque fois qu'une culture offre un choix entre des activités qui exigent soit une manipulation impersonnelle ou de contrôle, soit une relation personnelle et de participation, ce sont les hommes qui sont attirés vers les premières, les femmes vers les secondes[17].

Cette préoccupation concernant la nécessité de garder le contrôle, conjuguée aux besoins insistants d'une sexualité exigeante, est au cœur de l'agressivité masculine, qui, tournée vers l'extérieur, prend la forme d'une violence sexuelle ou autre et, tournée vers l'intérieur, d'une pulsion suicidaire. Rappelons-nous le cas de Sean, ce jeune homme qui préférait tuer et se tuer plutôt que de reconnaître qu'il avait besoin d'aide (voir le chapitre 4). Ou examinons le cas d'un autre homme, qui se trouve à l'autre extrémité du cycle de vie.

Lorsqu'il est venu me voir, Andrew venait de prendre sa retraite. Chirurgien très compétent, il avait toujours rêvé de se retirer à 65 ans. Andrew avait plusieurs intérêts et passe-temps dans la vie. Il pratiquait le tir, jouait au tennis et collectionnait des objets anciens. Peu de temps après sa retraite, cependant, il est devenu impuissant. Le choc a été terrible. Il paniquait, était incapable de se concentrer, se plaignait de trous de mémoire et avait peur d'avoir la maladie d'Alzheimer. Lors de la première consultation, il me déclare qu'il n'a jamais eu de problème d'érection auparavant. « Chaque fois que c'était nécessaire, il était présent à l'appel. » Andrew semble ignorer que la majorité des hommes de son âge connaissent, à un certain degré, des épisodes de dysfonctionnement érectile (impuissance), et qu'à 70 ans un homme sur trois seulement est encore en possession de toute sa puissance sexuelle[18]. Après la consultation, un peu rassuré, Andrew commence à se détendre. Ses fonctions sexuelles reviennent petit à petit à la normale. Cependant, il lui arrive encore de temps à autre d'être impuissant. Le dépit qu'il éprouve est aggravé par son irritation devant le fait que son pénis, « qui m'a toujours obéi avant », dit-il, a maintenant un comportement versatile et donc moins prévisible.

Pour Andrew comme pour beaucoup d'hommes, le contrôle ultime est sexuel. Et comme beaucoup d'hommes, Andrew ne parle de son impuissance qu'en termes de défaillance technique. Que le bon ou le mauvais fonctionnement de son pénis lui permette ou l'empêche de satisfaire sa partenaire et de lui donner du plaisir n'entre jamais en ligne de compte. Les discussions sur l'impuissance font rarement référence au caractère mutuel de la sexualité, et au fait que l'activité sexuelle, à moins qu'elle ne soit masturbatoire, englobe intimement une autre personne. Comment s'étonner que des critiques féministes véhémentes de la sexualité masculine accusent les hommes d'être indifférents devant l'impuissance sexuelle féminine, soit la difficulté qu'ont certaines femmes à avoir un orgasme – ou d'ignorer tout simplement qu'elle existe. « Ce qui est triste, fait amèrement observer Phyllis

Chesler, c'est que la plupart des êtres humains sont conçus lors d'un rapport sexuel dans lequel une seule personne a un orgasme[19].» Mais la majorité des hommes s'en fichent. Par contre, lorsque l'impuissance masculine se déclare - que les hommes soient jeunes ou aient 70 ans -, l'attirail thérapeutique complet fait son apparition, de la pompe à vide au Viagra. En revanche, lorsqu'une femme souffre d'une absence d'orgasme, même dans ses années les plus reproductives, on l'informe bien vite qu'il s'agit là d'une réalité biologique propre à beaucoup de femmes et qu'on ne peut rien y faire.

Donner du plaisir à une femme est un fardeau beaucoup trop lourd pour beaucoup d'hommes. C'est la raison pour laquelle ils se tournent vers les prostituées. Il est indéniable que la nature monétaire de ce service les libère de toute nécessité de tenir compte du plaisir de leur partenaire. Bien sûr, il ne manque pas d'hommes qui aiment les femmes et désirent les satisfaire sur le plan sexuel. Or, même chez ces hommes, il y a fort à parier qu'on trouverait la conviction que faire jouir une femme est la preuve ultime de la puissance sexuelle et de la supériorité masculine. Au cœur de beaucoup de fantasmes sexuels masculins - domination, esclavage, flagellation, viol -, c'est le contrôle qui est au service du narcissisme phallique. Et l'objet sexuel idéal, la femme parfaite qui permet de satisfaire ces fantasmes est une femme fantasmatique - constamment disponible, au vagin éternellement lubrifié, toujours prête, perpétuellement habitée par le désir, mais dont on peut se passer une fois l'acte accompli.

Mis à part la question de l'impuissance, peu d'hommes sont en pleine possession du contrôle sexuel auquel ils aspirent. Mais la notion idéale de virilité exige un tel contrôle. Lorsque nous tentons de répondre à la question de savoir pourquoi les hommes agressent des femmes et de jeunes enfants, ou les violent, nous nous trouvons confrontés, encore et encore, au problème du contrôle masculin et des conflits qui en découlent. En matière de responsabilité, quatre modèles sont généralement cités - responsabilité sociétale, responsabilité du contrevenant, responsabilité de la victime et responsabilité des circonstances. Pertinente dans mon propos, la responsabilité sociétale indique que l'agression sexuelle est la conséquence d'attitudes sociales et culturelles qui légitiment l'usage de la force et de la contrainte.

Une telle idée suggère que tous les hommes sont des violeurs potentiels[20]. Cette idée est étayée de façon inquiétante dans des études qui
démontrent que les attitudes et les comportements des délinquants
sexuels et des non-délinquants se recoupent[21]. Dans les conclusions
du groupe de recherche sur le viol de l'université de l'Alabama, des gra-
phiques indiquent, dans les attitudes des hommes envers les femmes,
une nette similarité entre délinquants sexuels et hommes normaux[22].
Quelques hommes apparemment normaux semblent être d'accord
avec la commission d'enquête sur le viol, mais ils tendent à minimiser l'impact violent et négatif du viol sur les victimes[23]. Ces hommes
manifestent rarement une quelconque inquiétude en ce qui concerne
l'agressivité, et sont plus « contrôlants », plus « masculins » et plus
« dominants » que d'autres, caractéristiques qui renforcent l'idée que
le fait d'établir des stéréotypes sexuels est associé aux attitudes à l'égard
du viol en général et des viols en particulier[24].

Toutes les constatations concernant des agressions sexuelles
contre des enfants par des hommes adultes offrent une similarité
déconcertante. La constatation la plus importante, au cours des
récentes années, est que la plupart des enfants victimes de sévices
sexuels sont agressés par un adulte qu'ils connaissent et en qui ils ont
confiance. Une autre constatation est qu'il y a moins de raisons qu'on
ne le pensait autrefois de considérer l'auteur de sévices sexuels contre
des enfants comme un pervers ou un individu qui a de graves problèmes psychologiques. C'est une motivation non sexuelle, comme le
désir et le besoin de dominer et de contrôler, qui prime chez cet
individu. Il y a cependant une composante sexuelle dans la maltraitance, en ce sens que les auteurs de sévices ne se restreignent pas à
agresser physiquement les enfants, mais qu'ils les violent. La plupart des personnes qui maltraitent un enfant ressentent une excitation érotique. Des comportements d'excitation perverse ont été
documentés chez un grand nombre de délinquants sexuels. Mais,
avant que nous, les hommes, ne tentions de nous rassurer en nous
disant que les délinquants sexuels font partie d'une catégorie d'individus radicalement distincte, il est bon que nous réfléchissions à la
conclusion d'un des chercheurs les plus éminents dans le domaine
de la déviance sexuelle :

Les délinquants sexuels appréhendés et condamnés sont ceux qui sont les plus compulsifs, les plus éhontés et les plus extrêmes dans leurs actes d'agression. Ce sont aussi les individus dont le comportement découle d'expériences déviantes subies au cours de leur développement. Nous sommes beaucoup mieux informés aujourd'hui sur l'ampleur des sévices sexuels, et nous savons qu'une fraction infime seulement des délinquants sexuels sont appréhendés – et condamnés. Bien que cette problématique n'ait pas encore été étudiée, il est très probable que les délinquants anonymes sont souvent des individus qui ne souffrent pas d'anomalies psychologiques caractérisées. Le nombre effarant d'agressions sexuelles nous incite à délaisser en partie les théories psychopathologiques habituelles pour nous tourner vers l'éventualité de l'existence de facteurs normatifs. Des modèles conventionnels de socialisation et de transmission culturelle jouent également un rôle dans la formation des délinquants sexuels[25].

Derrière des formulations aussi floues que « modèles conventionnels de socialisation » et « transmission culturelle » se cachent pouvoir et contrôle – le thème jumeau qui résonne dans toutes les analyses de l'agression sexuelle, de la culture et des préoccupations masculines – soit de chaque aspect du vécu masculin. Les hommes, immergés dans un capitalisme débridé et une économie purement matérialiste, semblent habités par une névrose de surcompensation, une obsession du plus gros et du meilleur qui, selon eux, va tenir à distance leur sentiment profond et insistant d'inadéquation. Pour réussir, un homme doit bâtir, accumuler, amasser de façon obsessionnelle – argent, exploits, signes extérieurs de richesse et de réussite, approbation et pouvoir. Les conséquences d'une telle boulimie sont prévisibles :

Cet homme-là ne peut mettre un frein à ses efforts. Il doit sans cesse prouver, sans cesse accomplir quelque chose d'utile, en se donnant du mal, car le moindre relâchement révélerait une faiblesse cachée. Qu'il soit sur la plage ou sur une piste de ski, son esprit continue à fantasmer sur de nouveaux succès. Il doit avoir le téléphone dans sa voiture, dans sa salle de bain. Il dispose ses strates de masculinité les unes sur les autres, encore et encore. Il ne fait pas dans la dentelle, il fabrique. L'univers bucolique lui est étranger ; il est dans l'industrie lourde[26].

Les hommes ne se contentent pas d'avoir peur des femmes et d'être en colère contre elles, ils ont peur des hommes et sont en colère contre eux. Les hommes ne renient pas seulement le féminin chez les femmes, ils le renient en eux-mêmes. Tout comme le colonisateur méprise le colonisé pour la faiblesse dont il a fait preuve en capitulant devant l'invasion et en se laissant conquérir, les hommes méprisent le consentement apparent des femmes. Une telle notion exige que tout mouvement d'identification à l'opprimé, au colonisé soit promptement désavoué et jugulé. Lorsqu'un homme a l'impression qu'il ne possède pas la force, la bravoure, la réussite dont se targuent ses pairs, il a l'impression d'être castré. D'être comme une femme. Quand des hommes qui se connaissent bien sont ensemble, ils se coupent la parole, plaisantent, se moquent les uns des autres. La compétition, qui préside à la majorité des relations d'hommes à hommes – dans les affaires, le sport, les aventures amoureuses, le statut social –, est l'antithèse de l'intimité et de l'ouverture. Les stéréotypes masculins – boire comme un homme, se battre comme un homme, vaincre comme un homme, mourir comme un homme – sous-entendent l'affirmation du moi contre toute contrainte, contre tout contrôle. Collaboration, capitulation, soumission, pleurs sont des activités féminines. Beaucoup d'hommes qualifient l'existence des mères qui élèvent leurs enfants d'étriquée, de banlieusarde ; ils la dénigrent, l'évoquent avec des ricanements. Beaucoup d'individus de sexe masculin craignent la transition de l'adolescence à l'âge d'homme. Les caractéristiques de la vie conjugale – engagement, confiance, fidélité, abnégation, tolérance, amour – leur paraissent amollissantes, contraignantes, ennuyeuses, menaçantes. Une grande partie de la littérature introspective masculine du xxᵉ siècle – on pense à Richard Ford et John Updike aux États-Unis, à Nick Hornby et Tony Parsons en Angleterre – est une exploration de l'inadéquation masculine, des échecs des maris et des pères, de la peur des contraintes et des liens de la vie intime et familiale, de l'engagement, de la rancœur contre les enfants qui rappellent implacablement le passage du temps, le vieillissement et la mort – et de cette vague terreur qui envahit l'homme à l'idée de perdre le contrôle. Et l'on ne peut pas dire que l'attitude des hommes homosexuels vis-à-vis des femmes soit plus positive. Une des études les plus fouillées sur l'homosexualité masculine, commanditée par le National Institute of Mental Health des États-Unis, révèle que le gai est convaincu que les hommes, en général, ont une personnalité plus forte et plus intéressante que les femmes, et qu'il est plus agréable de socialiser avec eux[27]. Dans l'ensemble, les gais ne sont pas ouvertement hostiles aux femmes, ils sont plutôt indifférents.

Il serait également faux de croire que le dégoût masculin pour tout ce qui est féminin n'appartient qu'aux sportifs machos, aux hommes d'affaires compétitifs et aux professionnels aux dents longues. On le trouve au cœur même de la sensibilité masculine : le monde de la poésie. En 1992, plusieurs poètes irlandais ont entrepris une compilation exhaustive de la poésie irlandaise, *The Field Day Anthology*, en partie pour corriger la tendance, dans le monde anglophone, à englober les poètes irlandais écrivant en anglais dans la tradition et dans les anthologies de poésie anglaise. À cette occasion, Eavan Boland, une des femmes poètes les plus douées du pays, s'est élevée vigoureusement contre la sous-représentation des femmes. (Elle était l'une des 3 femmes poètes parmi 34 hommes.) Devant cette méconnaissance de la contribution des femmes à la poésie irlandaise, elle écrit :

> Aucun projet postcolonial, aussi brillant soit-il, ne se défend s'il perpétue les exclusions qui ont été reprochées à la colonisation originale. Je crois que cette anthologie est un ouvrage postcolonial dont les responsables n'ont pas été suffisamment sensibles à cette contradiction. Elle est divisée en 28 sections, et aucune d'elles n'a été réalisée par une femme[28].

La colonisation à laquelle Eavan Boland fait allusion est celle de l'Irlande par la Grande-Bretagne, et celle des femmes par les hommes. Eavan Noland a délibérément choisi l'espace et les réalités de la vie domestique comme sujets de son œuvre poétique. Ses textes se focalisent, entre autres, sur la tétée d'un bébé la nuit, la perte d'un enfant, la ménopause. Ce sont là des dimensions de l'expérience humaine que beaucoup d'hommes ont, au cours des siècles, réprimées, niées et, d'une façon plus inquiétante, tournées en ridicule. Ce sont aussi des dimensions qu'un grand nombre d'hommes sont toujours prêts à abandonner aux femmes. Cette attitude leur garantit que le pouvoir restera entre leurs mains, et que, dans ce monde divisé entre domaine public et domaine privé, les hommes continueront à dominer le premier et, par le truchement de cette domination, s'assureront que le deuxième restera dans une position subordonnée et sans envergure.

Hommes, femmes et pouvoir

La conviction qu'un monde divisé en deux sphères est nécessaire pour le bon fonctionnement de la société a été vigoureusement défendue par des sociologues influents, dont Talcott Parsons[29]. Ce n'est que tout récemment que des chercheuses ont fait remarquer que la sociologie de la famille, à ses débuts, a volontairement ignoré le fait que l'idéologie d'une sphère privée réservée à la femme « était maintenue par le simple fait du pouvoir[30] ». Des femmes se demandent pourquoi on associe un signe d'insatisfaction masculine, comme l'augmentation du taux de suicide chez l'homme, à son inquiétude croissante devant la présence de plus en plus flagrante des femmes dans la sphère publique, et au fait que ces dernières lui demandent de jouer un rôle plus important dans la sphère privée. Les hommes ne continuent-ils pas à tenir la plupart des manettes de commande dans la société? Mais ils ont une telle crainte de perdre le contrôle que la suggestion la plus infime indiquant que cela pourrait un jour leur arriver déclenche les réactions les plus affolées. W. J. Goode, analyste des phénomènes de société, nous rappelle pourquoi l'homme résiste autant quand on lui demande d'abandonner une partie de son pouvoir et de ses privilèges:

> Les garçons et les hommes adultes ont toujours tenu pour acquis que ce qu'ils font est plus important que ce que fait l'autre sexe, que l'action se trouve là où ils se trouvent, et que

les femmes acceptent cet état de choses. Les hommes veulent occuper le milieu de la scène, et ils veulent que l'attention des femmes se focalise sur eux[31].

Les garçons et les hommes adultes ont effectivement toujours tenu pour acquis que ce qu'ils font est plus important que ce que font les filles et les femmes. C'était particulièrement vrai lorsqu'il s'agissait d'activités altruistes et exigeant de grandes facultés intellectuelles, comme la médecine. Pendant ce temps, l'autre sexe était censé rester à la maison pour s'occuper du ménage et des enfants. Lorsqu'il s'adresse, en 1908, à des étudiants en médecine canadiens afin de leur expliquer comment concilier les exigences antagonistes de la vie professionnelle et de la vie privée, Sir William Osler, un des physiciens les plus éminents du début du XXe siècle, sait très bien où sont les priorités :

> Que faire au sujet de votre épouse et de vos enfants ? Les quitter ! Aussi lourdes que soient vos responsabilités envers vos êtres les plus chers et les plus proches, elles ne peuvent rivaliser avec vos responsabilités envers vous-même, envers votre profession, et envers le public. [...] Votre épouse sera heureuse de porter sa part du fardeau[32].

Les objurgations d'Osler étaient faciles à l'époque ! Que dirait-il aujourd'hui s'il voyait le nombre d'étudiantes (plus de la moitié) qui fréquentent les écoles de médecine ? Exhorterait-il ces dernières à « quitter » leur bébé pour se consacrer à « des responsabilités plus lourdes » ? En 1908, on considérait que le milieu de la scène devait être occupé par des hommes. Cela a-t-il vraiment changé ? La femme médecin d'aujourd'hui, comme toute femme désirant faire sa part dans la vie publique, doit effectivement « quitter » ses enfants, c'est-à-dire les laisser aux mains de bonnes d'enfants, de gardiennes, ou dans des crèches ou des garderies. Elle est tenue de le faire parce que la valeur accordée aux tâches publiques, quelles qu'elles soient, continue à surpasser celle accordée à tout ce qui entoure les liens et les soins aux nourrissons et aux enfants. La relation entre travail public et travail privé doit être modifiée de manière que l'organisation du premier réponde aux besoins du deuxième – plutôt que de subordonner le privé au public. *Les hommes occupent le milieu de la scène et les femmes les assistent.* Voilà une assertion qui ne correspond pas à l'idée tradition- nelle de la relation entre les sexes ! On a toujours pensé que les femmes étaient celles que l'on regardait et que l'on assistait, et que les hommes étaient ceux qui regardaient et qui assistaient. Pensons-y. Les femmes, dans leur majorité, occupaient les domaines de la mode et de la séduc- tion, de la sexualité et de la pornographie, et les hommes pouvaient les regarder sans que cela menace leur domination. Les hommes paradaient et se donnaient en spectacle dans le puissant univers de la politique et du pouvoir économique, tandis que les femmes, pour la plupart, jouaient le rôle de spectatrices. Dans ce puissant univers, les valeurs et les attitudes masculines prédominaient.

Une des conséquences de cette situation était le peu de valeur accordée aux tâches et aux activités féminines : soins et éducation des enfants, maintien des relations familiales et de la qualité de la vie, sauvegarde de l'intimité entre homme et femme, et entre parents et enfants. Même aujourd'hui, alors que les femmes ont fait d'énormes efforts pour combler le fossé qui sépare les deux sphères, celle de la vie de famille et celle du travail, il n'en demeure pas moins que c'est la sphère publique qui garde le haut du pavé. Les femmes qui quittent la maison pour travailler à l'extérieur ont l'impression de s'associer à une vision dépassée : le bureau et la salle de conférences *sont* plus importants que la cuisine et la pouponnière.

Aux États-Unis, la culture du travail, qui est au cœur du capita- lisme, s'est implacablement implantée aux dépens de la culture fami- liale. Tout récemment, Arlie Hochschild, professeur de sociologie à l'université de Californie, a étudié les lourdes conséquences, pour la famille, de l'augmentation des heures de travail aux cours des 20 dernières années[33]. Parmi ces conséquences, il faut souligner la réémergence de ce que l'on a appelé les *latchkey kids*, soit les enfants qui rentrent à la maison avant leurs parents. Une étude portant sur 5 000 enfants et sur leurs parents a révélé que les enfants qui sont seuls à la maison pendant 11 heures ou plus par semaine sont 3 fois plus susceptibles que d'autres de fumer, de boire de l'alcool et de consommer du cannabis. Ces constatations concernent aussi bien les enfants des classes moyennes que ceux des classes démunies[34]. Aux États-Unis, en Angleterre et dans d'autres pays, les parents qui ont un salaire modeste ne peuvent faire les frais d'une gardienne pour leurs enfants. Et quand ils le peuvent, ce service n'est pas toujours facile à trouver. Même lorsque des parents peuvent faire appel à d'autres personnes pour garder leurs enfants, peut-on être sûrs que l'équilibre entre les exigences implacables du travail et celles, beaucoup plus subtiles, de la maison et de la famille en sont pour autant respectées? Hochschild souligne la pléthore de guides d'autoassistance et de débrouillardise qui sont publiés dans le but d'alléger la culpabilité parentale et d'éclairer les jeunes enfants sur les difficultés éprouvées par leurs parents lorsqu'ils veulent assurer un bon équilibre entre leur travail et leurs responsabilités parentales. Dans l'un de ces ouvrages, intitulé *Teaching Your Child to Be Home Alone* (Apprendre aux enfants à rester seuls à la maison), deux psychothérapeutes ont rédigé quelques pages manifestement destinées à être lues non seulement par les parents, mais par les enfants:

> La fin d'une journée de travail est souvent un moment difficile pour les adultes. Il est normal qu'ils soient fatigués et se montrent parfois irritables. [...] Avant que vos parents n'arrivent au Centre, habillez-vous et tenez-vous prêts à dire au revoir à vos amis. Cette transition sera beaucoup plus facile pour tout le monde[35].

La vérité, c'est que le domaine du foyer et de la famille est envahi par des modes organisationnels qui ont pour objectif de rendre le travail plus efficace. Je ne change rien au compte rendu d'Hochschild qui, bien que reflétant la problématique américaine, colle très bien à l'autre côté de l'Atlantique:

> Pour utiliser efficacement le temps dont ils disposent à la maison, beaucoup de parents qui travaillent essaient de tout faire plus rapidement, ne serait-ce que pour se ménager un espace dans lequel ils pourront ralentir leur rythme. Ils font deux ou trois choses à la fois. [...] Dans leur désir d'efficacité, il arrive

qu'ils bousculent sans le vouloir les symboles porteurs d'émotion associés à des moments particuliers de la journée ou à des jours particuliers de la semaine. Ils empilent les activités les unes sur les autres et négligent ce qui les entoure, soit ces moments où l'on anticipe et où l'on se souvient d'un bon moment – ce qui rehausse son impact émotionnel. Ils ignorent l'apport qu'un rythme plus lent peut offrir. Un repas avalé en vitesse, suivi d'un bain vite expédié et d'une histoire racontée à toute vitesse à l'enfant pour qu'il s'endorme sont considérés comme «aussi valables» que la version lente des mêmes événements. Lorsque le temps devient un élément à «économiser», autant à la maison qu'au bureau, sinon plus, la vie familiale devient littéralement une deuxième période de travail[36].

Tout cela ne veut pas dire qu'il faut avoir recours aux solutions séduisantes et imaginatives qui, déguisées en politiques familiales, sont en fait conçues pour amener les gens à travailler plus, ce qui les éloigne davantage de leur famille et de leur communauté. Il faut procéder à une réévaluation en profondeur de la relation entre travail et vie familiale. Une telle réévaluation pourrait avoir de profondes répercussions sur la manière avec laquelle les hommes organisent et vivent leur vie.

Pour ce qui est du prix à payer, il s'agit là aussi d'une question de valeur. Nous décidons, ou plutôt la majorité des hommes décident qu'il est plus important de consacrer des milliards à la fabrication de fusils, ainsi qu'à la conception et au déploiement d'armes de destruction massive. Nous dépensons des milliards pour le maintien d'un système pénal et civique qui est en fait *une réaction* devant des maladies sociales et individuelles – une grande partie d'entre elles résultant de la dévaluation persistante et du mépris des priorités individuelles et familiales. L'argumentation en faveur de la protection et de l'amélioration des domaines personnels et intimes est en danger constant d'être rejetée pour des raisons économiques, alors qu'elle devrait être endossée pour des raisons humanitaires.

La réconciliation du privé et du public, de l'intime et de l'impersonnel, de l'émotionnel et du rationnel est au cœur de la crise de la masculinité. Peter Marris, un sociologue qui s'inquiète tout particulièrement des tensions entre vie privée et vie publique, évoque le problème sans détour :

> Le caractère rationnel de la gestion scientifique nie la validité de l'affection et des loyautés personnelles dans une grande partie des emplois occupés par l'homme, tandis que l'idéalisation de la vie familiale nie la validité de l'intérêt personnel et rationnel de la femme dans la gestion de ses tâches de mère. Les hommes veulent être aimés, les femmes veulent prendre en main leurs intérêts personnels. [S'ils arrivaient à satisfaire cette aspiration], ils pourraient se retrouver unis dans une structure relationnelle riche. Mais chacun semble menacer l'autre. Les hommes craignent que les féministes mettent un frein aux seules relations qui ne sont pas encore contaminées en prônant l'offre et la demande de soins infantiles professionnels, en exigeant des gages pour le travail ménager – et en servant des plats tout préparés. Les femmes, quant à elles, ont peur que les hommes, une fois de plus, sapent l'égalité des sexes avec leur vision sentimentale dépassée de la maternité[37].

Après une crise

Il y a quelques mois, la femme d'un directeur de compagnie m'appelle pour me dire que son époux est devenu irritable et imprévisible. Il boit beaucoup et se montre parfois violent avec elle. Cette histoire m'intrigue. Je demande à cette femme de venir me voir. (Elle refuse catégoriquement d'intenter une action contre son mari, ou d'appeler la police. Elle prétend que son mari est malade et a besoin d'un médecin.)

Elle fait remonter les débuts du changement d'humeur de son conjoint à 12 moins environ. Elle l'attribue à la tension associée à une offre de reprise pour la compagnie de ce dernier, offre qui, après beaucoup de difficultés et de contretemps, a fini par aboutir, faisant de lui un homme riche. Cette dame a rencontré son époux alors qu'ils étaient encore étudiants. Elle étudiait la linguistique ; lui, la comptabilité. C'était un garçon ambitieux, brillant et plein d'énergie. Après avoir obtenu son diplôme, il a monté sa propre affaire, qui s'est rapidement développée, jusqu'à la reprise par une grosse banque. Le couple, qui n'a jamais eu de problèmes jusque-là, a quatre enfants. Lorsque le plus jeune a commencé l'école, ma cliente a repris son poste d'enseignante. Elle décrit son mariage comme heureux, mais avoue qu'elle a le sentiment de ne pas connaître son mari. Il réprime ses émotions et évite toute introspection. Selon elle, il ne viendra pas me voir.

Il répond pourtant à mon invitation, sans doute parce que je lui ai dit que j'avais besoin d'informations qui m'aideraient à comprendre sa femme. Lorsqu'il entre dans mon bureau, il a toutes les apparences d'un homme pressé. Il me déclare que le temps compte beaucoup pour lui. Il répond à mes questions par quelques phrases laconiques et précises. Il se considère comme le pourvoyeur et le protecteur de sa famille, est certain d'être un bon père, et estime que sa femme n'a aucune raison de se tracasser. J'apprends qu'il est le dernier d'une famille de 5 enfants, que son père, un fermier, avait plus de 60 ans quand il est né, et qu'il n'a jamais été proche de sa mère. Au beau milieu de notre entretien, il admet soudainement que, enfant et adolescent, il se disait souvent qu'il y avait quelque chose de bizarre dans sa famille. Personne n'y parlait jamais de sentiments et il a toujours eu l'impression, comme il le dit, d'être « un canard parmi des cygnes ». C'était lui qui faisait preuve de la plus grande détermination et de la plus grande volonté, et il est le seul à avoir obtenu un diplôme universitaire. Il ne m'en dit pas davantage et, avant de partir, me répète qu'il se sent très bien et qu'il n'y a pas de problèmes dans son couple, ni dans ses affaires ni dans sa vie familiale.

Quelques semaines plus tard, il téléphone pour demander un autre rendez-vous. Lorsqu'il entre dans mon bureau, il me paraît très différent. Il semble troublé, mal à l'aise. Après de longues hésitations, il se jette à l'eau et me révèle qu'il a découvert que son père n'est pas son père et que sa mère n'est pas sa mère. Sa vraie mère est sa « sœur aînée », une femme qui a 16 ans de plus que lui. Il ne connaît pas encore l'identité de son père biologique.

J'apprends qu'après notre première rencontre il s'est procuré son acte de naissance et a découvert l'identité de sa mère. Le nom du père ne figure pas sur le document. Lorsque je lui demande pourquoi il a décidé de rechercher cette information, il me répond que, depuis quelques mois, il a des doutes sur son identité. Au moment de la reprise de son affaire, ses employés, son nouveau directeur de compagnie et ses collègues ont abondamment vanté ses talents et il s'est demandé quelle en était l'origine. En fait, il s'est toujours senti mal à l'aise lorsqu'il pensait à ce qu'il appelle son « héritage génétique » – la simplicité paysanne et les habitudes de son père, le manque de dynamisme et d'esprit d'initiative de sa mère et de ses frères et sœurs. Déprimé, il a commencé à boire plus que de raison et à se disputer avec sa femme et ses enfants. À la fin de l'entretien, il m'annonce qu'il a décidé de rechercher son père.

Plusieurs mois passent sans que j'entende parler de lui. Puis, il appelle pour solliciter un autre rendez-vous. Cette fois, il est détendu, très à l'aise. Il parle calmement mais avec émotion. Il a retrouvé la famille de son père, où on lui a appris que ce dernier était mort. Il connaît maintenant les détails tragiques de cette disparition. Son père s'est suicidé quand il avait 23 ans, après avoir engrossé sa mère, une jeune étudiante de 16 ans. À la veille de devenir médecin, il se trouvait à la maison familiale quand sa mère y occupait un poste de domestique pour la saison estivale. Le suicide avait fait scandale. Des membres de la famille de son père étaient des gens prospères et puissants sur le plan politique. Sa mère était pauvre et vivait en marge de la société. Ses grands-parents maternels avaient envoyé leur fille enceinte en Angleterre jusqu'à sa délivrance et, lorsqu'elle était revenue, avaient dit que l'enfant était d'eux.

L'importance de cette révélation, pour mon patient, se reflète dans son comportement et dans sa conduite. Il dit qu'il se sent, pour la première fois de sa vie, «authentique». Il pense que la plus grande partie de l'ambition et de l'énergie qui l'ont poussé à lutter pour réussir en affaires lui vient de ses profonds sentiments de doute et d'insécurité. Mais il peut enfin se détendre ; il n'a plus rien à prouver. Il veut en savoir davantage sur son père – savoir s'il était doué, sociable et ambitieux. Il se fait aussi du souci à l'idée que cet homme a peut-être profité de la naïveté de sa mère, qu'il l'a peut-être violée. Il aimerait poser un tas de questions à sa mère, mais, comme il n'a jamais été très proche de cette personne en qui il a toujours vu une sœur, il trouve cela difficile.

Je ne l'ai pas revu depuis. Mais j'ai reçu une lettre de sa femme me disant que son humeur s'est beaucoup améliorée, qu'il ne l'a plus frappée et que leur relation n'a jamais été aussi bonne.

Cette anecdote illustre plusieurs facettes du père – réel, imaginaire ou mort. Pour mon patient, l'identité de son père était extrêmement importante ; il avait besoin de la connaître pour connaître la sienne. Lorsqu'il a découvert qui était son père, il s'est senti à la fois rassuré et troublé. En dépit de l'histoire dramatique et ambiguë qui lui a été révélée, il a pu affronter plus facilement la réalité d'un père qui avait peut-être commis une action terrible que le fantasme d'un père fiable qui n'en était pas un. Et pourtant, le père biologique de cet homme ne lui avait rien donné de plus que la moitié de ses gènes, alors que l'homme qu'il avait pris pour son père, qui était en fait son grand-père, lui avait donné un foyer, une bonne éducation et de quoi démarrer dans la vie. On a beaucoup écrit sur l'importance de la mère, et à juste titre. Mais nos peurs et nos fantasmes, nos attentes et nos idéalisations du père sont tout aussi riches, complexes et formatives. Nous pouvons être façonnés autant par un père que nous n'avons jamais eu que par un père qui a toujours été là. Nous pouvons projeter sur un père fantasmatique nos ressentiments et nos aspirations, tout en nous rapprochant de notre père réel – ou en le repoussant. L'homme dont je viens de raconter l'histoire avait deux pères – l'un d'eux avait veillé sur lui, l'avait nourri et éduqué.

Mais jusqu'à ce qu'il recherche et retrouve son père biologique, il s'est senti incomplet et étranger.

Pourquoi la crise s'est-elle déclenchée au moment où il a remporté le plus grand de ses succès en affaires ? Parce que le sentiment d'être un individu à part et solitaire, ressenti durant l'enfance, a refait surface. Il a sombré dans la déprime et s'en est pris à sa femme. À cette époque, il a frôlé, comme jamais auparavant, l'effondrement.

Ce livre a commencé par une réflexion sur la menace à la survie de l'homme. Il se termine par une réflexion sur la survie de l'homme et de la femme, qui doivent lutter l'un et l'autre pour protéger leur vie privée, personnelle, intime et familiale dans le contexte d'un système économique de plus en plus vorace. C'est une lutte entre l'amour, l'intimité, l'empathie, la magnanimité et l'oubli de soi, et les pressions terribles découlant du besoin implacable de réussir, de posséder, de parader. Thomas Lynch, un poète irlandais américain qui est aussi entrepreneur de pompes funèbres – « le dernier à vous laisser tomber », comme dit son père, qui a la même profession –, a fait remarquer un jour que la vie, dans l'Amérique de la fin du XXe siècle, n'a jamais été vécue dans une telle ignorance de ce que vivre veut vraiment dire. Jamais autant de jeunes couples n'ont travaillé aussi dur pour construire et meubler la maison de leurs rêves... une maison dans laquelle il n'y a personne ! Les bébés sont à la crèche, les petits à la garderie, les enfants à l'école, les adolescents au camp d'été et les aînés dans un *condominium* en Floride. Et les parents travaillent. Tout semble marcher comme sur des roulettes dans ce monde étonnant, mais on se demande qui en profite vraiment[38].

Dans la mesure où les changements sociaux sont compromis par cette distorsion dans les priorités, les relations fracturées entre hommes et femmes persistent, et les dommages s'accumulent. Le fossé économique entre riches et pauvres, bien portants et malades s'élargit. Les plus démunis sont entraînés dans un cycle de chômage, de pauvreté, de séparations, de divorces, de ruptures familiales et de délits. La famille est soumise à des pressions intenses, extérieures et intérieures. Les liens entre ces pressions et la violence ont été établis hors de tout doute. Chez les hommes qui ont grandi dans des familles divisées et acrimonieuses où le père terrorisait tout le monde et où la mère était déprimée, le besoin de se livrer à des actes de violence contre les représentants de l'autorité ou les institutions est omniprésent. La personnalité d'un grand nombre d'enfants vulnérables est gravement déformée avant même qu'ils n'entrent à l'école primaire. Les services aux parents qui ont des problèmes avec le comportement de leurs enfants sont mal subventionnés ou non existants. Le coût de cette négligence sociale et psychologique est faramineux – adolescents renvoyés de l'école pour comportement perturbateur, jeunes hommes agressifs qui font des enfants et les abandonnent, et une tendance croissante à avoir recours au judiciaire plutôt qu'à des solutions politiques.

Nous dépensons des sommes démentielles pour fabriquer des machines à tuer, et nous nous demandons pourquoi nos adolescents sont agressifs et nos jeunes adultes violents ! Nous voulons que nos enfants se familiarisent avec les complexités de la biologie humaine, mais nous ne leur apprenons rien, ou trop peu, sur la psychologie, et nous nous étonnons quand leur personnalité est déformée au-delà de toute possibilité de guérison. Et plutôt que de reconnaître la négligence et l'indifférence dont nous faisons preuve à l'égard de structures comme le mariage et la vie familiale, nous préférons mettre leur importance en doute et nier leur influence sur notre santé physique et mentale et sur notre bonheur.

Les théories de Freud sont controversées et sa place ultime dans l'histoire des idées n'a pas été établie. Mais son hypothèse spéculative sur l'envie féminine du pénis et sur la misogynie masculine n'a pas apporté grand-chose à l'homme et à la femme. Ce que les femmes envient chez les hommes, c'est leur pouvoir et leur autonomie. Ce que les hommes haïssent chez les femmes, c'est, d'une part, leur vision de la vie plus puissante, plus authentique et plus ancrée dans la biologie que la leur et, d'autre part, le fait qu'ils ne peuvent survivre sans elles. Les hommes ont besoin des femmes et des enfants pour s'accomplir, pour exprimer leur sexualité et leur humanité, et pour acquérir cette certitude dont chaque être humain a besoin : celle d'être quelqu'un.

La sexualité masculine de l'adulte est associée à la manière avec laquelle le fils réussit sa séparation d'avec la mère et son identification au père. Mais un tel développement exige qu'il y ait un père à qui s'identifier. La référence que fait Finkelhor aux «modèles conventionnels répandus de socialisation et de transmission culturelle» ne s'applique pas seulement à la pathologie des agressions sexuelles commises par des hommes adultes sur des enfants, mais aux distorsions et aux anomalies dans les valeurs et comportements que les hommes en général et les pères en particulier transmettent à leurs fils. Les cultures qui exultent dans leur foi en la virilité intrinsèque de valeurs comme le contrôle, l'indifférence devant les sentiments et les émotions, et la poursuite brutale du pouvoir produisent une masculinité de caractère psychopathe qui ne fait pas seulement horreur aux femmes, mais à un grand nombre d'hommes.

Alors, que devons-nous faire à présent, nous, les hommes? D'abord, nous devons voir où nous en sommes, avec lucidité. Et nous dire que cette position marque le début de la fin du contrôle masculin. C'est la réalité. En tant qu'hommes, nous pouvons nier cette réalité, nous battre avec elle, projeter nos sentiments de frustration et de colère contre ce que nous considérons comme la source de notre faiblesse grandissante : les femmes qui font partie de notre vie ou le mouvement féministe en général, mais cela ne la supprimera pas. Si nous reconnaissons que la fin du pouvoir patriarcal a sonné et participons à la discussion sur la manière avec laquelle il convient d'affronter l'ère postpatriarcale, tous les espoirs sont permis. Nous pouvons apprendre beaucoup des femmes qui, au cours du siècle dernier, ont soumis la relation tendue et déséquilibrée entre le domaine public – dont elles étaient largement exclues – et le domaine privé – dans lequel elles étaient pratiquement immergées – à une analyse vigoureuse et constante. Les hommes doivent faire la même chose. Il existe heureusement des signes qui permettent de penser que le processus est entamé, qu'hommes et femmes, ensemble, commencent à définir leurs désirs et leurs besoins véritables – ainsi que les obstacles qui s'opposent à leur réalisation. Intrinsèquement, naturellement, biologiquement, il n'y a rien, dans l'agressivité et la violence masculines, qui soit irréparable. La manière avec laquelle les hommes vivent leur vie peut être modifiée et transformée. Les caractères biologiques qui différencient hommes et femmes ne sont pas de ceux qui permettent d'enfermer l'homme dans les stéréotypes du prédateur sexuel, du tueur et du champion de la suprématie phallique. La plupart des hommes ne sont pas violents. Mais, comme Joanna Bourke le souligne, la plupart des hommes peuvent le devenir s'ils subissent un conditionnement qui leur fait idéaliser la guerre, admirer les figures martiales et militaires, haïr l'ennemi et idolâtrer leur pays, et s'identifier uniquement à leurs camarades[39]. Devenir un meurtrier dépend beaucoup moins des gènes et des hormones que du conditionnement et du vécu. Et on peut penser que, soumises au même conditionnement, les femmes pourraient devenir tout aussi violentes et meurtrières que les hommes.

Il est nécessaire que nous donnions beaucoup plus tôt à nos enfants des informations sur le fonctionnement de leur cerveau et de leur corps. Notre culture est de celles où l'on croit que le petit de l'homme, dès ses premières années, doit apprendre ce que c'est que la biologie humaine. Mais qu'en est-il de la psychologie ? Nous nous demandons ce qu'il convient de dire à nos rejetons sur l'amour et la haine, la tolérance et l'intolérance, l'amitié et la tyrannie, la relation purement charnelle et la relation authentique ; nous exigeons des experts qu'ils leur expliquent les conséquences néfastes de l'abus d'alcool et de drogue, de l'ingestion de cannabis et d'Ecstasy ; nous voulons qu'ils les mettent en garde contre des pratiques qui pourraient leur faire contracter le VIH et le sida, mais les cours concoctés dans ce but, qui portent le nom de biologie sociale, d'instruction civique ou d'introduction à la diététique, sont insérés au petit bonheur et de façon morcelée dans l'ensemble des programmes scolaires. Lorsqu'une personne ou un groupe suggère – souvent en réaction à une crise, réelle ou imaginaire – que des conférences ou des cours soient donnés sur un thème controversé comme l'homosexualité, le sida ou la dépendance à la drogue, cette proposition provoque presque toujours anxiété et mécontentement. Ce dont nous avons réellement besoin, c'est d'une initiation adéquate, systématique et coordonnée à la psychologie – que ce soit la psychologie de la personnalité, du comportement, des sentiments, des individus et des groupes, du contrôle de la mémoire, de la volonté et des pulsions, et de la sexualité. Elle pourrait commencer dès l'école primaire et devenir un sujet d'examen au secondaire. Nous enseignons à nos enfants l'histoire des guerres, mais très peu sur la psychologie du guerrier. Nous leur enseignons un tas de choses sur les relations entre États, mais très peu sur l'amour et le mariage, le divorce et le remariage, l'hétérosexualité et l'homosexualité. Nous leur apprenons que le corps humain est complexe, mais nous leur parlons très peu du fonctionnement (et des défaillances) de l'esprit humain. Il est essentiel que nous insérions dans les cours des leçons sur tout ce qui entoure la procréation – pas seulement la biologie de la reproduction, mais la psychologie des relations humaines. Il est grand temps que nos enfants apprennent comment on devient un être humain meilleur – homme et femme, amant et amante, conjoint et conjointe, mère et père.

Nous devons reconnaître que le domaine privé, personnel et intime de la famille, de la famille élargie, de l'amitié et de la communauté est aussi complet, important et satisfaisant que l'arène du pouvoir et de la réussite, du statut social et de l'argent. On parle trop souvent des *exigences* du foyer, du *coût* des enfants, des *frustrations* des parents, du *fardeau* de la famille. Pour un grand nombre de parents, les enfants sont devenus un fardeau, un obstacle à l'avancement et à la carrière, un problème de garde. Il a pourtant été démontré que les bienfaits de la vie familiale sont substantiels en termes de santé, de satisfaction et de bonheur. Montaigne pensait que l'on peut tout aussi bien rattacher la totalité de la philosophie morale à une vie privée ordinaire qu'à un univers plus riche. Et comme Alain de Botton le fait observer dans son splendide essai sur le philosophe de la sagesse : «Une vie vertueuse, ordinaire, qui tend vers la sagesse mais n'est jamais trop loin de la folie, est un assez bon accomplissement[40].»

Il faut ranimer en l'homme une certitude, celle du caractère essentiel de la paternité, aussi bien pour lui que pour ses enfants. La paternité aura alors un impact plus positif sur la santé et le bonheur du père que sa carrière et ses succès. Contrairement aux idées reçues sur la paternité, le père est important. La paternité reste une force civilisatrice fondamentale dans toutes les sociétés. Les responsabilités, les devoirs, les émotions et les bienfaits qui sont inséparables de la paternité peuvent aider de jeunes hommes – et c'est souvent le cas – à devenir des êtres humains plus accomplis, plus positifs, plus soucieux de leurs semblables.

Je me rends très bien compte qu'en glorifiant ainsi la paternité et la vie familiale je risque de nier la valeur de tous ces hommes et de toutes ces femmes qui, par impossibilité biologique ou par choix, ne sont pas des parents. Beaucoup de gais, par exemple, ne deviendront jamais pères – bien que certains d'entre eux décident d'avoir une relation hétérosexuelle afin de l'être, et que d'autres fassent campagne pour que les couples gais puissent adopter un enfant ou avoir recours à une mère porteuse. Je n'ai pas d'opinion définitive concernant les aptitudes des couples de gais et de lesbiennes à devenir des parents, mais il me paraît probable que certains d'entre eux se montreraient plus engagés, plus attentifs et plus dévoués que ces couples hétérosexuels qui conçoivent un enfant lors d'une rencontre arrosée d'alcool, ou violente, et qui font ensuite, bien souvent, de médiocres parents. Ce qui est important, c'est que les hommes, hétéros ou gais, prennent au sérieux leur rôle parental.

Les politiciens devraient prendre davantage au sérieux l'impact que peuvent avoir certaines politiques sur le mariage et la famille. Un grand nombre de politiques sont responsables des échecs parental et familial – éducation ratée, délits et infractions, mauvaise santé physique et mentale, isolement, manque de soutien pour les aînés. Les enfants sans foyer sont souvent le produit de familles disloquées ou de familles recomposées malheureuses. Et les exigences d'une économie capitaliste et individualiste où règne l'esprit d'entreprise se paient très cher. La semaine de travail, au Royaume-Uni, est la plus longue dans toute l'Europe. Les pressions découlant d'horaires de travail trop chargés vont-elles s'intensifier? Il y a beaucoup, énormément à faire pour créer un environnement de travail qui prenne sérieusement en compte les réalités de la vie familiale et le besoin, pour les parents et en particulier pour les mères, de disposer de plus de temps pour élever leurs enfants. Il faut également donner aux mères la possibilité de revenir en milieu de travail après un bon recyclage, et d'y bénéficier d'un horaire plus flexible. Le système fiscal devrait être plus favorable aux familles, ce qui permettrait aux femmes de choisir en connaissance de cause entre deux possibilités: s'occuper personnellement de leurs enfants jusqu'à ce qu'ils atteignent l'âge scolaire, ou avoir recours à des professionnels pour faire garder leurs enfants. Mais les politiciens et ceux qui les appuient devraient s'inquiéter d'abord et avant tout de la pénurie de professionnels dans d'autres domaines associés aux soins – infirmières, travailleurs sociaux, enseignants, infirmières visiteuses. Cette pénurie réduit sans aucun doute le contingent de professionnels compétents et dévoués que les soins aux enfants réclament. L'accumulation des tâches n'en pèse que plus lourd sur les épaules des parents qui travaillent et doivent s'occuper de leur progéniture. Au lieu de discourir sur la nécessité d'instaurer des politiques en faveur de la famille, des horaires flexibles et des congés de maternité et de paternité, les politiciens devraient commencer par les mettre en place. Deux mois avant la naissance de son fils, Leo, Cherie Blair a déclaré à un groupe d'avocats : « Nos enfants ont autant besoin d'un modèle de père que d'un modèle de mère. » C'était très bien dit. Et elle a fait mieux encore lorsqu'elle a ajouté que les hommes devraient commencer à « s'insurger contre cette affirmation voulant qu'ils n'aient rien à voir avec l'éducation et les soins aux enfants[41] ». Le problème est que la plupart des gouvernements, y compris celui que dirige le père de Leo Blair, organisent leur horaire de travail et établissent leurs priorités politiques de telle sorte qu'il apparaît très clairement que l'éducation et les soins aux enfants ne concernent aucunement les hommes qui en font partie.

Si les hommes ne sont pas attentifs à ce qui se passe autour d'eux, ils risquent d'avoir de très mauvaises surprises. Les présages sont inquiétants. Richard Scase n'est qu'un des nombreux analystes sociaux qui croient que les orientations actuelles sont annonciatrices de désastre pour l'homme. Dans son dernier ouvrage, il prévoit qu'il y aura, dans les temps à venir, de plus en plus de personnes seules, de moins en moins d'enfants, une persistance du taux élevé de divorces et un « roulement » continu de partenaires (changements répétés de partenaires plutôt qu'engagements sérieux)[42]. Les personnes seules seront en majorité des hommes – en 2010, un homme sur trois vivra seul. Un million et demi environ d'hommes seront exclus de façon permanente de la force de travail, soit en raison d'une retraite anticipée, soit parce qu'ils n'auront tout simplement pas l'instruction et les compétences requises pour occuper l'un ou l'autre emploi. Étant donné la demande croissante de professionnels compétents capables de fournir un travail créatif dans le cadre d'une équipe plutôt que dans un cadre hiérarchique, compétitif et traditionnel, un grand nombre d'hommes finiront par devenir inutiles sur le marché du recrutement professionnel.

Freud se demandait ce que voulaient les femmes. En tant qu'homme, j'hésite à donner une réponse, mais il me semble que ce que l'on trouverait en tête de liste, c'est le respect. Et que veulent les hommes ? Ce que je veux en tant qu'homme, et ce que je voudrais pour les hommes, c'est qu'ils deviennent plus aptes à exprimer leur vulnérabilité, leur tendresse et leurs émotions ; qu'ils accordent une valeur essentielle à l'amour, à la famille et aux relations personnelles, et moins d'importance au pouvoir, aux possessions et à la réussite ; qu'ils s'efforcent de croire davantage à ces valeurs communautaires et sociales qui permettent d'avoir une existence plus pleine et plus accomplie. Il n'est pas nécessaire de créer un « nouvel homme » qui soit à l'image de la femme. Il est nécessaire que le « vieil homme » renaisse – un homme qui utilise sa force morale, intellectuelle et physique non pour prendre le contrôle sur ses semblables mais pour se libérer, non pour dominer mais pour protéger, non pour réussir dans la carrière mais pour s'enrôler dans le combat du sens et de l'épanouissement. « Un homme ne peut quitter ce monde comme il y est entré », dit Willy Loman dans *Mort d'un commis voyageur*, « un homme doit devenir quelqu'un[43]. »

Il n'est pas trop tard.

REMERCIEMENTS

L'idée originale de cet ouvrage s'est dégagée des conversations, des discussions et des débats partagés, au cours des années, avec des collègues, des amis ou de simples connaissances. Mais ce sont les réflexions de Lesley Rees, une amie et collègue de l'école de médecine de l'hôpital St. Bartholomew, qui ont été les plus déterminantes. Cette endocrinologue accomplie, enseignante en médecine – qui a été le coauteur de ce livre jusqu'au jour où il est devenu évident qu'il ne pouvait être écrit que par un homme – m'a fait connaître la vaste documentation concernant les bases hormonales des différences entre les sexes. Les autres sommités qui, sciemment ou à leur insu, m'ont inspiré sont Joyce O'Connor, Leon Eisenberg, Felicity de Zulueta, Richard Scase, Adam Jukes, Adrienne Burgess, Steve Biddulph, Joanna Bourke et Joseph Veale. Les idées de Kieran McKeown, de Harry Ferguson et de Dermot Rooney m'ont tout particulièrement influencé – leur livre courageux, *Changing Fathers?*, est une contribution extrêmement précieuse au débat sur la paternité. Je dois également des remerciements à Ian Fox, Aengus Fanning, Jack Dominian, John Quinn et Lia O'Hegarty de l'Irish Law Reform Commission ; au professeur Stewart Asquith, du Centre for the Child and Society de l'université de Glasgow ; à Rachel Clare et à ses collègues du Henley Centre ; aux professeurs John Monahan et Paul Mullen ; aux bibliothécaires de la British Medical Association, de la Royal Society of Medicine, du Royal College of Physicians, de la Trinity Medical School Library de l'hôpital St. James, de Dublin, de la fondation Joseph

Rowntree, du Family Policy Studies Centre ; et à Esther Murnane, de l'*Irish Times*. Mes collègues et collaborateurs à l'hôpital St. Patrick et à l'hôpital St. Edmundsbury de Dublin – psychiatres, infirmières, psychologues, travailleurs sociaux et thérapeutes de la santé au travail – et en particulier mon équipe, Yvonne Tone, Anne Buckley, Michael del Monte et Teresa Peacock, m'ont apporté une aide extraordinaire, tout comme ces psychiatres stagiaires qui, au cours des années, m'ont incité à réfléchir, à douter et à apprendre.

Je remercie les maisons d'édition W.W. Norton de m'avoir donné la permission de citer des extraits de *Suicide in America*, de Herbert Hendin ; Random House pour les extraits de *Standard Edition of the Complete Psychological Works of Sigmund Freud*, et de *Love and Survival* de Dean Ornish ; la Society of Authors pour les citations tirées d'*Orlando*, de Virginia Woolf ; l'agence Gerard McCauley pour les extraits de *Past, Present and Personal : the Family and Life Course in American History*, de John Demos ; Simon & Schuster pour les citations de *The Trouble with Testosterone*, de Robert Sapolsky, de *Child Sexual Abuse : New Theory and Research*, de David Finkelhor, et de *The Whole Woman*, de Germaine Greer ; Yale University Press pour les extraits de *The Loss of Happiness in Market Democracies*, de Robert E. Lane, d'*A Man's Place : Masculinity and the Middle Class Home in Victorian England*, de John Tosh, et de *Feminism and Pyschoanalytic Theory*, de Nancy Chodorow. Ma gratitude à Eric Stover et à Gilles Peress pour la permission de citer des passages de *The Graves : Srebrenica and Vukovar* ; à Inner City Books pour les citations tirées de *Castration and Male Rage* ; The Family Policy Studies Unit pour l'extrait de *Fathers, Work and Family Life* ; le Henley Centre pour les citations de *The Paradox of Prosperity* ; Thames & Hudson pour celle tirée de *C.G. Jung Speaking : Interviews and Encounters* ; l'Open University Press pour la citation extraite de *Becoming a Father*, de C. Lewis ; Georges Borchardt pour l'extrait de l'ouvrage d'Arlie Russell Hochschild, *The Time Bind* ; Northeastern University Press pour l'extrait tiré de *The Diary of Alice James* ; et le Teacher's College Press pour la permission de citer un passage de *Golf Dreams*, de John Updike.

Je suis reconnaissant à Derek Johns et à Anjali Pratap, qui m'ont convaincu de la nécessité d'écrire ce livre ; à la rédactrice en chef Penny Hoare et à son assistant Stuart Williams, dont les critiques constructives et les encouragements répétés m'ont été précieux ; à mon secrétaire Bernie Butler qui, en dépit du fait qu'il avait à concilier mon travail clinique et un horaire devenu chaotique, s'est acquitté de cette tâche difficile sans jamais se plaindre ; Niamh Crowley, bibliothécaire de l'hôpital St. Patrick, qui, avec patience et compétence, s'est mise à la recherche des références et des sources de cet ouvrage ; et à tous ces patients qui m'ont permis de partager leurs expériences, leur vécu, leurs succès et leurs désastres.

Enfin, je remercie ma femme, Jane, et mes enfants, Rachel, Simon, Eleanor, Peter, Sophie, Justin et Sebastian, à qui je dois tant. Ils m'ont toujours aidé à reprendre contact avec mes priorités. Si j'ai été un bon époux et un bon père, c'est à eux que je le dois.

NOTES

CHAPITRE 1

1. C. G. JUNG, *Jung parle. Rencontres et interviews,* Buchet/Chastel, Paris, 1995.
2. Programme des Nations unies pour le développement, *Rapport mondial sur le développement humain 1999,* Nations unies, New York.
3. Adam, JUKES, *Why Men Hate Women,* Free Association Books, Londres, 1994.
4. Interview de Germaine Greer à la radio de la BBC de Londres, 1989 (*In the Psychiatrist's Chair*).
5. Jacques, LACAN, *Écrits,* Éditions du Seuil, Paris, 1989.
6. M. MAGUIRE, *Men, Women, Passion and Power,* Routledge, Londres, 1995.

CHAPITRE 2

1. B. T. LAHN et K. JEGALIAN, «The Key to Masculinity», *Scientific American,* 1999.
2. J. M. REINISCH, M. ZIEMBA-DAVIS et S. A. SANDERS, «Hormonal contributions to sexually dimorphic behavioral development in humans», *Psychoneuroendocrinology,* 1991.
3. S. GOLDBERG, *The Inevitability of Patriarchy,* Morrow, New York, 1973.
4. Germaine, GREER, *La femme entière,* Plon, Paris, 2002.
5. T. N. WIESEL, «Genetics and behavior», *Science,* 1994.
6. G. GIORDANO et M. GIUSTI, «Hormones and psychosexual differentiation», *Minerva Endocrinologica,* 1995.
7. D. B. KELLEY, «Sexually dimorphic behaviors», *Annual Review of Neurosciences,* 1988.
8. B. A. GLADUE et J. M. BAILEY, «Agressiveness, competitiveness and human sexual orientation», *Psychoneuroendocrinology,* 1995.
9. L. ELLIS, «Developmental androgen fluctuations and the five dimensions of mammalian sex», *Ethology and Sociobiology,* 1982 ; M. HINES, «Prenatal

gonadal hormones and sex differences in human behavior», *Psychological Bulletin,* 1982 ; J. M. REINISCH, *Development in Adolescence: Psychological, Social and Biological Aspects,* 1983.

10. E. P. MONAGHAN et S. E. GLICKMAN, «Hormones and aggressive behavior», *Behavioral endocrinology,* 1992.

11. A. A. EHRHARDT *et al., Hormones and behavior,* 1989.

12. J. MONEY et A. A. EHRHARDT, *Man and Woman, Boy and Girl. The Differentiation and Dimorphism of Gender Identity from Conception to Maturity,* Johns Hopkins University Press, Baltimore, 1972 ; A. A. EHRHARDT et H. F. MEYER-BAHLBURG, «Effects of prenatal sex hormones on gender-related behavior», *Science,* 1981 ; R. G. DITTMAN *et al.,* «Congenital adrenal hyperplasia 1: gender-related behavior and attitudes in female patients and their sisters», *Psychoneuroendocrinology,* 1990.

13. S. A. BERENBAUM et M. HINES, «Early androgens are related to childhood sex-typed toy preferences», *Psychological Science,* 1992.

14. R. BLEIER, *Science and Gender: A Critique of Biology and its Theories on Women,* The Athene Press, Oxford, 1984.

15. J. E. GRIFFIN, «Androgen resistance.The clinical and molecular spectrum», *New England Journal of Medicine,* 1992.

16. J. IMPERATO-McGINLEY *et al.,* «Androgens and the evolution of male-gender identity among pseudohermaphrodites with 5a-reductase deficiency», *New England Journal of Medicine,* 1979.

17. *Ibid.*

18. N. HEIM et C. HURSCH, «Castration for sex offenders. Treatment or punishment?», *Archives of sexual behavior,* 1979.

19. P. BRAIN, *Understanding and Preventing Violence,* National Academy Press, New York, 1994.

20. A. ROESLER et E. WITZTUM, «Treatment of men with paraphilia with a long-acting analogue of gonadotropin-relasing hormone», *New England Journal of Medicine,* 1998; A. COOPER et Z. E. CERNOVSKY, «Comparison of cyproterone acetate and leuprolide acetate in a chronic pedophile: a clinical case study», *Biological Psychiatry,* 1995; B. THIBAUT *et al.,* «Gonadotrophin hormone releasing hormone agonist in cases of severe paraphilia: a lifetime treatment», *Psychoneuroendocrinology,* 1996.

21. GIORDANI et GIUSTI, *op. cit.*

22. D. SIMON *et al.,* «The influence of aging on plasma sex hormones in men», *American Journal of Epidemiology,* 1992.

23. K. N. PIKE ET P. DOERR, «Age-related changes and inter-relationships between plasma testosterone, œstradiol and testosterone-binding globulin in normal adult males», *Acta Endocronologica,* 1973.

24. J. WILSON et R. HERRNSTEIN, *Crime and Human Nature*, Simon & Schuster, New York, 1985.

25. D. SIMON *et al.*, «The influence of aging on plasma sex hormones in men: the Telecom study», *American Journal of Epidemiology*, 1992.

26. R. O'CARROLL *et al.*, «Androgens, behavior and nocturnal erection in hypogonadal men: the effects of varing the replacement dose», *Clinical Endocrinology*, 1985.

27. R. A. ANDERSON *et al.*, «The effects of exogenous testosterone on sexuality and mood of normal men», *Journal of Clinical Endocrinology and Metabolism*, 1992.

28. J. ARCHER, «The influence of testosterone on human agression», *British Journal of Psychology*, 1991.

29. J. M. DABBS *et al.*, «Testosterone, crime and misbehavior among 692 male prison inmates», *Personality and Individual Differences*, 1995; T. SCARAMELLA et W. BROWN, «Serum testosterone and aggressiveness in hockey players», *Psychosomatic Medicine*, 1978 ; A. BOOTH et D. OSGOOD, «The influence of testosterone on deviance in adulthood», *Criminology*, 1993; J. M. DABBS *et al.*, «Testosterone, social class and antisocial behavior in a sample of 4,462 men», *Psychological Sciences*, 1990; A. MAZUR, «Biosocial models of deviant behavior among army veterans», *Biological Psychology*, 1995.

30. W. JEFFCOATE *et al.*, «Correlation between anxiety and serum prolactin in humans», *Journal of Psychosomatic Research*, 1986.

31. H. POPE et D. KATZ, «Psychiatric and medical effects of anabolic-androgenic steroid use», *Archives of General Psychiatry*, 1994.

32. E. SUSMAN *et al.*, «Hormones, emotional dispositions and agressive attributes of young adolescents», *Child Development*, 1987.

33. C. HALPERN *et al.*, «Testosterone and pubertal development as predictors of sexual activity», *Psychosomatic Medicine*, 1993.

34. J. CONSTANTINO *et al.*, «Testosterone and agression in children», *Journal of the American Academy of Child and Adolescent Psychiatry*, 1993.

35. ANDERSON *et al.*, *op. cit.*

36. A. MAZUR et A. BOOTH, «Testosterone and dominance in men», *Behavioral and Brain Sciences*, 1998.

37. A. BOOTH *et al.*, «Testosterone and winning and losing in human competition», *Hormones and Behavior*, 1989.

38. B. CAMPBELL *et al.*, «Pulsatile response of salivary testosterone and cortisol to aggressive competition in young males»; «Serum cortisol, testosterone and testosterone-binding globulin responses to competitive fighting in human males», *Agressive Behavior*, 1981.

39. A. Mazur *et al.*, «Testosterone and chess competition», *Social Psychology Quarterly*, 1992.

40. Fielden *et al.*, «Basking in glory: testosterone changes in World Cup soccer fans», Georgia State University, 1994.

41. R. E. Nisbett et D. Cohen, «Men, honor and murder», *Scientific American*, 1999.

42. R. E. Nisbett et D. Cohen, *Culture of Honor: The Psychology of Violence in the South* Westview Press, Boulder, Colorado, 1996.

43. J. M. Dabbs et R. Morris, «Testosterone, social class and antisocial behavior in a sampl of 4,462 men», *Psychological Science*, 1990.

44. D. Cohen, «Shaping, channelling and distributing testosterone in social systems», *Behavioral and Brain Sciences*, 1998.

45. R. Sapolsky, *The Trouble with Testosterone and Other Essays*, Simon & Schuster, New York, 1997.

46. *Ibid.*

47. Mazur et Booth, *op. cit.*

48. J. M. Jr. Dabbs, «Testosterone and the concept of dominance», *Behavioral and Brain Sciences*, 1998; A.A. Berthold, «Transplantation of testes», 1849, *Bulletin of the History of Medicine*, 1994.

49. V. Grant, «Dominance runs deep», *Behavioral and Brain Sciences*, 1998.

50. Archer, *op. cit.*

51. J. Ehrenkranz *et al.*, «Plasma testosterone. Correlation with aggressive behavior and social dominance in men», *Psychosomatic Medicine*, 1974.

52. L. A. Jensen-Campbell *et al.*, «Dominance, prosocial orientation and female preference: do nice guys really finish last?», *Journal of Personality and Social Psychology*, 1995; E, K. Sadalla *et al.*, «Dominance and heterosexual attraction», *Journal of Personality and Social Psychology*, 1987; J. M. Townsend, «Gender differences in mate preferences among law students», *Journal of Psychology*, 1993.

53. F. Purifoy et L. Koopmans, «Androstenedione, testosterone and free testosterone concentration in women of various occupations», *Social Biology*, 1979.

54. E. Cashdan, «Hormones, sex and status in women», *Hormones and Behavior*, 1995.

55. J. M. Dabbs et M. Hargrove, «Age, testosterone and behavior among female prison inmates», *Psychosomatic Medicine*, 1999.

56. J. M. Dabbs *et al.*, «Saliva testosterone and criminal violence among women», *Personality and Individual Differences*, 1988.

57. Cashdan, *op. cit.*

58. V. GRANT, «Maternal dominance and the conception of sons», *British Journal of Medical Psychology,* 1994 ; et «Sex of infant differences in mother-infant interaction: a reinterpretation of past findings», *Developmental Review,* 1994.

59. GRANT, «Dominance runs deep», *op. cit.*

60. BOOTH et DABBS, *op.cit.*

61. MAZUR et BOOTH, *op. cit.*

62. J. BATTY, «Acute changes in plasma testosterone levels and their relation to measures of sexual behavior in the male house mouse», *Animal Behavior,* 1978.

63. S. LEVAY, «A difference in hypothalamic structure between heterosexual and homosexual men», *Science,* 1995; D. H. HAMER, *et al.,* «A linkage between DNA markers on the X chromosome and male sexual orientation», *Science,* 1993.

64. R. BLANCHARD *et al.,* «Measuring physical aggressiveness in heterosexual, homosexual and transsexual men», *Archives of Sexual Behavior,* 1985; B. A. GLADUE, «Aggressive behavioral characteristics, hormones and sexual orientation in men and women», *Agressive Behavior,* 1991.

65. B. A. GLADUE et J. M. BAILEY, *op. cit.*

66. L. GOOREN, «The endocrinology of transsexualism: a review and commentary», *Psychoneuroendocrinology,* 1990.

67. GIORDANO et GIUSTI, *op. cit.*

68. E. E. MACCOBY et C. N. JACKLIN, *The Psychology of Sex Differences,* Oxford University Press, Londres, 1975.

69. D. K. KIMURA, «Sex differences in the brain», *Scientific American,* 1999.

70. College Board, *College-bound Seniors,* College Board, Princeton, 1985; E. G. J. MOORE, et A.W. SMITH, «Sex and ethnic group differences in mathematics achievement: results from the National Longitudinal Study», *Journal for Research in Mathematics Education,* 1987.

71. C. P. BENBOW, «Sex differences in mathematical reasoning ability in intellectually talented preadolescents: their nature, effects and possible causes», *Behavioral and Brain Sciences,* 1988.

72. C. P. BENBOW et J. C. STANLEY, «Sex differences in mathematical ability: fact or artifact?», *Science,* 1980.

73. BLEIER, *op. cit.*

74. J. McGLONE, «Sex differences in human brain asymetry», *Behavior and Brain Sciences,* 1980.

75. M. HINES et R. A. GORSKI, *The Dual Brain,* The Guilford Press, Londres, 1985.

76. C. DE LACOSTE-UTAMSING et R.L. HOLLOWAY, «Sexual dimorphism in human corpus callosum», *Science*, 1982.
77. J. BAACK et C. DE LACOSTE-UTAMSING, «Sexual dimorphism in fetal corpus callosum», *Society of Neurosciences Abstracts*, 1982.
78. S. J. GOULD, *An Urchin in the Storm*, W. W. Norton & Co, New York, 1987.
79. E. O. WILSON, *L'humaine nature: essai de sociobiologie*, Stock, Paris, 1979.
80. L. TIGER, *Men in Groups*, Marion Boyars, Londres, 1984; A. STORR, *Human Aggression*, Penguin Books, Harmondsworth, 1968.
81. K. LORENZ, *L'agression: une histoire naturelle du mal*, Nouvelle bibliothèque scientifique, Flammarion, Paris, 1969.

CHAPITRE 3

1. T. MADEN, *Violence in Society*, Royal College of Physicians, Londres, 1993.
2. R. E. NISBETT et D. COHEN, «Men, Honor and Murder», *Scientific American*, 1999.
3. P. FUSELL, «On war and the pity of war», *Guardian*, 1990.
4. E. STOVER et G. PERESS, *The Graves: Srebrenica and Vukovar*, Scalo, Zurich, 1998.
5. E. O. WILSON, *op. cit.*
6. National Research Council Panel on The Understanding and Control of Violent Behavior, *Understanding and Preventing Violence*, National Academy Press, Wahington, DC, 1993.
7. D. WALSH, «Crime in Limerick», Anglo-Irish Encounter Conference, Limerick, 1998.
8. G. MEZEY et S. BEWLEY, «Domestic violence and pregnancy», *British Medical Journal*, 1997.
9. Banque mondiale, *World Development Report: Investing in Health*, Oxford University Press, Oxford, 1993.
10. P. A. HILLARD, «Physical abuse in pregnancy», *Obstetrics and Gynecology*, 1985.
11. A. S. HELTON *et al.*, «Battered and pregnant: a prevalence study», *American Journal of Public Health*, 1987; L. B. NORTON, *et al.*, «Battering in pregnancy: an assessment of two screening methods», *Obstetrics and Gynecology*, 1995.
12. E. STARK *et al.*, «Medicine and patriarchal violence: the social construction of a "private" event», *International Journal of Health Services*, 1979.
13. D. C. BERRIOS et D. GRADY, «Domestic violence: risk factors and outcomes», *Western Journal of Medicine*, 1991.

14. J. A. GAZMARIAN *et al.*, «The relationship between pregnancy intendedness and physical violence in mothers of newborns», *Obstetrics and Gynecology*, 1995.

15. Programme des Nations unies pour le développement, op.cit.

16. M. CHEASTY *et al.*, «Relation between sexual abuse in childhood and adult depression: case-control study», *Bristish Medical Journal*, 1998.

17. D. HALPERIN *et al.*, «Prevalence of child sexual abuse among adolescents in Geneva: results of a cross-sectional survey», *British Medical Journal*, 1996.

18. J. LALOR, «Study suggests culture of sexual agression towards girls», *in Irish Times*, novembre 1998.

19. N. WALTER, «Three per cent of men say they're rapists», *Observer*, janvier 1998.

20. Home Office, *Domestic Violence: Findings from a New Bristish Crime Survey Self-Completion Questionnaire*, Londres, 1999.

21. L. MAGDOL *et al.*, «Gender differences in partner violence in a birth cohort of 21-year-olds: bridging the gap between clinical and epidemiological approaches», *Journal of Consulting and Clinical Psychology*, 1997.

22. C. T. SNOWDEN, «The nurture of nature: social, developmental and environmental controls of agression», *Behavioral and Brain Sciences*, 1998.

23. C. W. HARLOW, *Female Victims of Violent Crime*, Bureau of Justice Statistics, Washington, DC, 1991.

24. United States Centers for Disease Control and Prevention, *Morbidity and Mortality Weekly Report*, 1994.

25. O. M. LINAKER, «Dangerous female psychiatric patients: prevalences and characteristics», *Acta Psychiatrica Scandinavica*, 2000.

26. J. WATERS, *in Irish Times*, janvier 1999.

27. H. JOHNSON et V. F. SACCO, «Researching violence against women: Statistics Canada's national survey», *Canadian Journal of Criminology*, 1995.

28. Australian Bureau of Statistics, *Women's Safety – Australia 1996*, Canberra, 1996.

29. A. E. JUKES, *op. cit.*

30. D. EDGAR, *Men, Mateship and Marriage*, HarperCollins, Sydney, 1997.

31. A. E. JUKES, *op. cit.*

32. N. TINBERGEN, «Of war and peace in animals and men», *Science*, 1968.

33. K. LORENZ, «Uber das Toten von Artgenossen», *Jahrbuch d. Max-Planck-Ges*, 1955.

34. K. LORENZ, *L'agression: une histoire naturelle du mal*, Nouvelle bibliothèque scientifique, Flammarion, Paris, 1969.

35. L. TIGER, *Men in Groups*, Marion Boyars, New York, 1984.

36. F. de ZULUETA, *From Pain to Violence*, Whurr Publishers, Londres, 1993.

37. D. MORRIS, *Le singe nu*, Grasset, Paris, 1968 ; I. EIBL-EIBESFELDT , *On Love and Hate: The Natural History of Behavior Patterns*, Holt, Rinehart & Winston, New York, 1972; R. ARDREY, *The Territorial Imperative: A Personal Inquiry into the Animal Origins of Property and Nations*, Atheneum, New York, 1966 ; A. STORR, *Human Aggression*, Penguin Books, Harmondsworth, 1968.

38. P. GAY, *Freud, une vie*, 2 tomes, Hachette, coll. Pluriel, Paris, 2002.

39. S. FREUD, *Au-delà du principe de plaisir*, P.U.F., Paris, 1983.

40. S. FREUD, *Malaise dans la civilisation*, P.U.F., Paris, 1983.

41. S. FREUD, *Au-delà du principe de plaisir, op. cit.*

42. S. FREUD, *Nouvelles conférences d'introduction à la psychanalyse*, Folio, P.U.F., 1989.

43. N. FERGUSON, *The Pity of War*, Allen Lane, Londres, 1998.

44. *Ibid.*

45. S. FREUD, « Pourquoi la guerre ? », lettre à Einstein.

46. E. FROMM, *La passion de détruire : Anatomie de la destructivité humaine*, trad. de Théo Carlier, Robert Laffont, Paris, 2001.

47. H. ARENDT, *Du mensonge à la violence*, Pocket, Agora, Paris, 1994.

48. E. FROMM, *op.cit.*

49. I. S, *The Origins of Love and Hate*, Free Association Books, Londres, 1999.

50. M. RUTTER, « A fresh look at "maternal deprivation" », *in The Development and Integration of Behaviour*, Cambridge University Press, 1991.

51. M. DALY et M. WILSON , « Machismo », *Scientific American*, février 1999.

52. R. J. LIFTON, *The Nazi Doctors: A Study of the Psychology of Evil*, Macmillan, Londres, 1986.

53. R. MORGAN, *The Demon Lover: On the Sexuality of terrorism*, Methuen, Londres, 1985.

54. S. NECHAEV, *Le Catéchisme d'un révolutionnaire*, 1869.

55. C. GUEVARA, « Socialism and Man in Cuba », cité dans la préface de *Reminiscences of the Cuban Revolutionary War*, Monthly Review Press, New York, 1968.

56. B. ALLEN, *Rape Warfare: The Hidden Genocide in Bosnia-Herzegovina and Croatia*, University of Minnesota, Minneapolis, 1996.

57. British Foreign Policy, documents 1919-1939, Londres, 1954.

58. NISBETT et COHEN, *op. cit.*

59. D. HAMBURG, « Human agression », *in The Development and Integration of Behaviour*, Cambridge University Press, 1991.

60. J. DEMOS, «Child abuse in context: an historian's perspective», *in Past, Present and the Life Course in American History*, Oxford University Press, New York, 1986.

61. *Ibid.*

62. *Ibid.*

63. J. WILSON et J. HOWELL, *Serious, Violent and Chronic Juvenile Offenders*, Sage, Londres, 1995.

64. *Carnegie Quarterly*, 39, 1994.

65. S. ASQUITH, communication personnelle, 1999.

66. G. BOSWELL, *Young and Dangerous – the backgrounds and careers of Section 53 offenders*, Avebury, Aldeshot, 1996.

67. G. SERENY, *Cries Unheard: Why Children Kill*, Henry Holt, New York, 1998; B. MORRISON, *As If*, Granta Books, Londres, 1997.

68. J. GARBARINO, *Lost Boys: Why Our Sons Turn Violent and How We Can Save Them*, Free Press, New York, 1999.

69. M. MEANEY, cité *in* «Why the young kill», *Newsweek*, mai 1999.

70. J. BERTRAND, *Born to Win*, Bantam Books, Sydney, 1985.

71. K. LORENZ, *L'agression*, *op. cit.*

72. I. REID, *Social Class Differences in Britain*, Fontana Press, Londres, 1989.

73. J. UPDIKE, *Golf Dreams*, Penguin, Londres, 1998.

74. National Research Council, *op. cit.*

75. D. P. FARRINGTON *et al.*, «Are there any successful men from criminogenic backgrounds?», *Psychiatry*, 1988.

76. J. S. MILNER *et al.*, «Childhood history of abuse and child abuse potential», *Journal of Family Violence*, 1990.

77. J. MONAHAN, *Drugs and Violence in America*, U.S. Sentencing Commission, Government Printing Office, Washington, D.C.

78. N. EDLEY et M. WETHERELL, *Men in Perspective: Practice, Power and Identity*, Prentice-Hall Harverster Wheatsheaf, Londres, 1995.

CHAPITRE 4

1. J. STROUSE, *Alice James: une biographie*, trad. de Marie Tadié, Édition des Femmes, Paris, 1985.

2. A. D. WOOD, «The fashionable diseases», *Journal of Interdisciplinary History*, 1973.

3. E. H. CLARK, *Sex in Education: or a Fair Chance for Girls*, Boston, 1878.

4. W. P. DEWEES, *A Treatise on the Diseases of Females*, Philadelphie, 1843.

5. W. H. BYFORD, *A Treatise on the Chronic Inflammation and Displacements of the Unimpregnated Uterus*, Philadelphie, 1864.

6. J. SADGROVE, «What makes women sick?», *The Lancet*, 1995.

7. P. HORN, *Women in the 1920s*, Alan Sutton Publishing, 1995.

8. M. HALL, *Commentaries on Some of the Views Imparted of the Diseases of Females*, Londres, 1827.

9. I. IRWELL, «The competition of the sexes and its results», *American Medical Bulletin*, 1896.

10. *The Lancet*, mars 1867.

11. G. ENGELMANN, *The American Girl of Today: Modern Education and Functional Health*, Washington, 1900.

12. K. DALTON, «Menstruation and examinations», *The Lancet*, 1968.

13. C. SMITH-ROSENBERG, «The female animal: medical and biological views of woman and her role in 19th century America», 1973.

14. H. MAUDSLEY, *in Fortnightly Review*, 1874.

15. B. HARRISON, «Women's health and the women's movement in Britain:1840-1940», *in Biology, Medicine and Society*, Cambridge University Press, Londres, 1981.

16. Board of Regents, University of Wisconsin, *Annual Report for the Year Ending September 30*, Madison, Wisconsin, 1877.

17. C. F. TAYLOR , «Emotional prodigality», *The Dental Cosmos*, juillet 1879.

18. H. JAMES, *In Putnam's Monthly*, mars 1853.

19. J. STROUSE, *op. cit.*

20. G. M. BEARD, *American Nervousness*, G. P. Putnam & Sons, New York, 1881.

21. S. WESSELY, «Old wine in new bottles: neurasthenia and ME», *Psychological Medicine*, 1990.

22. A. JAMES, *Le journal d'Alice James*, Édition des Femmes, préface de Léon Edel, Paris, 1985.

23. *Ibid.*

24. J. CRITCHLEY, «Take a good look at yourself», *The Independent (The Friday Review)*, juin 1999.

25. C. MOYNIHAN, «Testicular cancer: the psychological problems of patients and their relatives», *Cancer Survey*, 1987.

26. C. MOYNIHAN, «Theories of masculinity», *British Medical Journal*, 1998.

27. M. KAPLAN et G. MARKS, «Appraisal of health risks: the roles of masculinity, feminity and sex», *in Social Health and Illness*, 1995.

28. C. MOYNIHAN, «Theories of masculinity», *op.cit.*

29. C. MITCHEL, «Relationship of feminity, masculinity and gender to attribution of responsability», *Sex Roles*, 1987.

30. F. KORZENNY, «AIDS communication, beliefs, and behaviours», article présenté au symposium sur les sciences de la communication, University of Southern California, Los Angeles, 1988.

31. Contraception Education Service, *Use of Family Planning Services*, Family Planning Association, Londres, 1998.

32. A. PRINCE et A. L. BERNARD, «Sexual behaviors and safer sex practices of college students on a commuter campus», *Journal of the American College Health*, 1998 ; G. YAMEY, «Sexual and reproductive health: what about boys and men?», *British Medical Journal*, 1999.

33. K. DUNNELL, «Are we healthier?», *in The Health of Adult Britain*, Government Statistical Service, Londres, 1997.

34. A. R. P. WALKER, «Women – how far still to go?», *Journal of the Royal Society of Medicine*, 1999.

35. Programme des Nations unies pour le développement, *op.cit.*

36. A. BOOTH *et al.*, «Testosterone and men's health», *Journal of Behavioral Medicine*, janvier 1998.

37. J. M. DABBS, «Testosterone and occupational achievement», *Social Forces*, 1992.

38. I. JOUNG *et al.*, «The contribution of intermediary factors to marital status differences in self reported health», *Journal of Marriage and the Family*, 1997.

39. J. M. DABBS, et R. MORRIS, *op. cit.*

40. V. CHANDRA *et al.*, «The impact of marital status on survival after an acute myocardial infarct», *American Journal of Epidemiology*, 1983.

41. H. CARTER et P. GLICK, *Marriage and Divorce: A Social and Economic Study*, Harvard University press, Cambridge, Mass., 1970.

42. M. KOSKENVUO *et al.*, «Causes of specific mortality by marital status and social class», *Journal of Chronic Disease*, 1980.

43. C. M. PARKES *et al.*, «Broken heart: a statistical study of increased mortality among widowers», *British Medical Journal*, 1969.

44. C. F. MENDES DE LEON *et al.*, «Risk of mortality and coronary disease by marital status in middle-aged men in the Netherlands», *International Journal of Epidemiology*, 1992.

45. A. V. HORWITZ et H. R. WHITE, «Becoming married, depression and alcohol problems among the young», *Journal of Health and Social Behavior*, 1991.

46. M. T. TEMPLE *et al.*, «The collaborative alcohol-related longitudinal project. A meta-analysis of changes in marital and employment status as predictors of alcohol consumption on a typical occasion», *British Journal of Addiction*, 1991.

47. A. ROSENGREN *et al.*, «Marital status and mortality in middle-aged Swedish men», *American Journal of Epidemiology*, 1989.

48. D. A. LEON, *Longitudinal Study: Social Distribution of Cancer 1971-1975*, Londres 1988 ; A. J. FOX et P.O. GOLDBLATT, *Longitudinal Study: Socio-demographic Mortality Differentials 1971-1975*, Londres 1982.

49. J. S. GOODWIN *et al.*, «The effect of marital status on stage, treatment and survival of cancer patients», *Journal of the American Medical Association*, 1987.

50. W. GOVE *et al.*, «Does marriage have positive effect on the psychological well-being of the individual?», *Journal of Health and Social Behavior*, 1983.

51. D. JEWELL, *Men's Health*, Oxford University Press, Oxford, 1998.

52. The NHS Health Advisory Service. *Suicide Prevention: The Challenge Confronted*, Londres, 1999.

53. R. DESJARLAIS *et al.*, *World Mental Health: Problems and Priorities in Low-Income Countries*, Oxford University Press, Oxford, 1995.

54. E. ISOMETSA *et al.*, «Mental disorders in young and middle-aged men who commit suicide», *British Medical Journal*, 1995.

55. A. D. LESAGE *et al.*, «Suicide and mental disorders: a case-control study of young men», *American Journal of Psychiatry*, 1994.

56. C. L. RICH *et al.*, «San Diego suicide study: young v. old subjects», *Archives of General Psychiatry*, 1986.

57. E. FOMBONNE, «Suicidal behaviours in vulnerable adolescents: time trends and their correlates», *British Journal of Psychiatry*, 1998.

58. H. HENDIN, *Suicide in America*, W. W. Norton, New York, 1999.

59. The Samaritans, *Young Men Speak Out*, The Samaritans, Londres, 1999.

60. *Ibid.*

61. JEWELL, *op.cit.*

62. D. J. LEVINSON *et al.*, *The Seasons of a Man's Life*, Ballantine Books, New York, 1978.

63. A. P. BELL et M. S. WEINBERG, *Homosexualities: A Study of Diversity among Men and Women*, Mitchell Beazley, Londres, 1978.

64. D. ORNISH, *Love and Survival*, Vermilion, Londres, 1999.

65. L. F. BERKMAN et S. L. SYME, «Social networks, host resistance and mortality: a nine year follow-up study of Alameda County residents», *American Journal of Epidemiology*, 1979.

66. G. A. KAPLAN *et al.*, «Social connections and mortality from all causes and from cardiovascular disease: prospective evidence from eastern Finland», *American Journal of Epidemiology*, 1984.

67. B. W. PENNINX *et al.*, «Effects of social support and personal coping resources on mortality in older age: the Longitudinal Aging Study Amsterdam», *American Journal of Epidemiology*, 1997.

68. T. E. OXMAN *et al.*, «Lack of social participation or religious strength and comfort as risk factors for death after cardiac surgery in the elderly», *Psycho-somatic Medicine*, 1995.

69. ORNISH, *op. cit.*

70. D. GILMORE, *Manhood in the Making: Cultural Concepts of Masculinity*, Yale University Press, Londres, 1990.

71. N. MAILER, *Armies of the Night*, New American Library, New York, 1968.

72. GILMORE, *op. cit.*

73. Central Statistics Office, *Statistical Bulletin*, Dublin, décembre 1998.

74. Higher Education Statistics Agency, Cheltenham, 1999.

75. M. BAXTER, *Women in Advertising*, Institute of Practitioners in Advertising, Londres, 1990.

76. J. O'CONNOR, «Women making a difference? Reflections on the glass ceiling», article lu lors de la conférence annuelle de la Irish Medical, Killarney, avril 1999.

77. Central Statistics Office, *op. cit.*.

78. L. BROOKS, «Some are more equal than others», *Guardian*, novembre 1999.

79. L. HODGE, «It's time for women to turn the tables», *The Independent*, Education Supplement, novembre 1999.

80. J. C. MASON, «Women at work: knocking on the glass ceiling», *Management Review*, 1993.

81. P. J. OHLOTT *et al.*, «Gender differences in managers' development job experiences», *Academy of Management Review*, 1994.

82. C. M. DOMINGUEZ, «Women at work: knocking on the glass ceiling», *Management Review*, 1992.

83. S. B. GARLAND, «How to keep women managers on the corporate ladder», *Business Week*, 1991.

84. M. BRENNAN, «Marriage, gender influence and career advancement for chemists», *Chemical and Engineering News*, 1992.

85. N. D. MARLOW *et al.*, «Career development and women managers: does one size fit all?», *Human Resource Planning*, 1995.

86. O'CONNOR, *op. cit.*

87. Programme des Nations unies pour le développement, *op. cit.*

88. A. RODDICK, «Fairness not equality», *Newsweek*, 1998.

89. Programme des Nations unies pour le développement, *op. cit.*

90. A. R. HOCHSCHILD, *The Time Bind: When Work Becomes Home and Home Becomes Work*, Henry Holt & Co, New York, 1997.

91. «Superwoman squashed on the glass ceiling», *Sunday Times*, janvier 2000. Entrevue: Eleanor Mills rencontre Aisling Sykes.

92. F. M. ANDREWS et S. B. WITHEY, *Social Indicators of Well-Being: Americans' Perception of Life Quality*, Plenum Press, New York, 1976 ; A. CAMPBELL, P. E. CONVERSE et W. I. RODGERS, *The Quality of American Life*, Russell Sage, New York, 1976.

93. R. E. LANE, *The Loss of Happiness in Market Democracies*, Yale University Press, New Haven, Conn., 2000.

CHAPITRE 5

1. S. FARRAR, *Sunday Times*, janvier 1999.
2. SMITH-ROSENBERG et C. ROSENBERG, «The female animal: medical and biological views of woman and her role in nineteenth century American History», *Journal of American History*, 1973.
3. W. D. HAGGARD, «Abortion: accidental, essential, criminal», conférence devant l'académie de médecine de Nashville, Tennessee, 1898 (extraits cités dans «The female animal», de Smith-Rosenberg et Rosenberg).
4. . HARRISON, «Women's health and the women's movement», *Biology, Medicine and Society*, Cambridge University Press, 1981.
5. *Ibid.*
6. S. D'CRUZE, «Women and the family», *in Women's History: Britain 1850-1945. An Introduction*, ECL Press, Londres, 1995.
7. G. GREER, «Contraception – 1972», *in The Madwoman's Underclothes*, Picador, Londres, 1986.
8. A. PRINCE et A. L. BERNARD, «Sexual behaviors and safer sex practices of college students on a commuter campus», *Journal of American College Health*, 1998.
9. Centers for Disease Control and Prevention, «Increases in unsafe sex and rectal gonorrhea among men who have sex with men, San Francisco 1994-*Journal of the American Medical Association*, 1999.
10. C. ABOUZAHR et E. AHMAN, «Unsafe abortion and ectopic pregnancy», *in Health Dimensions of Sex and Reproduction*, Harvard University Press, Cambridge, Mass., 1998.
11. C. F. WESTOFF et L. H. OCHOA, *Demographic and Health Surveys. Unmet Need and the Demand for Family Planning*, Institute for Resource Development/Macro International Inc., Columbia, Maryland, 1991.
12. S. K. HENSHAW et K. KOST, «Abortion patients in 1994-95: characteristics and contraceptive use», *Family Planning Perspectives*, 1996.
13. G. YAMEY, «Sexual and reproductive health: What about boys and men?», *British Medical Journal*, 1999.

14. E. C. SMALL et R. N. TURSKOV, «A view of artificial insemination», *Advances in Psychosomatic Medecine*,1985; H. Waltzer, «Psychological and legal aspects of artificial insemination (AID): an overview», *American Journal of Psychotherapy*, 1982.

15. A. F. GUTTMACHER, «Artificial insemination», *Annals of the New York Academy of Science*, 1962.

16. R. SNOWDEN et E. SNOWDEN, *The Gift of a Child*, Allen & Unwin, Londres, 1984.

17. British Medical Association, «Annual Report of the Council (1973). Report of the Panel on Human Artificial Insemination», *British Medical Journal*, 1973.

18. Rapport du Comité d'enquête sur la fertilisation humaine et l'embryologie, Londres, 1984.

19. P. PETERSEN et T. A. TEICHMANN, «Our attitude to fertilization and conception», *Journal of Psychosomatic Obstetrics and Gynaecology*, 1984.

20. Rapport Warnock.

21. D. CALLAHAN, «Bioethics and fatherhood», *Utah Law Review*, 1992.

22. R. J. EDELMANN, «Psychological aspects of insemination by donor», *Journal of Psychosomatic Obstetrics and Gynaecology*, 1989.

23. D. VAN BERKEL *et al.*, «Differences in the attitudes of couples whose children were conceived through artificial insemination by donor in 1980 and in 1996», *Fertility and Sterility*, 1999.

24. A. BREWAEYS *et al.*, «Donor insemination: Dutch parents' opinions about confidentiality and donor anonymity and the emotional adjustment of their children», *Human Reproduction*, 1997.

25. S. GOLOMBOK *et al.*, «The European study of assisted reproduction families: family fonctioning and child development», *Human Reproduction*, 1996.

26. C. MIHILL, «UK fertility doctors rule out test tube babies for older women because of fears for children's welfare», *Guardian*, 1993.

27. B. PEDERSEN *et al.*, «Attitudes and motivations of sperm donors in relation to donor insemination», *Ugeskr Laeger*, 1995.

28. N. FARLEY, «The sperm donor», *The Times*, 1999.

29. M. HULL, «Ethics of egg and sperm donation», *The Times*, 1999.

30. A. BARAN et R. PANNOR, *Lethal Secrets: The Psychology of Donor Insemination, Problems and Solutions*, Amistad Press, New York, 1993.

31. M. MORTON et M. A. IRVING, «Common questions that arise at adoption», *in Secrets in the Genes: Adoption, Inheritance and Genetic Disease*, British Agencies for Adoption and Fostering, Londres, 1995.

32. R. LANDAU, «Secrets, anonymity and deception in donor insemination: a genetic, psychological and ethical critique», *Social Work in Health Care*, 1998.

33. P. TURNPENNY, «Introduction», *in Secrets in the Genes*.

34. C. BENNETT, «Every sperm has a past», *Guardian*, 1999.

35. BARAN et PANNOR,, *op. cit.*

36. S. MICHIC et T. MARTEAU, «Knowing too much or knowing too little. Psychological questions raised by the adoption process by genetic testing», *in Secrets in the Genes*.

37. T. HEDGLEY, «Should sperm donors be traceable?», *Guardian*, 1999.

38. B. D. WHITEHEAD, *The Divorce Culture*, Alfred A. Knopf, New York, 1996.

39. J. MATTES, *Single Mothers by Choice: A Guidebook for Single Woman Who Are Considering or Have Chosen Motherhood*, Time Books, New York, 1994.

40. K. R. DANIELS et K. TAYLOR, «Secrecy and openness in donor insemination», *Politics Life Sciences*, 1993.

41. K. R. DANIELS *et al.*, «Telling donor insemination offspring about their conception: the nature of couples' decision-making», *Social Sciences and Medicine*, 1995.

42. BENNETT, *op. cit.*

43. C. V. FROST *et al.*, *Helping the Stork: The Choices and Challenges of Donor Insemination*, Macmillan, New York, 1997.

44. M. WARNOCK, *A Question of Life: The Warnock Report on Human Fertilisation and Embryology*, Blackwell, Oxford, 1984.

45. C. STRONG, *Ethics in Reproductive and Perinatal Medicine*, Yale University Press, New Haven, Conn., 1997.

46. *Regulation of Assisted Human Reproduction Bill*, Government Publication Office, Dublin, 1999.

47. M. HENRY, communication personnelle, 1999.

48. J. SAVULESCU, «Should we clone human beings? Cloning as a source of tissue for transplantation», *Journal of Medical Ethics*, 1999.

49. J. BURLEY et J. HARRIS, «Human cloning and child welfare», *Journal of Medical Ethics*, 1999.

50. J. P. KASSIRER et N. A. ROSENTHAL, «Should human cloning research be off limits?», *New England Journal of Medicine*, 1998.

51. R. WINSTON, «The promise of cloning for human medicine», *British Medical Journal*, 1997.

52. J. D. WATSON, «The future of asexual reproduction», *Intellectual Digest*, 1971.

53. *Ibid.*

54. R. WILLIAMSON, «Human reproductive cloning is unethical because it undermines autonomy: commentary on Savulescu», *Journal of Medical Ethics*, 1999.

55. C. DYER, «Whose sperm is it anyway?», *British Medical Journal*, 1996.

56. E. CORRIGAN *et al.*, «Posthumous storage and use of sperm and embryos: survey of opinion of treatment centres», *British Medical Journal*, 1996.

57. NIH Consensus Development Panel on Impotence, «Impotence», *Journal of the American Medical Association*, 1993; P. NETTELBLADT et N. UDDENBERG, «Sexual dysfunction and sexual satisfaction in 58 married Swedish men», *Journal of Psychosomatic Research*, 1979.

58. «Just how safe is sex?», *Newsweek*, 1968.

59. J. WARDEN, «Viagra unlikely to be prescribed by GPs in Britain», *British Medical Journal*, 1998.

60. J. BRESSAN, «Hard and true facts on Viagra», *Medicine Weekly*, 1999.

61. «Sexual chemistry», *Focus Magazine*, 1998.

62. G. GREER, *La femme entière*, Plon, Paris, 2002.

63. E. S. PERSON, «Male sexuality and power», *in The Sexual Century*, Yale University Press, New Haven, Conn., 1999.

64. R. ENGLISH, «I lost everything after bungled sex operation», *Express*, 1998.

65. C. DYER, «L 3m claim over penis operation», *Guardian*, 1998.

66. P. KEDEM *et al.*, «Psychological aspects of male infertility», *British Journal of Medical Psychology*, 1990.

67. L. P. SALZER, *Infertility: How Couples Can Cope*, G. K. Hall, Boston, Mass., 1986.

68. S. IRVINE *et al.*, «Evidence of deteriorating semen quality in the United Kingdom birth cohort study in 577 men in Scotland over 11 years», *British Medical Journal*, 1996; L. BUJAN *et al.*, «Time series analysis of sperm concentration in fertile men in Toulouse, France, between 1977 and 1992», *British Medical Journal*, 1996.

69. E. CARLSEN *et al.*, «Evidence of decreasing quality of semen during the past 50 years», *British Medical Journal*, 1992.

70. World Health Organisation Task Force on Methods for the Regulation of Male Fertility, «Contraceptive efficacy of testosterone-induced azoospermia in normal men», *The Lancet*, 1990.

71. Ministry of Environment and Energy, Danemark, *Male Reproductive Health and Environmental Chemicals with Estrogenic Effects*, Agence danoise de protection de l'environnement, Copenhague, 1995.

72. D. M. DE KRESTER, «Declining sperm counts», *British Medical Journal*, 1996.

73. J. A. THOMAS, «Falling sperm counts», *The Lancet*, 1995.

74. H. J. MENGER, «Sexual revolution and sperm count», lettre au *British Medical Journal*, 1994.

75. R. BAKER, «The brave new world of sexual relations», *The Independent*, 1999.

CHAPITRE 6

1. C. PATEMAN, *The Sexual Contract*, Cambridge University Press, 1988.
2. P. ARIES, *Centuries of Childhood*, Jonathan Cape, Londres, 1960.
3. L. STONE, *The Family, Sex and Marriage in England 1500-1800*, Weidenfeld & Nicholson, Londres, 1977.
4. J. DEMOS, *Past, Present and Personal: The Family and the Life Course in American History*, Oxford University Press, New York, 1986.
5. *Ibid.*
6. P. LASLETT, *Family Life and Illicit Love in Earlier Generations*, Cambridge University Press, 1977.
7. A. BURGESS, *Fatherhood Reclaimed: The Making of the Modern Father*, Vermilion, Londres, 1997.
8. J. TOSH, *A Man's Place: Masculinity and the Middle Class Home in Victorian England*, Yale University Press, New Haven et Londres, 1999.
9. *Ibid.*
10. J. DEMOS, *op. cit.*
11. *Ibid.*
12. J. BOURKE, «Family values seminar», *Cusp Review*, 1997.
13. J. DEMOS, *op. cit.*
14. A. BURGESS, *op. cit.*
15. D. BLANKENHORN, *Fatherless America*, HarperPerennial, New York, 1996.
16. D. YANKELOVICH, «How changes in the economy are reshaping American values», *in Values and Public Policy*, Brookings Institute, Washington, DC, 1994.
17. «Home sweet home: the family», *The Economist*, 1995.
18. Government Statistical Service, *Social Trends*, Londres, 1999.
19. *Daily Telegraph*, 24 juin 1998.
20. *The Times*, juin 1998.
21. Mental Health Foundation, *Bright Futures: Promoting Children and Young People's Mental Health*, Londres, 1999.
22. M. RICHARDS et M. DYSON, *Separation, Divorce and the Development of Children: A Review*, Child Care and Development Group, University of Cambridge, 1982.

23. N. R. BUTLER et J. GOLDING, *From Birth to Five: A Study of the Health and Behaviour of Britain's Five Year Olds*, Pergamon, Oxford, 1986.

24. J. W. B. DOUGLAS, «Early disturbing events and later enuresis», *in Bladder Control and Enuresis*, Spastics International Medical, Londres, 1973.

25. BUTLER et GOLDING, *op. cit.*

26. D. A. DAWSON, *Family Structure and Children's Health United States 1988*, Vital and Health Statistics Public Health Service, Maryland, 1991.

27. L. E. WELLS et J. H. RANKIN, «Families and delinquency: a meta-analysis of the impact of broken homes», *Social Problems*, 1991.

28. M. E. J. WADSWORTH, «Early stress and associations with adults health behaviour and parenting», *in Stress and Disability in Childhood*, John Wright & Sons, Bristol, 1984.

29. B. J. ELLIOTT et M. P. M. RICHARDS, «Children and divorce: educational performance and behaviour before parental separation», *International Journal of Law and the Family*, 1991.

30. M. COCKETT et J. TRIPP, *The Exeter Family Study: Family Breakdown and its Impact on Children*, University of Exeter Press, Exeter, 1994.

31. *Ibid.*

32. S. McLANAHAN et G. SANDEFUR, *Growing Up with a Single Parent: What Hurts, What Helps*, Harvard University Press, Cambridge, Mass., 1994.

33. J. CAMPION et P. LEESON, «Marriage, morals and the law», Family Law Action Group, West Sussex, 1994.

34. Government of Ireland, Stationery Office, *Second Commission on the Status of Women Report to Government 1993*, Dublin, 1993.

35. D. P. MOYNIHAN, *The Negro Family: The Case for National Action*, Office of Planning and Research, ministère du Travail des États-Unis, Washington, 1965.

36. McLANAHAN et SANDEFUR, *op. cit.*

37. *Ibid.*

38. *Ibid.*

39. P. UHLENBER, «Changing configurations of the life course», *in Transitions: The Family and the Life Course in Historical Perspective*, Academic Press, New York, 1978.

40 . S. COONTZ, *The Way We Never Were: American Families and the Nostalgia Trap*, Basic Books, New York, 1991.

41. McLANAHAN et SANDEFUR, *Growing Up with a Single Parent, op. cit.*

42. B. D. WHITEHEAD, *op. cit.*

43. E. M. HETHERINGTON *et al.*, «Coping with marital transitions», *in Impact of Divorce, Single-parenting and Step-parenting on Children*, Lawrence Erlbaum, Hillsdale, 1992.

44. P. HILL, «Recent advances in selected aspects of adolescent development», *Journal of Child Psychology and Psychiatry*, 1993.
45. Government Statistical Service, *op. cit.*
46. COCKETT et TRIPP, *op. cit.*
47. B. BERGMAN, *The Economic Independance of Women*, Basic Books, New York, 1986.
48. J. S. WALLERSTEIN et S. BLAKESLEE, *Second Chances: Men, Women and Children, a Decade after Divorce*, Bantam Press, Londres, 1989.
49. S. MASHETER, «Post-divorce relationships between ex-spouses: the roles of attachment and interpersonal conflict», *Journal of Marriage and the Family*, 1992.
50. R. E. EMERY et P. DILLON, «Conceptualizing the divorce process: renegociating boundaries of intimacy and power in the divorced family system», *Family Relations*, 1994.
51. J. A. SELTZER, «Relationships between fathers and children who live apart: the father's role after separation», *Journal of Marriage and the Family*, 1991.
52. One Plus One, *Marital Breakdown and the Health of the Nation*, Londres, 1995.
53. SELTZER, *op. cit.*
54. Family Policy Studies Centre, *Family Policy Bulletin*, mars 1991.
55. One Plus One, *op. cit.*
56. P. BRONSTEIN *et al.*, «Fathering after separation or divorce: factors predicting children's adjustment», *Family Relations*, 1994.
57. BLANKENHORN, *op. cit.*
58. D. DONNELLY et D. FINKELHOR, «Does equality in custody arrangements improve the parent-child relationship?» *Journal of Marriage and the Family*, 1992.
59. WALLERSTEIN et BLAKESLEE, *op. cit.*
60. BLANKENHORN, *op. cit.*; F. F. FURSTENBERG, et A. J. CHERLIN, *Divided Families: What Happens to Children When Parents Part*, Harvard University Press, Cambridge, Mass., 1991.
61. D. H. DEMO et A. C. ADCOCK, «The impact of divorce on children», *in Contemporary Families: Looking Forward, Looking Back*, National Council on Family Relations, Minneapolis, Minnesota, 1991.
62. S. GABLE *et al.*, «Co-parenting within the family system: influences on children's development», *Family Relations*, 1994.
63. A. J. STEWART *et al.*, *Separating Together: How Divorce Transforms Families*, Guilford Press, Londres, 1997.
64. L. A. KURDEK, «The relationship between reported well-being and divorce history, availability of proximate adult and gender», *Journal of Marriage and the Family*, 1991.

65. McLANAHAN et SANDEFUR, *Growing Up with a Single Parent*, *op. cit.*
66. M. GALLAGHER, «The importance of being married», *in The Fatherhood Movement*, Lexington Books, New York.
67. WALLERSTEIN et BLAKESLEE, *op. cit.*
68. D. POPENOE, *Life without Father*, The Free Press, New York, 1996.
69. K. McKEOWN *et al.*, *Changing Fathers? Fatherhood and Family Life in Modern Ireland*, The Collins Press, Dublin, 1998.
70. J. WARIN *et al.*, *Fathers, Work and Family Life*, Family Policy Studies Centre/Joseph Rowntree Foundation, Londres, 1999.

CHAPITRE 7

1. J. KNITZER, *Unclaimed Children*, Children's Defense Fund, Washington, DC, 1982.
2. P. J. CAPLAN et I. H. McCORQUODALE, «Mother-blaming in major clinical journals», *American Journal of Orthopsychiatry*, 1985.
3. S. M. BIANCHI, *in The New York Times*, décembre 1998.
4. S. FREUD, *Introduction à la psychanalyse*, P.U.F., Paris, cité *in* BOWLBY J., «The nature of the child's tie to his mother», *International Journal of Psychoanalysis*, 1958.
5. R. W. CLARK, *Freud, the Man and the Cause*, Jonathan Cape and Weindenfeld & Nicholson, Londres, 1980.
6. P. GAY, *Freud, une vie*, 2 tomes, Hachette, coll. Pluriel, Paris, 2002.
7. J. BOWLBY, *Maternal Care and Mental Health*, Monograph Series, World Health Organization, Genève, 1951.
8. *Ibid.*
9. *Ibid.*
10. R. KAREN, *Becoming Attached*, Warner Books, New York, 1994.
11. C. ERNEST, «Are early childhood experiences overrated? A reassessment of maternal deprivation», *European Archives of Psychiatry and Neurological Sciences*, 1988.
12. A. S. ROSSI, «Gender and parenthood», *American Sociological Review*, 1984.
13. R. BAKER et E. ORAM, *Baby Wars: Parenthood and Family Strife*, Fourth Estate, Londres, 1998.
14. K. HOLMQUIST, «Single mothers rule OK», *Irish Times*, février 1998.
15. S. KRAEMER, *Active Fathering fot the Future*, The Seven Million Project, Londres, 1995.
16. L. BURGHES *et al.*, *Fathers and Fatherhood in Britain*, Family Policy Studies Centre, Londres, 1997.

17. J. HASKEY, «Estimated numbers of one-parent families and their prevalence in Great Britain in 1991», *Population Trends*, Londres, 1994.

18. R. PICKFORD, *Fathers, Marriage and the Law*, Family Policy Studies Centre/ Joseph Rowntree Foundation, Londres, 1999.

19. M. E. LAMB, «Fathers and child development: an introductory overview and guide», *in The Role of the Father in Child Development*, John Wiley & Sons, New York, 1997.

20. A. MISTERLICH, *Society without the Father: A Contribution to Social Psychology*, HarperCollins, New York, 1993.

21. D. DAWSON, «Family structure and children's well-being: data from the 1988 National Health Survey», *Journal of Marriage and the Family*, 1991; ministère de la Santé et des Services sociaux des États-Unis, statistiques, enquête sur la santé infantile, US Government Printing Office, Washington, DC, 1988.

22. Ministère de la Santé et des Services sociaux des États-Unis, statistiques, *National Health Interview Survey*, US Government Printing Office, Hyattsville, Maryland, 1988.

23. J. GARFINKEL et S. McLANAHAN, *Single Mothers and Their Children*, Urban Institute Press, Washington, DC, 1986.

24. C. L. TISHLER *et al.*, «Adolescent suicide attempts: some significant factors», *in Suicide and Life Threatening Behavior*, 1981.

25. A. BOTSIS *et al.*, «Parental loss and family violence as correlates of suicide and violence risk», *in Suicide and Life Threatening Behavior*, 1995.

26. H. ABRAMOVITCH, «Images of the "Father" in psychology and religion», *in The Role of the Father in Child Development*.

27. N. DENNIS, *Rising Crime and the Dismembered Family*, Institute of Economic Affairs, Londres, 1993.

28. H. ABRAMOVITCH, *op. cit.*

29. M. E. LAMB, «Introduction. The emergent American father», *in The Father's Role: Cross-cultural Perspectives*, Lawrence Erlbaum, Hillsdale, NJ, 1987.

30. N. RADIN, «Primary-caregiving fathers in intact families», *in Redefining Families: Indications for Children's Development*, Plenum, New York, 1994.

31. J. K. NUGENT, «Cultural and psychological influences of the father's role in infant development, *Journal of Marriage and the Family*, 1991.

32. A. E. GOTTFRIED *et al.*, «Maternal employment, family environment and children's development. Infancy throughout the school years», *in Maternal Employment and Children's development: Longitudinal Research*, Plenum, New York, 1988.

33. E. WILLIAMS *et al.*, «Sex-role attitudes of adolescents raised primarily by their fathers», *Merrill-Palmer Quarterly*, 1992.
34. J. MOSLEY et E. THOMSON, «Fathering behavior and child outcomes. The role of race and poverty», *in Fatherhood: Contemporary Theory Research and Social Policy*, Thousand Oaks, Californie, 1995.
35. S. GLUECK et E. GLUECK, *Delinquents and Nondelinquents in Perspective*, Harvard University Press, Cambridge, Mass., 1968.
36. G. E. VAILLANT, «Natural history of male psychological health: VI. Correlates of successful marriages and fatherhood», *American Journal of Psychiatry*, 1978.
37. J. SNAREY, *How Fathers Care for the Next Generation: A Four Decade Study*, Harvard University Press, Cambridge, Mass. 1993.
38. E. ERIKSON, *Identity and the Life Cycle*, Norton, New York, 1959.
39. J. SNAREY, *op. cit.*
40. J. KOTRE, *Outliving the Self: Generativity and the Interpretation of Lives*, Johns Hopkins University Press, Baltimore, Maryland, 1984.
41. D. H. HEATH, «What meaning and effects does fatherhood have for the maturing of professional men?», *Merrill-Palmer Quarterly*, 1978.
42. D. H. HEATH et H. E. HEATH, *Fulfilling Lives: Paths to Maturity and Success*, Jossey-Bass, San Francisco, 1991.
43. *Ibid.*
44. VAILLANT, *op. cit.*
45. D. POPENOE, *op. cit.*
46. D. BLANKENHORN, *op. cit.*
47. G. VIDAL, «Sex in Politics», *in Pink Triangle and Yellow Star*, Heinemann, Londres, 1982.
48. D. L. GUTMANN, «The species narrative», *in The Fatherhood Movement*, Lexington Books, Lanham, Maryland, 1999.
49. A. H. HALSEY, *Family without Fatherhood*, Institute of Economic Affairs, Londres, 1992.
50. H. B. BILLER, *Fathers and Families. Paternal Factors in Child Development*, Auburn House, Westport, Conn., 1993.
51. L. JARDINE, «Mummy's Boy», *Guardian*, février 1999.
52. A. M. NICOLI, «The adolescent», *in The Harvard Guide to Psychiatry*, The Belknap Press of Harvard University Press, Cambridge, Mass., 1999.
53. D. L. GUTTMANN, *op. cit.*
54. M. H. HUYCK, «Development and pathology in post-parental men», *in Older Men's Lives*, Sage Publications, Thousand Oaks, Californie, 1994.
55. E. M. HETHERINGTON, «Effects of father absence on personality development in adolescent daughters», *Developmental Psychology*, 1972.

56. L. TESSMAN, «A note of father's contribution to his daughter's way of loving and working», *in Father and Child: Development and Clinical Perspectives*, Cath, Gurwitt and Ross, 1982.
57. *Ibid.*
58. SNAREY, *op. cit.*
59. K. McKEOWN *et al.*, «Fathers: Irish experience in an international context», *in Strengthening Families for Life*, rapport final de la Commission on the Family, The Stationery Office, Dublin, 1998.
60. A. HAWKINS *et al.*, «Rethinking fathers' involvement in child care», *in Fatherhood: Contemporary Research and Social Policy*, Sage, Londres, 1995.
61. McKEOWN, *op. cit.*
62. BURGHES *et al.*, *op. cit.*
63. K. A. MAY et S. P. PERRIN, «Prelude, pregnancy and birth», *in Dimensions of Fatherhood*, Sage, Beverly Hills, Californie, 1985.
64. J. BROCKINGTON, *Motherhood and Mental Health*, Oxford University Press, Oxford, 1996.
65. N. MORRIS, «Human relations in obstetrics practice», *The Lancet*, 1960.
66. C. LEWIS, *Becoming a Father*, Open University Press, Milton Keynes, 1986.
67. *Ibid.*
68. M. GREENBERG et N. MORRIS, «Engrossment: the newborn's impact upon the father», *American Journal of Orthopsychiatry*, 1984.
69. M. ROEDHOLM et K. LARSSON, «Father-infant interaction at the first contact after delivery», *Early Human Development*, 1979.
70. BROCKINGTON, *op. cit.*
71. M. ROEDHOLM, «Effects of father-infant postpartum contact in their interaction 3 months after birth», *Early Human Development*, 1981.
72. S. COLTRANE, *Family Man: Fatherhood, Housework and Gender Equity*, Oxford University Press, New York, 1996.
73. M. KOTELCHUCK, «The infant's relationship to the father: experimental evidence», *in The Role of the Father in Child Development*, John Wiley, New York, 1976.
74. M. E. LAMB *et al.*, «A biosocial perspective on paternal behavior and involvement», *in Parenting across the Life-span: Biosocial Dimensions*, Aldine de Gruyter, New York, 1987.
75. J. ROBINSON, «Who's doing the housework?», *American Demographics*, 1988.
76. Bureau of the Census, «Child care arrangements: Who's minding the kids?» *Child care arrangements: Winter 1986-1987*, Current Population Reports, 1990.
77. COLTRANE, *op. cit.*

78. SNAREY, *op. cit.*

79. *Ibid.*

80. A. C. CROUTER *et al.*, «Processes underlying father involvement in dual earner and single-earner families», *Developmental Psychology*, 1987.

81. F. K. GROSSMAN *et al.*, «Fathers and children: predicting the quality and quantity of fathering», *Developmental Psychology*, 1988.

82. G. RUSSELL et N. RADIN, «Increased paternal participation: the father's perspective», *in Fatherhood and Family Policy*, Lawrence Erlbaum, Hillsdale, NJ, 1983.

83. J. WARIN *et al.*, *Fathers, Work and Family Life,* Joseph Rowntree Foundation and Family Policy Studies Centre, Londres, 1999.

84. M. E. LAMB *et al.*, «Paternal behavior in humans», *American Zoologist*, 1985.

85. J. H. PLECK, «Paternal involvement: levels, sources and consequences», *The Role of the Father in Child Development*, éd. Lamb, 1997.

86. D. FINKELHOR, «Current information on the scope and nature of child sexual abuse», *in Future of Children*, 1994.

87. A. BURGESS, compte rendu d'A. Thompson, *in* «Father figures», *Community Care*, août 1999.

88. T. KNIJN, «Towards post-paternalism? Social and theorical changes in fatherhood», *in Changing Parenthood: An Interdisciplinary Perspective*, thèse, Amsterdam 1995. Cité par W. MARSIGLIO et M. COHAN, *in The Role of the Father in Child Development*, éd. Lamb, 1997.

89. National Research Council, *Understanding Child Abuse and Neglect*, National Academy Press, Washington, DC, 1993.

90. Market Research Bureau of Ireland, 1987, cité dans *Changing Fathers: Fatherhood and Family Life in Modern Ireland*, Collins Press, Dublin, 1998.

91. BLANKENHORN, *op. cit.* ; E. SAGARIN, «Incest: problems of definition and frequency», *Journal of Sex Research*, 1977.

92. R. BACHMAN et L. E. SALZMAN, *Violence against Women: Estimates from the Redesigned Survey*, Bureau of Justice Statistics Special Report, US Department of Justice, Washington, DC, 1995.

93. D. E. H. RUSSELL, «The prevalence and seriousness of incestuous abuse. Stepfathers versus biological fathers», *in Child Abuse and Neglect*, 1984.

94. M. GORDON et S. J. CREIGHTON, «Natal and non-natal fathers as sexual abusers in the United Kingdom: a comparative analysis», *Journal of Marriage and the Family*, 1988.

95. National Center on Child Abuse and Neglect, *National Study of the Incidence and Severity of Child Abuse and Neglect*, Washington, DC, 1981.

96. L. MARGOLIN, «Child sexual abuse by nonrelated caregivers», *Child Abuse and Neglect*, 1991.

97. J. L. HERMAN, *Father-Daughter Incest*, Harvard University Press, Cambridge, Mass., 1981.

98. K. J. STERNBERG, «Fathers: the missing parents in research on family violence», *in The Role of the Father in Child Development*, éd. Lamb, 1997.

99. S. FRANKS, *Having None of It: Women, Men and the Future of Work*, Granta Books, Londres, 1999.

100. Women's Unit, *Better for Women, Better for All: Listening to Women*, Cabinet Office, Londres, 1999.

101. K. R. CANFIELD, «Promises worth keeping», *in The Fatherhood Movement*, ed. Horn.

102. K. M. HARRIS *et al.*, «Paternal involvement with adolescents in intact families: the influence of fathers over the life course», présenté à la réunion annuelle de l'American Sociological Association, New York, 1996.

103. L. MEADE, «The new politics of the new poverty», *The Public Interest*, 1991.

104. J. HILLMAN, *The Soul's Code: In Search of Character and Calling*, Random House, New York, 1996.

105. S. KRAEMER, «Parenting yesterday, today and tomorrow», *in Families and Parenting*, rapport de conférence, Family Policies Study Centre, Londres, 1995.

106. Version modifiée et élargie d'un tableau utilisé par le gouvernement d'Australie du Sud, publié par l'Office for Families and Children d'Australie du Sud.

CHAPITRE 8

1. B. SIMON, *Mind and Madness in Ancient Greece*, Cornell University Press, Ithaca, NY, 1978.

2. S. FREUD, «Some psychical consequences of the anatomical distinction between sexes». (Les œuvres complètes de Freud sont publiées par les Presses Universitaires de France, Paris.)

3. FREUD, «Female sexuality». (Idem.)

4. FREUD, «Some psychical consequences». (Idem.)

5. *Ibid.*

6. P. GAY, *op. cit.*

7. S. QUINN, *A Mind of Her Own: The Life of Karen Horney*, Macmillan, Londres, 1987.

8. K. HORNEY, «The flight from womanhood», *International Journal of Psychoanalysis*, 1926.

9. N. CHODOROW, *Feminism and Psychoanalytic Theory*, Yale University Press, New Haven, Conn., 1989.

10. W. S. POLLACK, «Fatherhood as a transformation of the self: steps toward a new psychology of men», *American Pyschiatric Press*, Washington, DC, 1999.

11. A. E. JUKES, *Why Men Hate Women*, Free Association Books, Londres, 1994; D. DINNERSTEIN, *The Mermaid and the Minotaur*, Harper and Row, New York, 1976.

12. MONTAIGNE, cité par Alain DE BOTTON, *Les consolations de la philosophie*, Mercure de France, Paris, 2001.

13. V. WOOLF, *Orlando*, Livre de Poche, Paris, 2002.

14. C. MacKINNON, *Feminism Unmodified: Discourses on Life and Law*, Harvard University Press, Cambridge, Mass., 1987.

15. D. ENGLISH, «The politics of porn: can feminists walk the line?», *in The Best of Mother Jones*, Foundation for National Progress, San Francisco, 1986.

16. K. HORNEY, «The dread of women: observations on a specific difference in the dread felt by men and by women for the opposite sex», *International Journal of Psychoanalysis*, 1932.

17. L. HUDSON, *Bodies of Knowledge*, Weidenfeld & Nicholson, Londres, 1982.

18. H. A. FELDMAN *et al.*, «Impotence and its medical and psychosocial correlates: results of the Massachusetts Male Aging Study», *Journal of Urology*, 1994.

19. P. CHESLER, *About Men*, The Women's Press, Londres, 1978.

20. S. BROWNMILLER, *Against Our Will: Men, Women and Rape*, Simon & Schuster, New York, 1975; L. Clark et D. Lewis, *Rape! The Price of Coercive Sexuality*, The Women's Press, Toronto, 1997

21. E. C. NELSON, «Pornography and sexual aggression», *in The Influence of Pornography on Behaviour*, Academic Press, Londres, 1982.

22. S. L. BRODSKY et S. C. HOBART, «Blame Models and Assailant Research», *in Criminal Justice and Behavior*, 1978.

23. T. TIEGER, «Self-rated likelihood of raping and the social perception of rape», *Journal of Research in Personality*, 1981.

24. M. R. BURT, «Cultural myths and supports for rape», *Journal of Personality and Social Psychology*, 1980.

25. D. FINKELHOR, *Child Sexual Abuse: New Theory and Research*, Free Press, New York, 1984.

26. E. MONICK, *Castration and Male Rage: The Phallic Wound*, Inner City Books, Toronto, 1987.

27. A. P. BELL et M. S. WEINBERG, *Homosexualities: A Study of Diversity among Men and Women*, Mitchell Beazley, Londres, 1978.

28. E. BOLAND, «The beauty of ordinary things», Entrevue avec Eileen Battersby, *Irish Times*, septembre 1998.

29. T. PARSONS, «Age and sex in the social structure of the United States», *American Sociological Review*, 1942 ; T. PARSONS et R. BALES, *Family: Socialization and Interaction Process*, The Free Press, Glencoe, Illinois, 1955.

30. M. KOMAROVSKY, «The new feminist scholarship: some precursors and polemics», *Journal of Marriage and the Family*, 1988; citation tirée de «The interweave of public and private: women's challenge to American society», H. Z. de LOPATAH. Z, *Journal of Marriage and the Family*, 1993.

31. W. J. GOODE, «Why men resist», *in Rethinking the Family: Some Feminist Questions*, Longman, New York, 1982.

32. W. OSLER, «The student life», *in Aequanimitas: with Other Addresses to Medical Students, Nurses and Practitioners of Medicine*, K. H. Lewis, Londres, 1908.

33. A. R. HOCHSCHILD, *The Time Bind: When Work Becomes Home and Home Becomes Work*, Henry Holt & Co, New York, 1997.

34. J. RICHARDSON *et al.*, «Substance use among eighth-grade students who take care of themselves after school», *Paediatrics*, 1989.

35. E. A. GROLLMAN et G. L. SWEDER, *Teaching Your Child to Be Home Alone*, Macmillan, New York, 1983.

36. A. R HOCHSCHILD, *The Second Shift, op. cit.*

37. P. MARRIS, «Attachment and society», *in The Place of Attachment in Human Behaviour*, Tavistock, Londres, 1982.

38. T. LYNCH, *The Undertaker: Life Studies from a Dismal Trade*, Jonathan Cape, Londres, 1997.

39. J. BOURKE, *An Intimate History of Killing: Face to Face Killing in Twentieth Century Warfare*, Granta, Londres, 2000.

40. A. DE BOTTON, *op. cit.*

41. C. BLAIR, citée dans «Cherie fighting for a better family life», Natasha Walter, *Irish Independent*, mai 2000.

42. R. SCASE, *Britain Towards 2000*, Copstone Publishers, Oxford, 2000.

43. A. MILLER, *Mort d'un commis voyageur*.

TABLE DES MATIÈRES

Achevé d'imprimer au Canada
en juin 2004
sur les presses des Imprimeries Transcontinental Inc.